ALERTE

ANONYME

ALERTE

UN HAUT RESPONSABLE DE L'ADMINISTRATION TRUMP PARLE

Traduit de l'anglais (États-Unis)
par JOHAN-FRÉDÉRIK HEL GUEDJ

BERNARD GRASSET
PARIS

L'édition originale de cet ouvrage a été publiée en 2019 par Twelve, une collection de Grand Central Publishing, sous le titre :

A WARNING

A Senior Trump Administration Official

Photo de couverture : © Christopher Anderson / Magnum Photos.

ISBN 978-2-246-82415-2

À mes enfants et à la prochaine génération, qui auront la responsabilité de veiller à ce que la flamme de la liberté ne s'éteigne pas et la charge, comme beaucoup d'Américains avant eux, de la transmettre à la suivante.

« À long terme, le caractère est le facteur décisif de l'existence d'un individu autant que d'une nation. »

Theodore ROOSEVELT

INTRODUCTION

> « Ici, en Amérique, nous sommes les descendants par le sang et par l'esprit de révolutionnaires et de rebelles – d'hommes et de femmes qui ont osé s'opposer à la doctrine dominante. Nous qui sommes leurs héritiers, puissions-nous ne jamais confondre opposition sincère et subversion déloyale. »
>
> Dwight D. EISENHOWER

L'administration de Donald Trump restera dans les mémoires comme l'une des plus tumultueuses de l'histoire américaine. Les historiens futurs retiendront l'inconstance des prises de décision présidentielles ainsi que les luttes intestines d'un gouvernement contraint d'y faire face. Ils écriront que ses conseillers ont fini par le juger inapte à la fonction. Incapable de se concentrer sur les tâches du gouvernement, il avait tendance à commettre des abus de pouvoir, qu'il s'agisse de manœuvres intempestives visant à punir ses adversaires politiques ou d'une propension à saper certaines institutions vitales de l'Amérique. Ils attesteront que des hauts responsables auront réfléchi à des mesures drastiques – certains diraient désespérées – pour alerter le peuple américain. À l'époque du scandale du Watergate, de hauts responsables gouvernementaux avaient démissionné en signe de protestation contre les agissements inacceptables du président Nixon. La presse avait donné un nom à leur initiative : le « Massacre du samedi soir ». Ce que l'on sait moins, c'est qu'une démarche similaire fut envisagée avant même que l'administration Trump ne soit arrivée à mi-parcours. Certains de ses principaux conseillers et membres de cabinets ministériels songèrent alors à ce que l'on pourrait appeler un suicide collectif : une démission massive pour attirer l'attention sur l'incurie et l'exercice erratique du pouvoir selon Trump. L'idée fut abandonnée : on craignait d'envenimer la situation. Elle s'envenima de toute façon. J'ai pleinement pris conscience de cette dégradation un soir, tard, quand la disparition d'un homme de bien me révéla la vraie nature d'un homme perturbé. Ce fut cette soirée qui m'amena finalement à écrire ce livre.

*

Le 25 août 2018, John McCain, l'un des derniers grands hommes d'État d'Amérique, s'était éteint chez lui, dans l'Arizona. Au cours des journées qui suivirent, le pays pleura la disparition d'un héros américain.

McCain, ancien officier de l'aéronavale, s'était d'abord fait connaître pour les cinq années qu'il avait vécues en captivité, prisonnier de guerre au Vietnam, où il avait été régulièrement frappé et torturé par ses geôliers nord-vietnamiens. On lui avait fracassé l'épaule droite. On lui avait fracturé le bras gauche. On lui avait fendu les côtes. Soumis au supplice, John McCain avait songé au suicide. Jusqu'à la fin de sa vie, à cause de ses blessures et des séquelles de ces sévices, il sera incapable de lever complètement les bras. Pourtant, quand ses gardes-chiourmes lui proposèrent de le relâcher avant terme, il refusa, tant que les autres Américains capturés avant lui ne seraient pas libérés eux aussi.

McCain recouvrit enfin sa liberté en 1973. Il fut accueilli à son retour par le président Richard Nixon et plus tard Ronald Reagan salua en lui l'un des futurs chefs de file du Parti républicain. Il eut ensuite un parcours d'envergure au service de la collectivité en laissant sa marque en tant qu'élu de la Chambre des représentants, sénateur et candidat à deux reprises à la présidence. Lors de ses funérailles à Washington, un parterre de dirigeants gouvernementaux des deux bords et de chefs d'État étrangers, ainsi que des millions d'Américains qui regardèrent et écoutèrent cette cérémonie d'un bout à l'autre du pays, honorèrent la mémoire et pleurèrent la disparition de John McCain.

« Cette vie héroïque, déclara l'ancien président George W. Bush devant l'assistance endeuillée, porte en elle tout le courage et toute la grandeur de notre pays. »

L'ancien président Barack Obama prit ensuite la parole pour saluer en McCain « un patriote qui incarnait tant ce qui fait l'excellence de l'Amérique ». Et il ajouta : « Quand John parlait de vertus comme le service et le devoir, cela ne sonnait pas creux. Pour lui, ce n'étaient pas que des mots. C'était une vérité pour laquelle il avait vécu et pour laquelle il était prêt à mourir. » Une notion essentielle formait le leitmotiv de tout ce service religieux. John McCain était un homme de caractère, profondément attaché à ses principes et digne d'un profond respect, y compris de la part de gens qui n'avaient pas toujours été d'accord avec lui ou qu'il irritait parfois avec son entêtement et sa ténacité.

Pourtant, un homme ne partageait pas ces sentiments. Au lieu d'éprouver de la gravité, il ne manifestait que du dépit. Au lieu de respect, il exprima du ressentiment. Cet homme, c'était le président des États-Unis en exercice. La haine de Donald J. Trump envers John McCain n'était un secret pour personne. « Ce n'est pas un héros de guerre, avait-il déclaré en 2015 dans l'Iowa, en pleine campagne électorale devant un auditoire atterré. Moi, je préfère les types qui ne se sont pas laissé prendre. » Alors qu'il avait reçu le soutien de McCain au moment de l'élection, au lendemain du scandale de l'interview pour l'émission *Access Hollywood* où l'homme d'affaires s'était vanté d'attouchements intimes sur des femmes, le sénateur lui avait retiré son parrainage, ce qui avait eu le don de hérisser le candidat Trump. Une fois élu, il n'avait plus supporté ses critiques.

Il n'était pas étonnant que le président soit perturbé par le concert public de louanges adressé au sénateur défunt. Chaque fois que les projecteurs s'éloignent de lui, cela le hérisse, surtout s'ils se braquent sur celui qu'il perçoit comme un rival, même décédé. En revanche, ce qui eut de quoi surprendre, ce fut de voir jusqu'où il était prêt à aller pour régler ses comptes. En effet, le président Trump était fermement décidé à se servir de sa fonction pour minimiser l'hommage de la nation au legs que John McCain laissait derrière lui. Et cela, c'était sans précédent.

Après avoir été brièvement mis en berne le jour de la mort du sénateur, le drapeau américain qui flotte sur le toit de la Maison-Blanche fut de nouveau hissé le lendemain soir. Craignant que ce ne soit mal perçu, des collaborateurs du président tentèrent de le faire remettre en berne. D'éminents conseillers de la Maison-Blanche implorèrent le président Trump de prendre un décret officiel donnant instruction à tous les services fédéraux de maintenir les drapeaux de tous les édifices en berne. Ils insistèrent pour qu'il fasse diffuser une déclaration officielle sur la disparition du sénateur et ce qu'il laissait en héritage. Ces quelques gestes font partie du protocole normal qu'observe tout président à la mort d'un sénateur de haut rang, quel que soit son parti ; une marque de respect pour la fonction et la démonstration que certaines valeurs l'emportent sur les clivages partisans. Le président Trump rejeta chacune de ces demandes. En fait, il voulait que tous les édifices gouvernementaux hissent de nouveau le drapeau. Dans son entourage, certains étaient abasourdis. Au fil des ans, nombre d'entre nous avions eu des désaccords avec John McCain. Malgré cela, nous rendions tous hommage aux services qu'il avait rendus à l'Amérique comme nous l'aurions fait pour tout individu qui avait défendu le drapeau des États-Unis au combat et qui avait souffert aux mains de l'ennemi, sans même parler de ses apports ultérieurs à notre nation.

On put sortir de cette impasse non parce que le principal intéressé s'était ravisé, mais sous la pression de l'opinion. Le président Trump essuya des critiques cinglantes pour avoir refusé de rendre hommage à McCain. Dans son équipe, la température montait. Après des demandes insistantes de la cellule de communication et des commentaires de plus en plus négatifs sur les chaînes de télévision, il finit par reculer, autorisant la rédaction d'un communiqué laconique et la diffusion d'une déclaration. Il accepta aussi que des représentants de son administration assistent à quelques cérémonies funéraires à sa place. Les drapeaux – qu'à ce stade la plupart des agences gouvernementales avaient déjà mis en berne sans attendre un ordre présidentiel – furent finalement abaissés partout.

*

Au bout de deux années à peine d'administration Trump, cet épisode était presque de l'ordre du banal.

À ce stade, les Américains s'étaient habitués aux mesquineries présidentielles et étaient devenus sourds à ces controverses sans fin. La plupart de nos concitoyens s'efforcèrent très certainement de penser à autre chose.

Moi, j'en étais incapable.

J'avais passé assez de temps en spectateur de ces actes indignes et tous plus stériles les uns que les autres. Cette fois-ci, on s'en prenait à un vétéran du Vietnam, un ancien prisonnier de guerre. La coupe était pleine. Qu'est-ce que cela nous révélait de notre président ? Qu'est-ce que cela nous dévoilait de ses valeurs, de ses vertus et de ses motivations ? Il fallait que quelqu'un au sein de cette administration dise quelque chose, peu importe quoi. Ce fut le silence. Alors le lendemain matin, j'ai entamé la rédaction d'une tribune où je dénonçais l'absence de sens moral de Donald Trump et où je relatais les efforts déployés par de hauts fonctionnaires pour tenter de maintenir le gouvernement à flot au milieu de cette folie.

« Je suis bien placé pour en parler, écrivis-je à propos de ces hauts responsables. Je suis l'un d'eux. »

« Résistance » : le retour

Depuis la parution de cette tribune dans le *New York Times* le 5 septembre 2018, l'instabilité de l'administration Trump s'est encore accentuée. Pourtant, un élément est demeuré inchangé. Le président continue de tout ignorer des principes directeurs qu'il faut respecter pour gouverner notre nation et reste incapable de faire preuve de l'aptitude élémentaire à diriger que nous sommes en droit d'attendre d'un commandant en chef.

Dans cette tribune du *New York Times*, j'évoquais une « résistance » silencieuse chez ceux qu'il avait nommés – au plus haut niveau – qui tentaient de contrôler ses réactions impulsives. Nous voulions que cette administration réussisse et nous soutenions d'importantes composantes de son programme, mais nous nous alarmions de son instabilité de comportement, en public comme en privé. Ceux qui essayaient de le détourner de ses pulsions autodestructrices n'avaient rien à voir avec un prétendu « État profond » (*deep State*), soulignais-je, mais incarnaient la continuité de l'État que je nommerai ici « État stable ».

Le président s'insurgea contre cette idée. Or, depuis cette date, l'idée que son équipe s'emploie à le protéger contre lui-même a fini par devenir l'un des paradigmes définissant l'administration Trump. C'était d'ailleurs l'un des constats marquants du *Rapport d'enquête sur l'ingérence russe dans l'élection présidentielle de 2016* du procureur spécial Robert Mueller. « Dans l'ensemble, les efforts déployés par le président pour peser sur l'enquête ont été infructueux, écrivait Mueller, mais c'est surtout dû au fait que son entourage a refusé d'exécuter ses ordres ou d'accéder à ses requêtes. » Il s'agissait notamment de sa demande au conseil juridique de la Maison-Blanche, Don McGahn, de révoquer le procureur spécial, requête rejetée par l'intéressé de peur que cela ne « risque de provoquer ce qu'il considérait comme un nouveau Massacre du samedi soir » et ne conduise à l'*impeachment* de Donald Trump. En effet, on en serait très certainement arrivé là.

Le président Trump ne devrait pas se scandaliser de ce que des conseillers prudents et des membres de son gouvernement aient cherché à sauver sa présidence. Mes collègues l'ont fait à maintes reprises. Il devrait plutôt s'inquiéter – nous devrions tous nous inquiéter – de voir ces professionnels raisonnables s'effacer. Le président s'irrite de ceux qui osent le défier. Il a pris pour cible et écarté nombre de ces hauts responsables, un par un, du secrétaire d'État Rex Tillerson au chef de cabinet John Kelly. D'autres ont fini par se lasser de cette mascarade et sont partis de leur propre chef. À chaque éviction, à chaque départ d'un de ces hauts dirigeants à la tête froide, les risques pour le pays ne font que croître ; le président n'est plus conforté que par un cercle de conseillers qui se réduit comme peau de chagrin et l'encourage ou se fait complice de ses errements. Nous en percevons déjà les conséquences.

Les cadres de ce que j'appelle l'État stable, ou tout au moins de ce qu'il en reste, sont des fonctionnaires qui s'opposent à ces décisions irréfléchies ou insensées. Ce ne sont pas des traîtres ou des mutins. Ils dispensent les meilleurs conseils au président et parlent vrai face au pouvoir. Ils n'hésitent pas à défier Trump quand ils estiment qu'il a tort. Ils tentent de diriger leur service à l'intérieur même de la Maison-Blanche ou de leurs agences gouvernementales de manière à continuer d'en assurer le bon fonctionnement malgré les emportements du président. Quand ils échouent à le persuader de changer de cap, ils s'emploient, avec lui et avec d'autres membres de l'administration, à limiter les retombées de décisions qui auraient des conséquences délétères, ce qui finit par susciter un dilemme permanent au sein de la présidence Trump.

J'ai fini par douter de plus en plus de l'efficacité de ce type d'encadrement, et plus encore de sa viabilité. Pour préserver un semblant de stabilité, les Américains peuvent-ils accorder leur confiance à un entourage composé de responsables non élus ? Et, encore plus important, doivent-ils la leur accorder ? Cette question devient plus pressante que jamais car il y a de fortes chances que Donald Trump soit réélu en 2020 malgré ses défauts peu communs et la menace d'*impeachment* que fait planer le Congrès. Les garde-fous auront alors disparu et, affranchi de la menace de la défaite, le président se sentira encouragé dans ses pires pulsions. C'est peut-être notre dernière chance de forcer cet homme à rendre compte de ses actes. Cependant, avant de songer à agir, nous devons examiner en profondeur les racines du désordre actuel. C'est pourquoi j'ai écrit ces pages.

Ce que vise ce livre

Les critiques contre l'administration Trump sont si virulentes que le citoyen américain ordinaire a du mal à démêler la vérité de la fiction. Il y a des limites à ce que l'opinion peut digérer. Quand tout devient crise ou scandale, au bout du compte, cela s'annule. Les Américains en ont assez de cette cacophonie, elle les pousse à l'indifférence. Nous fermons les yeux, ce qui nous a fait perdre de vue ce qu'il y a de plus important dans les débats qui animent le pays.

Malgré le bruit ambiant, je veux me faire entendre. J'ai accepté de servir dans cette administration en espérant que le président Trump réussirait et marquerait son époque pour de bonnes raisons, même si nombre d'entre nous avaient de graves appréhensions au moment de s'engager. Si le président peut revendiquer quelques réels succès, dans l'ensemble, cet espoir a été balayé (et nos craintes confirmées) par la dure réalité. À cause d'un mélange nocif d'amoralité et d'indifférence, le président n'a pas su se montrer à la hauteur de sa mission. Dans ces pages, je vais m'attacher à expliquer ce qui devrait vraiment inquiéter les Américains au sujet de Trump et son administration, à diagnostiquer les problèmes et à proposer des solutions. Les opinions exposées dans ces pages m'appartiennent ; pour autant, beaucoup d'autres responsables de l'équipe gouvernementale, y compris parmi ceux qui sont partis, partagent à peu près toutes les critiques que j'y exprime. La plupart ont peur de le dire de manière aussi ouverte.

Ce livre a été conçu, élaboré et écrit rapidement, au milieu d'une cascade d'événements et du tumulte qui sont devenus la norme dans le Washington de Trump. Il reste toutefois centré sur des aspects de sa présidence et de ce moment de notre vie politique qui sont peu susceptibles de changer dans un avenir proche. Chaque chapitre met en lumière une facette de cette présidence à laquelle il est à mon sens essentiel que l'opinion réfléchisse lorsqu'elle décidera s'il faut ou non reconduire Donald Trump dans sa fonction en 2020.

On a beaucoup écrit pour décrire le chaos qui règne dans cette administration, un terme dont on abuse mais qui est malheureusement adéquat. Tel ou tel ouvrage a su saisir cette atmosphère avec plus de justesse que d'autres. Ils ont presque tous été écrits par des journalistes et des commentateurs extérieurs qui n'en ont été que des témoins indirects ayant bénéficié de certaines sources. Leur lecteur s'est demandé ce qui était réel et ce qui relevait d'une manipulation alimentée par des personnes hostiles. Dans ces pages, j'ai fait de mon mieux pour proposer une peinture sans fard de Donald Trump et de sa présidence, basée sur mes observations et mon expérience et non sur des rumeurs. Une partie du contenu de ce livre confirmera certaines informations déjà publiques ou les éclairera avec plus d'acuité, et une partie est inédite, mais quantité d'observations gravées dans ma mémoire devront y rester scellées, sous peine de voir les débats tourner autour de la question de mon identité, sujet que je vais aborder dans un instant.

Ce témoignage a été écrit pour un large public et pas seulement pour ceux qui s'opposent déjà au président. Sans aucun doute, ceux de ses détracteurs qui liront ce livre ne seront que plus indignés, et à juste titre, de ce qu'il contient. Ce qu'ils y découvriront de l'orientation actuelle de l'Amérique ne fera qu'accroître leur malaise. Ils auront d'autant plus peur du prix à payer en cas de réélection de Trump, et ils auront raison d'être inquiets. Quelques personnages troubles de son entourage se sont déjà félicités de la possibilité de rempiler pour quatre ans – sans se poser la question de savoir « ce que nous pouvons faire pour notre pays* », comme on oserait l'espérer, mais en se disant plutôt que « personne ne pourrait plus nous arrêter ». Je partage cette inquiétude.

Ce livre a aussi été écrit dans l'espoir de s'adresser aux partisans de Trump, ou tout au moins à une partie d'entre eux. Beaucoup de gens sensés ont voté pour lui parce qu'ils aimaient leur pays, parce qu'ils voulaient secouer les castes au pouvoir, estimant que l'autre voie qui leur était proposée aurait été pire. Je vous reconnais car j'ai ressenti la même chose. J'ai travaillé avec vous.

* Le 20 janvier 1961, dans son discours d'investiture, John F. Kennedy eut cette formule restée fameuse dans l'imaginaire américain : « Mes chers compatriotes, ne vous demandez pas ce que votre pays peut faire pour vous, mais demandez-vous ce que vous pouvez faire pour votre pays. » (*N.d.T.*)

Nombre d'entre vous êtes mes amis. Mais je sais aussi qu'au fond de vous, vous sentez que quelque chose ne va pas dans cette présidence. Que le comportement de Donald Trump n'est pas tolérable, et qu'il est souvent choquant. Nous nous sommes longtemps voilé la face. Nous avons invoqué toutes sortes de prétextes : « Il a juste un style différent des autres », « Il est peut-être brutal, mais il agit », « L'autre camp, c'est pire », « Les médias sont ligués contre lui ». J'ai partagé ces avis, mais ce livre vise notamment à montrer en quoi ces excuses nous ont aveuglés face à quelques vérités aussi répugnantes qu'inévitables. Je vous invite instamment à lever vos réticences et à lire ces pages jusqu'à la fin.

À propos de mon anonymat

Permettez-moi maintenant de vous dresser un bref tableau de l'Amérique. Ce pays exceptionnel, fondé sur une vision claire et dans un but précis, est en conflit avec lui-même, à la croisée des chemins. Ses citoyens sont plus divisés que jamais, jusque dans chaque foyer, et une presse en quête de sensationnel ne fait qu'envenimer les choses. Le discours des hommes politiques est de plus en plus trivial. Le Congrès ne fonctionne plus. Les responsables publics sont plus en désaccord que jamais sur les moyens de remédier à ce gâchis.

Cette Amérique peut vous être familière et vous paraître actuelle, mais ce n'est pas celle-là que je vous décris. Je vous parle de notre pays en l'an 1787, quand un débat faisait rage dans tous les États-Unis. Notre jeune république était affligée d'un gouvernement central faible qui mettait notre cohésion nationale en danger. L'avenir de la nation était remis en cause. Les treize États qui la composaient envoyèrent chacun des représentants à Philadelphie pour tenir d'urgence une convention et discuter des amendements à apporter aux Articles de la Confédération afin de mieux sceller l'unité du pays. Au lieu de simplement réviser ces Articles, ils tinrent au cours de cette convention des réunions secrètes qui aboutirent à la création d'une charte gouvernementale entièrement inédite.

Tous n'y apportèrent pas leur soutien. Toutefois, grâce à l'appui de trente-neuf délégués sur cinquante-cinq, une ébauche de la Constitution fut rendue publique, pour examen et ratification. L'approbation n'était nullement certaine. Deux camps se dessinèrent : les *fédéralistes*, qui voulaient un gouvernement central plus fort, et les *anti-fédéralistes*, qui préféraient octroyer davantage de pouvoir à chaque État individuellement. Il s'ensuivit l'un des débats les plus animés et les plus virulents de l'histoire américaine. Il y était question de la démocratie.

Trois dirigeants américains décidèrent alors de publier – anonymement – une série de brefs articles afin de réfuter les critiques exprimées à l'encontre du projet de Constitution et de gagner le soutien de l'opinion publique. Leurs auteurs s'appelaient Alexander Hamilton, James Madison et John Jay, mais ils choisirent de cacher leur identité sous un seul et unique nom de plume : Publius. L'ensemble de ces articles reçut par la suite un intitulé : les *Federalist Papers*. Non seulement ils contribuèrent à une défense et illustration de la Constitution, mais ils sont considérés à ce jour comme l'un des exposés les plus incisifs qui soient sur le système politique américain.

Pourquoi leurs auteurs choisirent-ils de dissimuler leur identité ? Tout d'abord, deux d'entre eux étaient délégués à la convention de Philadelphie et préféraient cacher leur participation à la rédaction de la Constitution. Révéler la chose leur aurait certainement valu des accusations de parti pris. Ensuite, ils réagissaient à des critiques elles-mêmes émises de manière anonyme par d'autres auteurs. Surtout, ils souhaitaient que les Américains se concentrent sur le message lui-même et non sur le messager. Le sujet était trop important pour laisser le dialogue national s'enliser dans une querelle touchant aux personnalités impliquées. Ils dissimulèrent donc leur patronyme, non par crainte du débat, mais pour le favoriser.

Les Pères fondateurs de l'Amérique n'auraient jamais pu imaginer le monde d'aujourd'hui, bruissant d'essaims de *followers* survoltés par les réseaux sociaux. Notre capacité de concentration s'est atrophiée et le débat national est flétri par le petit jeu politique des attaques personnelles. Dès que quelqu'un prend la parole, l'essaim s'attaque à la personne et ses idées restent ensevelies sous les décombres. Ensuite, la meute se jette sur une autre controverse. Je ne suis nullement un Hamilton, un Madison ou un Jay, mais je crois leur exemple instructif pour notre époque. En un temps où notre nation se trouve de nouveau à la croisée des chemins, il nous faut une réflexion politique qui ait du sens, qui porte au-delà du nombre des *followers* qu'on a pu accumuler ou de la dose de sarcasme que tel ou tel réussit à injecter dans un message de 140 ou 280 caractères à seule fin de le rendre viral.

J'ai décidé de publier ce texte en restant anonyme parce que dans ce débat, ce n'est pas de moi qu'il s'agit. Il s'agit de *nous*. Il s'agit de savoir ce que nous attendons de la présidence et comment elle devrait refléter notre pays. C'est là-dessus que le débat devrait rester centré. Certains qualifieront mon choix de « lâcheté ». Cette accusation ne me froisse nullement. Sur le fond, rien ne me dérange à l'idée d'associer mon nom à une critique du président Trump. Je le ferai peut-être, en temps voulu. Toutefois, lorsque le président en exercice préfère se consacrer à tout ce qui peut faire diversion, il nous faut nous consacrer à son caractère et son action. Soustraire mon identité de l'équation le prive justement d'une occasion de faire diversion. S'il ne peut attaquer personne, rien d'autre qu'une idée, que va-t-il faire ?

C'est pourquoi, si on me pose la question, et jusqu'à nouvel ordre, je nierai catégoriquement être l'auteur de ce livre, même lorsque le président demandera à chacun d'entre nous, dans son entourage, d'en désapprouver le contenu. Qui plus est, ce que je décris du président et de cette administration a été soigneusement rédigé afin d'éviter toute révélation fortuite. Ce livre comporte une série de témoignages directs, dont certains émanent d'autres hauts responsables que moi-même. J'ai omis ou modifié certains détails sans pour autant altérer les faits afin de préserver l'anonymat de tous les protagonistes. Il m'arrive aussi de me présenter à la troisième personne lorsque c'est nécessaire. Ceux dont le seul but est de lire ce livre pour y identifier des noms, y compris le mien, constateront qu'ils perdent leur temps.

Il n'est pas question ici de briller. Je ne cherche pas à me mettre en avant ou à soigner ma notoriété. Je demeure anonyme dans l'espoir d'attirer l'attention sur les questions de fond. Hélas, dès que ce livre sortira, on ne pourra plus tenter grand-chose, à Washington, pour éviter que le débat ne se transforme en lamentable jeu d'initiés cherchant à deviner l'identité de son auteur. Pourtant, je pense que les Américains qui vivent hors de la Beltway, la rocade autoroutière de la capitale, ont soif d'un véritable dialogue sur les qualités requises chez un président, avant de se rendre aux urnes en 2020. Si tel est bien le cas, alors ils ont frappé à la bonne porte.

Pour être clair, je n'écris pas pour régler des comptes. Ma préoccupation principale reste le président des États-Unis, pas de lancer des piques à mes collègues en me livrant à un grand déballage sur les intrigues du pouvoir. Je me suis volontairement limité dans la description de mes homologues hauts fonctionnaires, et chaque fois que c'était possible, je me suis abstenu d'associer leurs actes et leurs opinions à leur nom. Washington s'est laissé gangrener par une culture de la terre brûlée où l'on colporte des rumeurs grâce à la presse dans le seul but de rabaisser les autres tout en se faisant valoir. C'est l'un des nombreux symptômes de notre vie publique qui se délite. J'ai fait de mon mieux pour que ce livre n'envenime pas les choses à cet égard.

Ma motivation n'est pas financière non plus. Quand j'ai appris que je pourrais toucher une avance dépassant le million de dollars pour l'écriture de cet ouvrage, j'ai refusé de l'envisager ne serait-ce qu'un seul instant. Notre république est en danger et, en sonnant l'alerte, je ne recherche pas le profit. Si les ventes de ce livre génèrent des droits d'auteur, j'ai prévu d'en verser une bonne partie à des organismes à but non lucratif qui se consacrent à la défense de la vérité dans les pays les plus répressifs de la planète.

Aux États-Unis, l'un des organismes auxquels je destine ces fonds n'est autre que l'Association des correspondants de presse de la Maison-Blanche, la WHCA, dont la mission consiste à protéger la liberté de la presse et à assurer une couverture médiatique cohérente de la présidence, tout en aidant la nouvelle génération de ceux qui aspirent à devenir journalistes en leur donnant accès à des bourses généreusement dotées. Si mes fonctions au service de l'État peuvent permettre à davantage de journalistes de rendre leurs dirigeants comptables de leurs actes, alors ce livre aura eu une certaine utilité.

Cette administration est sujette à quantité de « fuites », peut-être plus qu'aucune autre auparavant.

Certains responsables confient des informations à des journalistes pour fanfaronner, par intérêt personnel ou pour se venger de quelqu'un, mais ils sont apparemment aussi nombreux à le faire parce qu'ils sont effarés de ce qu'ils ont vu à la Maison-Blanche sous Trump. Certaines sources de ces anecdotes refusent de révéler leur nom, par crainte de représailles. Leur réticence n'est guère surprenante, sachant la tendance du président à se servir de sa position pour moquer, maltraiter, fustiger et punir. J'ai entendu ses mises en garde aux hauts fonctionnaires de son administration qui songeaient à quitter leur poste, j'ai vu ses partisans persécuter ceux qui l'avaient contrarié, et aller même jusqu'à s'en prendre à la famille innocente de ces dissidents.

Donald Trump aime répéter à ses hauts fonctionnaires qu'il a retenu une importante leçon de sa fréquentation du monde des affaires : brandir la menace d'un procès ne suffit pas à faire peur ; attaquer en justice, voilà ce qui effraie les gens. Dans toute argumentation, c'est l'un de ses procédés favoris : attaquer ses détracteurs pour les intimider et les réduire au silence. C'est sa méthode, depuis des décennies.

Après la parution de ma tribune dans le *New York Times*, Trump a réagi en tweetant un mot, un seul : « TRAHISON ? » Ces huit lettres en disaient long. Pour le président, toute critique est une traîtrise. Je trouve cette posture absolument anti-américaine. Le président Theodore Roosevelt, qui fut le premier président élu au XXe siècle, considérait que la traîtrise consistait au contraire à ne pas critiquer le chef de la nation, pour peu que cette critique soit sincère. « Prétendre qu'il ne faudrait jamais critiquer le président, ou que nous devrions toujours le soutenir, qu'il ait tort ou raison, ce n'est pas seulement faire preuve d'antipatriotisme et de servilité, c'est aussi porter une atteinte mortelle au peuple américain, écrivit-il. Il ne faut dire que la vérité, qu'il s'agisse du président ou de n'importe qui d'autre. Mais il est encore plus important de dire la vérité sur lui, qu'elle soit plaisante ou déplaisante, que sur quiconque. » Ce n'est pas notre silence que nous devons au président. Nous lui devons la vérité.

Il importe de relever qu'il existe une différence entre la critique légitime et la propagation irresponsable d'informations sensibles. Roosevelt estimait qu'il était « antipatriotique de ne pas dire la vérité » sur le président, sauf « dans les rares cas où cela porterait à la connaissance de l'ennemi des informations à caractère militaire qui sans cela lui resteraient inaccessibles ». En d'autres termes, il convient de protéger les informations touchant à la sécurité nationale. Je suis d'accord. En certaines circonstances, sur des affaires extrêmement sensibles, le président actuel a manqué à ses devoirs envers le peuple américain en prenant des décisions irréfléchies, que ce soit dans la Situation Room, la salle de crise de la Maison-Blanche, ou lors d'épineuses conversations avec des dirigeants étrangers. Certains exemples de ces errements ont été déclassifiés, et j'y reviendrai. Ceux qui ne l'ont pas été ne seront pas abordés dans ce livre, et les éléments afférents n'y sont pas mentionnés. Quand des individus divulguent des informations classifiées à la presse, ne fût-ce que pour étayer une critique politiquement justifiée, cela peut mettre des Américains en danger. De telles révélations sont condamnables et n'ont pas leur place dans le débat public. Il existe toutefois des voies et moyens appropriés pour les lanceurs d'alerte qui veulent aborder des sujets classifiés, ce que certains ont déjà fait.

En même temps, il n'est pas moins inacceptable qu'un président assimile toute critique personnelle à une menace contre la sécurité nationale. À l'été 2018, Trump a imposé à son cabinet de révoquer l'habilitation de sécurité d'anciens hauts responsables des services de renseignement qui étaient en désaccord avec lui et donné instruction à la directrice de la communication de la Maison-Blanche d'annoncer que les accréditations de sécurité de John Brennan, ancien directeur de la CIA, qui a fréquemment critiqué cette administration, avaient été en effet supprimées. Qu'aurions-nous dit si son prédécesseur, le président Barack Obama, avait agi de la sorte ? Quelques semaines plus tard, faisant allusion à ma tribune, Trump formulait cette exigence : « pour des raisons de sécurité nationale, le [*New York*] *Times* doit le/la [l'auteur(e)] livrer immédiatement au gouvernement ! » Il alla plus loin en lançant des investigations payées par le contribuable et usant d'instruments étatiques pour dresser une liste de suspects potentiels, avant que le soufflé ne retombe faute de pistes. C'était du pur Trump, une démarche épidermique, inutile.

Il a aussi suggéré de faire encore pire contre ses détracteurs. En septembre 2019, il a émis une menace à peine voilée contre un employé de la communauté du renseignement qui avait révélé que le président avait cherché par des moyens inappropriés à convaincre un gouvernement étranger d'enquêter sur l'un de ses opposants politiques*. Trump jugea que cet employé était « quasiment un espion ». Et de poursuivre : « Vous savez ce qu'on faisait dans le temps quand on avait encore un peu de bon sens, hein ? Les espions, la trahison, on traitait ça un tout petit peu différemment d'aujourd'hui. » Implicitement, il laissait entendre que ce lanceur d'alerte méritait la corde.

Un tel comportement est indigne d'un président et de la présidence. Pour quiconque possède le moindre respect du principe de la liberté d'expression, c'est aussi moralement inacceptable. Le chef de la nation ne doit jamais, en aucune circonstance, utiliser sa fonction et ses pouvoirs exceptionnels pour chercher à se venger de lanceurs d'alerte et d'opposants politiques. Ce sont là des actes auxquels on s'attendrait de la part de médiocres dictateurs d'États policiers, et que la nation américaine

* Il s'agit ici du « donnant-donnant » soumettant l'aide militaire à l'Ukraine à une condition : l'obtention d'informations censées nuire à la candidature de Joe Biden pour 2020, et qui a été l'élément déclencheur de la procédure d'*impeachment*. (*N.d.T.*)

tout entière dénoncerait sans hésiter. Et pourtant, cela se produit en temps réel, chez nous, en créant un sinistre précédent au maniement du pouvoir exécutif.

*

Quand Donald Trump a été élu à cette fonction en 2016, beaucoup de gens ne savaient pas à quoi s'attendre. Pourtant, il méritait que l'ensemble des Américains lui accordent une chance, malgré ce qui s'était dit pendant la campagne ou ce qu'il avait pu faire à d'autres étapes de sa carrière. Il devenait notre président à tous, et pas seulement le vainqueur du camp républicain. À présent, nous savons à quoi nous attendre. Nous le savons tous. Ce livre veut mettre en lumière la réalité de l'administration Trump et questionner l'aptitude de l'actuel président à continuer de diriger les États-Unis d'Amérique.

J'écris ces lignes à la veille de ce qui pourrait être l'élection la plus importante de nos vies à tous. Dans le laps de temps qui nous reste avant de prendre notre décision, la nation que nous formons doit réfléchir aux conséquences d'une éventuelle réélection de Trump. Écrire ceci alors que le président est encore en fonction, la démarche est unique, j'en ai bien conscience. Certains jugeront cette initiative déloyale, mais trop de gens confondent la loyauté envers un homme et la loyauté envers le pays. Il faut que la vérité sur le chef de l'exécutif soit dite, sans attendre que les Américains entrent dans l'isoloir pour décider ou non de lui accorder un second mandat, et sans attendre non plus qu'il ait quitté la Maison-Blanche. Il faut le faire maintenant. J'espère que d'autres que moi remédieront à l'erreur du silence et choisiront de se faire entendre.

Dans ces pages, ce n'est pas seulement moi que vous entendrez. Vous entendrez souvent Donald Trump s'exprimer directement, car il n'est pas de meilleur révélateur de son caractère que ses propres paroles et pas de meilleure preuve du danger qu'il nous fait courir à tous que sa propre conduite.

1

L'effondrement de l'État stable

> « Aucun gouvernement, et aucun individu non plus, ne seront longtemps respectés sans être véritablement respectables ; et ils ne sauraient être véritablement respectables sans posséder une part d'ordre et de stabilité. »
>
> James MADISON

Dans l'administration Trump, ce fut un début de journée comme un autre. Nous étions le mercredi 19 décembre 2018 et la Maison-Blanche traitait un problème de communication. La veille, le département d'État avait décidé de dévoiler un programme d'aide au développement économique en Amérique latine, les experts estimant que cela permettrait de réduire la violence et l'instabilité dans la région. Il y avait juste un os. Le président était sur le point de tout annuler. Il craignait apparemment que ce ne soit trop coûteux et menaçait de liquider l'accord d'un simple tweet. Les architectes de ce programme paniquèrent : le président allait provoquer un incident diplomatique.

Comme c'est souvent le cas, l'événement majeur fut relégué au second plan. Le président n'était pas encore descendu de ses appartements privés pour entrer dans le Bureau ovale. Nous savions tous pourquoi. Pour son flux de tweets, c'était l'heure de pointe, et à 9 h 29, depuis sa résidence officielle, il lâcha un véritable missile : « Nous avons vaincu l'État islamique en Syrie, seule raison d'être de la présidence Trump. » En quelques minutes, la nouvelle que le président avait décidé de retirer nos troupes de Syrie se répandit comme une traînée de poudre. Il tweeta par la suite : « Après notre victoire historique contre Daech, il est temps de ramener nos magnifiques jeunes gens à la maison ! »

Cette annonce se répercuta dans tout Washington. C'était l'inverse de ce qui lui avait été recommandé. Du sommet de la hiérarchie du Pentagone jusqu'aux chefs de la communauté du renseignement, la plupart des conseillers du président l'avaient mis en garde contre tout retrait unilatéral et improvisé de nos quelque deux mille hommes stationnés en Syrie. L'État islamique restait une menace de taille, lui avait-on rappelé, et la sortie de l'Amérique permettrait à la phalange terroriste de se reconstituer et de fomenter d'autres attaques meurtrières. Un retrait trop précoce laisserait aussi le champ libre à un dictateur, Bachar el-Assad, qui n'hésitait pas à employer des armes chimiques contre son propre peuple, à un régime de Téhéran hostile aux États-Unis qui élargirait son influence dans la région, et à la Russie. Qui plus est, cela entraînerait sans doute le massacre des forces kurdes qui nous avaient aidés contre les terroristes. À tous égards, ce retrait nuirait aux intérêts américains.

Le président fut inflexible. Au lieu de réunir ses conseillers de la sécurité nationale pour débattre des diverses options, il venait de les contrer d'un simple tweet.

« Enfin, merde, il y a des gens qui vont mourir à cause de ça », fit remarquer un haut conseiller, très en colère. Nous nous sommes tous évertués à comprendre ce qui s'était passé et quels étaient les projets de Trump. Les alliés des États-Unis étaient sidérés, et alarmés. Le département de la Défense était dans le flou : on ne voyait pas du tout comment répondre aux questions de la presse puisque c'était une décision à laquelle le Pentagone n'avait pratiquement pas pris part. Au sommet de la hiérarchie militaire, on était furieux de l'absence de planification : à cause de cette annonce soudaine, les soldats sur le terrain risquaient de se transformer immédiatement en cibles, potentiellement vulnérables à une attaque lancée par des adversaires opportunistes qui les voyaient battre en retraite. L'armée échafauda en toute hâte un plan d'urgence pour s'assurer que les forces américaines ne seraient exposées à aucun danger.

Nous avions tous vu des présidents prendre de mauvaises décisions en matière de défense. Cette fois, c'était d'un autre ordre. Aucun de nous n'avait souvenir d'une telle désinvolture. Dans une Maison-Blanche normale, les décisions de cette ampleur se prennent au terme de froides délibérations. Elles sont l'objet de réunions (parfois trop) où s'échangent des informations sensibles, pour veiller aux moindres détails. On pare à toutes les éventualités, on répond à toutes les questions. Comment nos ennemis vont-ils interpréter la chose ? Que pouvons-nous faire pour peser sur leurs calculs ? Comment nos partenaires vont-ils réagir ? Surtout, comment procéder pour protéger au mieux le peuple américain, et notamment les hommes et les femmes qui portent l'uniforme ? Aucune de ces questions n'avait reçu de réponse préalable.

Non seulement cette décision était irresponsable, mais plusieurs membres de l'administration avaient témoigné sous serment de ce que l'État islamique n'avait pas encore été éliminé. Ils avaient aussi fait la promesse publique que les États-Unis n'abandonneraient pas la lutte en Syrie. À présent, le président affirmait à tort que Daech avait cessé d'exister, parce qu'il venait de décréter que c'était la vérité du jour. Il envoyait à l'ennemi le message que l'Amérique se dirigeait vers la sortie. « On va nous traîner devant le Capitole, on va se faire clouer au pilori », se lamenta un membre éminent du gouvernement.

Au Congrès, la réaction fut prompte, y compris au sein du parti de Trump. « Depuis douze ans que je suis ici, je n'ai jamais vu une décision pareille, déclara aux journalistes, atterré, le sénateur Bob Corker, alors président de la Commission des affaires étrangères du Sénat. On a du mal à imaginer un autre président prenant une initiative de ce genre au saut du lit, en communiquant aussi peu, avec si peu de préparation. » Même le sénateur Lindsey Graham, qui pourtant à cette période s'efforçait de se gagner les faveurs de Trump, fustigea cette annonce. Il déclara aux journalistes que cette nouvelle avait « déstabilisé le monde ».

Ce fut aussi un tournant pour d'autres raisons. Cet incident précipita la chute de protagonistes essentiels qui croyaient pouvoir introduire un peu d'ordre dans le chaos de cette administration. L'un d'eux en particulier jugea que c'en était trop.

Le jour de ces tweets syriens, le secrétaire à la Défense James Mattis annonça sa démission. Dans une lettre au président, il écrivit : « Ma ferme conviction quant à la nécessité de traiter nos alliés avec respect tout en restant lucide sur les acteurs malfaisants et sur nos rivaux stratégiques repose sur les quarante années au cours desquelles je me suis plongé dans ces questions. [...]

« Puisque vous avez le droit d'avoir un secrétaire à la Défense dont les conceptions, sur ces sujets comme sur d'autres, sont plus conformes aux vôtres, il me paraît préférable de démissionner de mes fonctions. » Le secrétaire à la Défense fixa son départ au 28 février 2019. James Mattis est un patriote, un militaire qui a fait la guerre et dont la nomination au Pentagone avait reçu le soutien des deux partis. Toujours stoïque, il avait déclaré à des sénateurs préoccupés par Trump qu'il ne resterait en aucun cas passif si le président lui demandait d'arrêter des décisions qu'il estimait contraires à sa conscience ou susceptibles de mettre inutilement des vies en danger. Et, comme toujours, Mattis tint parole. Sa démission secoua la Maison-Blanche, jusqu'au Bureau ovale.

La presse qualifia cette démission de geste de protestation. Le président Trump était hors de lui. Et, selon un schéma classique, une mauvaise décision en entraîna une autre. Quelques jours après, sur un coup de colère, il décida d'avancer la date du départ de Mattis. Il le voulait parti dès que possible. Cela précipita de nouveau le département de la Défense dans une tourmente inutile, le cabinet s'empressant d'organiser la passation de pouvoirs dans l'urgence. Un tel changement à la tête de la plus puissante armée du monde se déroule généralement sur plusieurs mois, le temps d'organiser la sortie et la transition afin d'assurer la stabilité. Trump tailla dans ce délai, le ramenant à quelques jours. Il tweeta que le numéro deux du Pentagone assumerait les fonctions du poste dès le 1er janvier, deux mois plus tôt que prévu. La semaine suivante, dans l'un de ces renversements orwelliens (« le haut est en bas ») auxquels nous avions fini par nous habituer, le président se vanta d'avoir « en somme » congédié un général des Marines bardé de décorations. Les effets de cette perte se firent sentir dans toute l'administration et dans le monde. L'un des rares membres d'équipage raisonnables à bord du navire de l'État allait passer par-dessus bord.

Depuis le début, plusieurs représentants du gouvernement partageant des vues similaires observaient avec inquiétude le mode de gestion erratique du président.

Nous faisions des efforts concertés pour que cet environnement tumultueux cède la place à des processus d'élaboration de politiques plus ordonnés – en d'autres termes, à un système permettant de s'assurer que les décisions présidentielles soient mûrement réfléchies, que les procédures soient respectées, que tous les aspects d'un problème soient examinés et qu'en fin de compte le président mette toutes les chances de son côté, y compris avec des conseillers n'hésitant pas à s'exprimer quand il partait dans la mauvaise direction.

Nous pensions que la situation restait gérable. Nous nous trompions lourdement. Si l'année 2017 avait vu l'apparition d'un clan informel de pragmatiques au sein de l'administration Trump – d'un « État stable » –, 2018 marqua les débuts de sa disparition.

L'État du chaos

Les premiers pas de toute administration présidentielle sont rudes. On ne peut transmettre les rênes d'une organisation composée de millions d'employés qui gère quatre mille milliards de dollars, en espérant une transition sans heurts. En règle générale, les membres de l'administration sortante demandent aux agences d'aider leurs successeurs à prendre la relève. Avant la cérémonie d'investiture, une série de réunions ont lieu, les nouveaux fonctionnaires sont informés des programmes en cours les plus sensibles et on prépare des notes internes afin de tenir l'équipe entrante au courant. Parfois, en début de mandat du nouveau président, une administration sortante propose de laisser une partie de ses responsables en place quelques semaines ou quelques mois afin de faciliter le passage de relais. Même en pareil cas, cela ne suffit jamais à vraiment préparer un groupe d'individus à ce défi unique : diriger le gouvernement des États-Unis.

Pour l'administration entrante de Trump, la situation était encore bien plus compliquée.

Toute cette première phase est maintenant présentée sous un jour différent par les communicants, mais à l'époque, au sein de l'équipe de campagne – y compris jusqu'au candidat lui-même –, peu de gens espéraient vraiment l'emporter. Cela se voyait. Chez les membres de son équipe de transition, le groupe de conseillers chargés d'ébaucher une « administration d'attente » dans l'éventualité d'une victoire, l'humeur était sombre. Avant le choix historique des électeurs de Pennsylvanie, du Michigan et du Wisconsin dans l'isoloir le 8 novembre, certains avaient déjà commencé à envoyer leur CV pour trouver un emploi*.

Maintenant que l'équipe de transition allait être véritablement en charge de ce passage de témoin présidentiel, le résultat du scrutin suffit à la désemparer. Des conseillers techniques inexpérimentés admirent qu'ils n'étaient pas prêts. La plupart n'avaient jamais conduit

* Ce sont ces trois États dits « charnières » (*swing states*) qui ont décidé du résultat électoral de 2016. (*N.d.T.*)

un changement de gouvernement, et ils ne bénéficiaient pas des conseils d'anciens collaborateurs républicains chevronnés issus d'équipes de transition précédentes : un bon nombre de ceux-ci avaient en effet décidé de ne pas participer à cette campagne, convaincus qu'il n'y aurait jamais de présidence Trump. Le reliquat se composait d'intervenants de seconde zone. Si le directeur de l'équipe de transition, Chris Christie, gouverneur du New Jersey, croyait pouvoir mettre en place un plan d'action, reste que, par rapport à de précédentes transitions, son cabinet accusait déjà de gros retards dans les préparatifs. Ces projets finirent dans les poubelles de l'Histoire, tout comme leur concepteur. À peine remis de sa victoire, le président élu décida de congédier Christie et désigna le vice-président élu Mike Pence à sa place. Cette initiative précipitée fit perdre plusieurs semaines, si ce n'est plusieurs mois à l'administration entrante.

Après son accession à la présidence, on sait qu'Abraham Lincoln bâtit sa fameuse « équipe de rivaux », réunissant ses anciens adversaires pour former un gouvernement soudé. En raison d'une médiocre planification et des doutes omniprésents quant à ses chances de victoire, Trump finit par produire l'inverse : « des équipes rivales ». Les luttes intestines qui faisaient rage pendant la campagne rejaillirent sur l'équipe de transition. Tous à couteaux tirés, les conseillers se poignardaient dans le dos pour décrocher les postes convoités. En même temps, un défilé de candidats à l'emploi effectuait le pèlerinage jusqu'à la Trump Tower, dans le centre de Manhattan, à

New York, pour aller baiser l'anneau du futur commandant en chef. La plupart d'entre eux venaient fort opportunément de changer d'avis sur le président élu. Des factions se formèrent. Des cabales visant à discréditer les candidats potentiels et à en pousser d'autres se nouaient et se dénouaient parfois en l'espace d'une journée. Il y avait le clan Kushner (le gendre de Trump), le clan Bannon (Steve Bannon, son directeur de campagne), le clan Conway (Kellyanne Conway, sa conseillère en communication), mais aussi ceux qui gravitaient dans le Pence-Land (du nom du vice-président Mike Pence), ou encore ceux que l'on appelait les Pierrafeu, les affidés du conseiller à la Sécurité nationale Michael Flynn à peine adoubé*. Ils pouvaient se liguer ou se diviser au gré des circonstances. C'était une variante de l'émission de téléréalité *The Apprentice : qui décrochera le job ?*, mais dans la vraie vie. Au début du mandat présidentiel, certaines de ces rivalités demeuraient tenaces. Trump encourageait souvent la désunion en multipliant les allusions sur ceux qui jouissaient ou non de ses faveurs.

Malgré ce pandémonium, le président élu n'hérita pas, loin s'en faut, d'un gouvernement uniquement peuplé de laquais. Bien qu'une longue liste de dirigeants républicains expérimentés eût été *de facto* éconduits de

* Jeu de mots autour de *Flynn* et *The Flintstones* « La Famille Pierrafeu ». Michael Flynn, éphémère conseiller à la Sécurité nationale, a été condamné pour forfaiture suite à une négociation de peine avec le procureur spécial Mueller en décembre 2017. (*N.d.T.*)

l'administration entrante puisqu'ils faisaient partie des « Never-Trumpers », d'autres, opposants résolus mais qui avaient refusé d'ajouter leur nom aux manifestes anti-Trump, dont j'étais, avaient leurs chances. Des personnalités politiques et des experts respectés s'engagèrent. En dépit du côté irréel de toute cette affaire, ce processus finit par doter la Maison-Blanche d'un cabinet et d'un gouvernement plus compétents que ses détracteurs ne voulaient bien en créditer le nouveau président. Il y avait là d'anciens gouverneurs d'État comme Nikki Haley (Caroline du Sud) et Rick Perry (Texas), des généraux quatre étoiles comme John Kelly et Jim Mattis, des dirigeants d'entreprise comme Rex Tillerson (Exxon) et Steven Mnuchin (Goldman Sachs), les sénateurs Jeff Sessions (Alabama) et Dan Coats (Indiana), et d'anciennes ministres comme Elaine Chao (secrétaire au Travail de George W. Bush). Nommés par n'importe quel autre président élu, ils auraient fait figure de solides lieutenants et, pendant un temps, pour ceux qui doutaient de Donald Trump, ces choix semblèrent encourageants.

Cet attelage disparate d'acteurs extérieurs contribua à apaiser les querelles internes de l'équipe Trump. Ces individualités n'avaient aucune raison de se combattre. Elles n'étaient pas contaminées par les coteries de la campagne. À l'inverse des amis du président élu et des supplétifs qu'il amenait dans ses bagages, qui savaient comment se gagner ses faveurs et survivre à son inconstance et à ses brusques revirements d'affection, ces dirigeants expérimentés n'étaient pas usés par toute une vie de flatteries et de tromperies au sein du premier cercle. Les recrues de la nouvelle administration nouèrent des liens parce qu'elles avaient souvent un point commun : elles ne connaissaient pas le chef de l'exécutif.

La nouvelle équipe se laissa gagner par un optimisme trompeur et contagieux. Tout le monde espérait que les rancœurs de la campagne s'effaceraient face à l'objectif supérieur de la conduite du pays, susceptible d'ennoblir les esprits les plus instables. Cet « espoir » s'évapora dès le premier contact avec le président élu. Il était si obnubilé par son « triomphe » qu'il avait le plus grand mal à se concentrer sur sa mission à venir : gouverner. Il gardait toujours sur lui une carte électorale des États-Unis retraçant sa victoire, qu'il exhibait de temps à autre au cours des réunions censées le préparer à sa prise de fonction. D'un signe, il invitait ses visiteurs, ainsi que ses collaborateurs, ses conseillers et futurs membres du gouvernement, à contempler cette marée rouge sur la carte, la couleur des Républicains, preuve visuelle qu'il avait gagné. « Bon, oui, on le sait qu'on a gagné, nous disions-nous intérieurement. C'est pour ça qu'on est là. »

Manifestement, quelque chose ne tournait pas rond. Devant le spectacle de cette transition, les membres de l'équipe entrante échangeaient des regards inquiets. On était déjà en pleine folie, se confiaient-ils mutuellement, et Trump n'était même pas encore entré à la Maison-Blanche. Son comportement agité et ses remarques aberrantes – comme sa fixation permanente sur Barack Obama et Hillary Clinton, qui pourtant quittaient le pouvoir – n'appartenaient pas à son personnage de téléréalité. C'était la réalité de sa personne. Sa gestion de cette entreprise naissante n'était en fait pas de la gestion du tout.

Les liens qui finirent par donner lieu à cet « État stable » informel se resserrèrent peu de temps après la cérémonie d'investiture. Quelques jours après son entrée en fonction, le président convia les chefs de file du Congrès à la Maison-Blanche. Cela se voulait une démonstration de bonne volonté bipartisane. Or, au commencement de la réunion, le président dénonça les « millions » de gens qui avaient voté en toute illégalité, l'empêchant de remporter le vote populaire. Ces allégations avaient déjà été démystifiées, et elles étaient à l'évidence si clairement fallacieuses que personne n'arrivait à croire qu'il puisse encore y revenir. Après la réunion, nous nous efforçâmes de ne pas prendre la chose trop au sérieux en plaisantant sur le président qui avait pété un plomb. En réalité, il n'y avait pas de quoi plaisanter. Nous étions sincèrement inquiets du climat qu'il instaurait. Ensuite, il y eut les actes.

Le président Trump signa une batterie d'ordres exécutifs destinés à démanteler des politiques de l'administration Obama, à supprimer des règlementations, à stimuler la croissance économique, etc. En surface, tout le monde s'accordait avec ces objectifs. Pourtant, seuls quelques conseillers avaient pris part à leur rédaction et le président ne semblait pas vraiment mesurer ce qu'il venait de faire. Certains de ces ordres avaient été rédigés de façon si hâtive que le retour de flamme fut un vrai feu d'artifice, notamment l'interdiction d'entrée sur le territoire américain frappant les citoyens de pays réputés terroristes – un ordre exécutif qui finit devant les tribunaux, qui fut contesté publiquement et priva l'administration des bonnes dispositions initiales du Congrès et de l'opinion publique, le tout en pure perte. Les collaborateurs de la nouvelle administration et les nouveaux responsables des agences concernées étaient atterrés de ce que la mise en œuvre de ces décisions n'ait pas été mieux préparée.

Ensuite, le président décida d'octroyer à son principal stratège politique, Steve Bannon, un siège au Conseil de sécurité nationale (NSC). Cela suscita une véritable levée de boucliers. Le NSC est un organe de la Maison-Blanche chargé de conseiller le président sur les questions de renseignement, de défense et de diplomatie les plus sensibles qui affectent l'existence et la sécurité des Américains sur le territoire national et partout dans le monde. Les sièges autour de cette table sont d'ordinaire réservés aux chefs des principales agences et pas à des conseillers en communication. Les affaires traitées par le NSC ne sont pas censées relever de discussions « politiques ». Dans ce cas précis, Bannon fut nommé au Conseil alors que d'autres comme le chef d'état-major des armées et le directeur du Renseignement national en furent évincés. Les recrues du président les plus expérimentées en la matière étaient interloquées. Trump eut beau annuler cette instruction quelques mois plus tard, cela laissa une trace indélébile.

L'administration n'en était qu'à ses premières semaines d'existence, mais nous passions déjà pour des imbéciles à cause de toute cette pagaille. Dans le cénacle, les murmures enflaient : ce n'étaient pas des manières de procéder. En conséquence, des individus qui étaient auparavant extérieurs au « Monde selon Trump » resserrèrent les rangs et développèrent une forme singulière de fraternité, comme des otages pris au piège dans une attaque de banque, couchés sur le sol et tenus en joue, incapables d'actionner l'alarme mais bien conscients d'être tous saisis de la même peur de l'inconnu.

« Il est sur le point de décider quelque chose »

Soyons clair, il n'existe au sein de l'administration aucun complot séditieux pour saper l'action du président. L'État stable n'a rien d'une formule codée désignant un plan concerté visant à saboter ses politiques ou, pire, à le chasser du pouvoir. J'emploie le mot « résistance » dans certains propos rapportés, mais cela n'a rien à voir avec la peur, à droite, d'un « État profond » devenu incontrôlable, ou avec la conception que se fait la gauche d'une campagne de subversion active. Les détracteurs de Trump, ceux qui militent pour une vraie résistance, avec leur imagination débridée, ont inventé l'idée de serviteurs de l'État grippant les rouages du gouvernement pour abattre Trump. Si ce type de conspiration existait, j'en serais le premier surpris, et ce serait très troublant. Le service public repose sur la confiance publique. Tout employé du gouvernement poursuivant des objectifs aussi criminels mériterait d'être condamné.

Au contraire, dès ses premiers pas, l'État stable se forma pour empêcher le train de la Maison-Blanche de dérailler. Quand des collaborateurs nommés par le président se mirent à partager leurs inquiétudes au sujet du chef de la nation, ce n'était pas dans une officine sombre et enfumée de Washington. Cela se fit de manière informelle, avec des coups de téléphone dans la semaine ou des échanges en marge des réunions. Des gens qui confrontaient leurs notes au cours de leur journée de travail et dans le cadre ordinaire de leur activité se rendaient compte que les problèmes de cette administration n'avaient rien de passager. Ils étaient structurels. Ils émanaient du sommet.

Deux traits de caractère du président illustrent ce qui cristallisa cet État stable : l'inattention et l'impulsivité. J'y reviendrai plus en détail. Je peux déjà souligner que la découverte de ces deux travers eut un puissant impact sur les individus qui servaient dans cette administration.

Prenons par exemple le cas d'une réunion d'information avec le président, une expérience difficile à restituer. Dans toutes les administrations précédentes, les conseillers tenaient à être prêts pour une pareille entrevue. On s'adresse au personnage le plus puissant de la terre. Avant d'avoir une conversation avec lui, chacun voudra être sûr de maîtriser son argumentation et de lui présenter un plan d'action précis. Vous allez aborder des affaires primordiales, parfois des questions de vie ou de mort, devant le chef du monde libre. C'est un moment lourd de sens et d'une extrême gravité.

Dans cette administration, cela ne se déroule pas du tout ainsi. Les réunions avec Donald Trump sont d'une nature complètement différente. D'entrée de jeu, les intervenants furent invités à ne pas apporter avec eux de longues notes internes. Il ne les lirait pas. Et ils ne devaient pas non plus se présenter dans le Bureau ovale avec des résumés. S'ils se sentaient obligés de venir avec des papiers, le mieux serait encore un document PowerPoint, car le président ne retient qu'en visualisant. D'accord, pourquoi pas, nous disions-nous souvent, les dirigeants aiment bien intégrer l'information à partir de plusieurs sources.

Ensuite, les mêmes s'entendirent demander de raccourcir les présentations PowerPoint. Le président était incapable de digérer trop de diapos. Pour retenir son attention, il lui fallait plus d'images, et moins de mots. Ensuite, on les pria d'alléger le message d'ensemble (sur des questions aussi complexes que la préparation militaire ou le budget fédéral) à seulement trois points principaux. Non, attendez, c'était encore trop. Assez vite, les conseillers de l'aile Ouest s'échangèrent les « bonnes pratiques » gages de succès dès qu'on entrait dans le

Bureau ovale*. Leur conseil le plus essentiel ? Laisser tomber la présentation en trois points. Il fallait y aller avec un point principal et le répéter – le rabâcher sans relâche, même si le président partait dans ses inévitables digressions – jusqu'à ce qu'il saisisse. Contentez-vous de revenir constamment sur le sujet. Sur UN seul point. Rien qu'un seul. Parce qu'au cours d'une réunion, vous n'arriverez pas à retenir l'attention du commandant en chef sur plus d'un thème. Vu ?

Certains conseillers se refusaient à croire que cela fonctionne de la sorte. « Vous êtes sérieux ? » demandaient-ils, lorsqu'ils questionnaient ceux qui étaient déjà passés par l'une de ces brèves réunions d'information. Comment pouvaient-ils simplifier leurs documents de travail à ce point ? Ils étaient là pour faciliter la prise de décision présidentielle sur des questions majeures, pas pour choisir un restaurant où dîner. J'ai vu un bon nombre de ses collaborateurs négliger ce conseil émanant de membres éclairés de l'équipe et aborder une entrevue avec le président Trump en s'apprêtant à une discussion riche sur des choix politiques concernant des questions d'ampleur nationale, assortie de vigoureux échanges. Ils en ont payé à chaque fois le prix.

« C'est quoi ce merdier ? » beuglait le président en jetant un œil à un document que lui tendait l'un d'eux.

* L'aile Ouest abrite notamment les bureaux des proches collaborateurs, la Cabinet Room (conseil des ministres), la Situation Room (salle de crise, en sous-sol) et le Bureau ovale. (*N.d.T.*)

« Il n'y a que des mots, là. Un tas de mots. Ça ne veut rien dire. » Parfois, il jetait les documents sur la table. Il refusait catégoriquement de les lire.

L'un des changements de culture les plus éprouvants eut lieu au Conseil de sécurité nationale. Les équipes du NSC avaient l'habitude de produire des notes classifiées, longues et complexes. Toutefois, si le but consistait à informer ce nouveau commandant en chef, il était exclu de lui soumettre un rapport de cinquante pages sous un intitulé du style « Stratégie nationale intégrée pour un partenariat de défense indo-pacifique », de s'attendre à ce qu'il le lise, avant d'en débattre. C'eût été comme de lui parler en araméen à travers un oreiller. Même s'il faisait un gros effort d'attention, ce dont il était incapable, il lui serait impossible de comprendre un traître mot de ce qu'il entendait.

Il fallut de longs tâtonnements aux personnels de l'aile Ouest pour comprendre qu'il fallait modifier le format de ces réunions à la Maison-Blanche. Faute de quoi, les conseillers sortaient de ces réunions complètement frustrés. « C'est le type le plus dispersé que j'aie jamais rencontré, avouait l'un de ses conseillers en matière de sécurité. Il ne pige rien à ce qu'on lui raconte ! Néant ! » Pour s'adapter à ces bizarreries de comportement, on ordonna d'autres changements. Les présentations furent drastiquement raccourcies et les documents d'orientation réduits à quelques accroches. En conséquence, les propositions complexes furent réduites à un feuillet (ou idéalement à un paragraphe) et traduites en langage trumpien : « Qui est gagnant ? Qui est perdant ? »

D'autres découvrirent que s'ils entraient dans le bureau avec un simple visuel qui plaisait à Trump, cela faisait amplement l'affaire. À l'occasion, on risquait même d'en entendre parler plusieurs jours d'affilée. Il ne se séparait plus de cette image, l'agitait sous nos yeux lors des réunions. « Vous avez vu ça ? Incroyable, hein ? C'est superbe. C'est vraiment un truc unique. Dan ! » Il lui arrivait d'appeler le gourou des réseaux sociaux de la Maison-Blanche, dont le bureau se trouve juste à côté du Bureau ovale. « Ça, on va le tweeter, d'accord ? Alors voilà ce que je voudrais dire… » De la sorte, l'opinion partagerait son enthousiasme.

Un visuel eut le don de le captiver : le document était censé expliquer divers modes d'interaction entre le gouvernement et le secteur industriel. Ce descriptif élémentaire, à base d'engrenages, sans doute puisé dans une banque d'images, montrait en quoi certaines composantes des services gouvernementaux dépendaient de certaines parties du secteur privé. Le président était tellement subjugué qu'il l'exhibait même à ses visiteurs dans le Bureau ovale, sans raison apparente, ce qui les laissait perplexes autant que nous-mêmes. Une autre fois, il s'enticha d'une affiche parodique inspirée de *Game of Thrones*, avec ces mots – « Les sanctions vont arriver » – en surimpression sur la photo du président. C'était censé servir de *teaser* pour annoncer les sanctions imminentes contre l'Iran. Trump était enchanté et tweeta immédiatement l'image à ses *followers*, provoquant une vague de mèmes moqueurs qui s'empressèrent de détourner le visuel.

Pour l'État stable naissant, le spectacle de ce type de comportement était à la fois édifiant et perturbant. La leçon était cuisante : nous n'étions pas seulement les collaborateurs nommés par le président. Nous étions pour ainsi dire les baby-sitters du gouvernement.

Le sentiment de malaise fut cimenté par l'obligation d'affronter cette tendance du président à chaque prise de décision importante, avec très peu de réflexion préalable ou de discussion. Ces « exercices d'alerte incendie », comme je les appelle, nous semblaient une vraie plaie. Quand Trump avait envie de passer à l'action, il n'avertissait bien souvent ses collaborateurs que quelques heures avant la sortie du tweet. Cela pouvait réduire des journées de travail à néant. Par la suite, ces avertissements de dernière minute finirent par nous paraître un luxe. Mieux vaut disposer de quelques heures, ou en l'occurrence de quelques minutes, pour intervenir, que de n'avoir absolument aucune chance de convaincre Trump de mettre un frein à une idée délirante ou destructrice. Aujourd'hui, il a encore moins tendance à anticiper ses décisions.

Aux premiers temps de l'administration, cela se déroulait à peu près comme suit : le président voit quelque chose à la télévision. Cela lui déplaît. Cela l'amène à se dire : « Je devrais peut-être virer le secrétaire au Commerce », ou « Il faudrait se retirer de ce traité. C'est un traité franchement épouvantable, quand même ».

Il prépare un tweet. Ensuite, il teste cette idée auprès du premier collaborateur auquel il adresse la parole, lui-même atterré de découvrir que cette idée redoutable qui vient à peine de sortir de la cervelle du président des États-Unis risque de devenir réalité sous peu. Le collaborateur constate que le président se moque éperdument des conséquences éventuelles. « On va lancer ça dès aujourd'hui, d'accord ? Vous dites à Sean de se tenir prêt. » Il tient à ce que Sean Spicer, le secrétaire de presse [démissionnaire en juillet 2017] défende son idée coûte que coûte.

L'entourage lance alors le Bat-signal [le logo lumineux de Batman dans Gotham City], convoque une réunion ou une téléconférence d'urgence. L'un des présents avertit le groupe : « Il est sur le point de décider quelque chose » – et d'expliquer ce que le président compte annoncer.

« Il ne peut pas faire ça. On va tous passer pour des crétins, et il va se faire tailler en pièces par les médias, s'exclame un autre.

— Ouais, enfin, moi, tout ce que je vous dis, c'est qu'il est sur le point de foncer, à moins que quelqu'un ne lui mette très vite la main dessus, avertit le premier. Vous pouvez libérer votre après-midi ? »

Les collaborateurs retournent ventre à terre à la Maison-Blanche. L'emploi du temps toujours précaire du Bureau ovale est chamboulé pour laisser place à une entrevue d'urgence avec le président. De hauts responsables d'agences gouvernementales annulent des entrevues avec des dirigeants étrangers, des conférences de presse ou des réunions rien que pour prendre part à ce tête-à-tête. La conversation avec le chef de l'exécutif est tendue. Il entend faire ce que bon lui semble, et peu importent les conséquences. Il n'hésite pas à s'attaquer même aux membres de sa propre famille. « Jared, tu ne sais pas de quoi tu parles, vu ? Je te le dis comme je le pense. Tu ne sais pas ce que tu racontes. » Après quelques sombres mises en garde (« Tout le monde va écoper d'une citation à comparaître » – « Vous allez le payer cher du côté des électeurs de la classe ouvrière » – « Cela va mettre des Américains en danger »), le président peut montrer des signes de fléchissement. Refusant d'admettre son erreur, il souligne qu'il tient toujours à mettre en œuvre son plan initial, mais veut bien faire temporairement marche arrière ou accepter le principe d'une mesure moins drastique, s'évitant un désastre. Pour le moment.

Au début de cette administration, ces mini-crises ne se produisirent pas juste à une ou deux reprises. Elles devinrent la norme, un événement plus ou moins récurrent dont les répercussions se faisaient sentir pendant des jours. Certains collaborateurs étaient si épuisés par le circuit en montagnes russes des lubies présidentielles qu'ils finirent par l'encourager à tenir plus de meetings de campagne, en faisant abstraction d'un détail : on n'était pas en campagne électorale. Ces événements présentaient le double avantage de donner à Trump quelque chose d'« amusant » à se mettre sous la dent et de l'extraire de Washington, de l'envoyer là où il causerait le cas échéant moins de dégâts. On porta davantage de manifestations publiques à son agenda, offrant ainsi une occasion de souffler à ceux dont il mettait les nerfs à vif, dans la capitale.

Pourtant, même quand on réussissait à le convaincre de ne plus faire dans le spontané et de s'accorder quelques jours de recul par rapport à son idée, dès son retour il la remettait sur le tapis. C'est là le scénario de quantité d'incidents que je rapporte dans ce livre. Il pouvait céder à son envie de virer un impétrant qui pourtant venait d'être confirmé par le Sénat, par exemple le président de la Réserve fédérale, ou à une envie pressante de signer un ordre exécutif mettant fin à un traité qu'il jugeait détestable, comme l'Accord de libre-échange nord-américain (ALENA). Il est impossible de réprimer ses pulsions cycliques bien longtemps.

Les membres de l'État stable le sentaient bien : cela devenait une présidence à bascule.

La Maison-Blanche en morceaux

Que vous adhériez totalement au programme du président ou non, une réalité était indéniable – ces embardées d'une décision improvisée à une autre, c'était plus que de la dissipation. C'était tout le fonctionnement de l'exécutif qui se délitait sous nos yeux, jour après jour. Trump partait dans tous les sens. Il s'agitait comme un gamin de douze ans dans une tour de contrôle d'aéroport, appuyant au hasard sur les boutons du gouvernement, dans la plus totale indifférence aux avions dérapant en travers de la piste et aux vols déroutés en catastrophe. Rien ne se déroulait normalement.

À la Maison-Blanche, toutes les administrations de l'histoire récente avaient instauré un processus rationnel de décision et d'exécution. Des politiques étaient mûrement réfléchies, des décisions définitives étaient exécutées, assorties d'un plan par étapes. Les diverses parties prenantes aux autres niveaux du gouvernement étaient rarement prises au dépourvu par des initiatives de l'exécutif, les documents et les informations que recevait le président étaient validés comme il se doit, leur contenu contrôlé, et quelqu'un était chargé de superviser les nominations et les révocations. Les membres de la famille étaient soigneusement tenus à distance, et dans les cas où ils prenaient part aux tâches du gouvernement, comme Bobby Kennedy, ils avaient pour la plupart des rôles clairement définis. On témoignait un grand respect aux arbitres des questions d'éthique et de code de conduite, qui surveillaient toute activité illicite ou contraire aux règles chez des membres de l'équipe présidentielle. Tout était mis en œuvre pour s'assurer que la présidence opère à l'intérieur (ou parfois à la limite) du cadre de ses pouvoirs constitutionnels et en conformité avec les lois fédérales. Tel n'était pas le cas avec l'administration Trump. Ce mode de fonctionnement fut abandonné, par inattention, par intention ou par incompétence, ou les trois à la fois.

Fondamentalement, le président n'a jamais appris à assumer les fonctions du gouvernement au quotidien, ou n'a jamais manifesté de véritable intérêt à cet égard. C'est un problème qui persiste encore à ce jour. Il ne sait pas comment fonctionne la branche exécutive. Par conséquent, il ne sait pas la diriger. Le processus d'élaboration des politiques en a considérablement souffert. Sur n'importe quel sujet, par exemple la réforme du système de santé, il règne journellement une confusion entre départements et agences sur le contenu de tel ou tel plan de réforme et ceux qui en ont la responsabilité. Il demande au secrétaire à la Défense de régler des questions qui sont du ressort du secrétaire d'État. Il ordonne au ministre de la Justice de traiter des sujets qui relèvent du Renseignement national. Il suggère parfois à son gendre, Jared Kushner, de faire le travail des quatre à la fois, par exemple de réinventer la couverture santé des anciens combattants, de négocier la paix au Moyen-Orient, de pousser à une réforme de la justice pénale et de s'engager dans de délicates conversations avec nos alliés étrangers.

Jared Kushner est quelqu'un d'appréciable, un conseiller plein de jeunesse et d'énergie et il sait être à l'écoute. Toutefois, quand le secrétaire à la Défense est exclu de réunions avec lui qui traitent d'une région vitale de la planète, ou quand le conseiller à la Sécurité nationale ne reçoit aucune information de suivi sur une conversation importante entre Kushner et un ambassadeur d'une puissance étrangère, cela peut causer des problèmes, parfois graves. On ne sait pas au juste si le président est content que tant de sujets filtrent par le bureau de son gendre, mais ce dispositif perdure parce que le mari de sa fille veille à toujours faire preuve de loyauté envers son beau-père, fût-ce au détriment de son statut auprès d'autres hauts responsables. Dès lors, ces canaux de pouvoir ambigus et malsains se maintiennent.

En somme, la Maison-Blanche est en morceaux. Les politiques sont rarement coordonnées ou soigneusement examinées. Des sujets majeurs sont négligés, jusqu'à ce qu'une crise se présente. Faute de processus de décision cohérents, l'administration risque facilement d'enfreindre des lois fédérales, des lignes directrices en matière d'éthique et d'autres règles de conduite. Ce ne sont pas les exemples effarants qui manquent, nous reviendrons dans ces pages sur une petite partie de ces incidents, mais il faudra de nombreuses années pour mesurer toute l'ampleur de cette désorganisation.

Nous ne sommes pas non plus à court d'individus, à l'intérieur et à l'extérieur de l'administration, désireux de vous convaincre et de se persuader que c'est un jeu d'échecs tridimensionnel. « Trump ne fait pas tout cela sans raison. » « Attendez de voir. » « C'est une composante de son génie. » Dès les premiers pas de cette administration, une poignée de conseillers allèrent jusqu'à prétendre que la gestion par le chaos était un atout. Il y avait parmi eux Stephen Miller, l'une des principales éminences grises du président, l'un de ses premiers collaborateurs de campagne, transfuge du cabinet de Jeff Sessions. C'est un radical, partisan d'une ligne dure, qui s'est fait un nom dans certains milieux de la capitale avec ses imprécations moralisatrices sur les immigrés clandestins et ses manœuvres d'obstruction dans les débats sur ces sujets. Conseiller habile qui n'aime rien tant que mener le président par le bout du nez sur un certain nombre de sujets, Miller communique sa version de l'affaire à la presse par des voies parallèles et s'ingénie quotidiennement à circonvenir d'autres conseillers qui ont leur bureau à deux pas du sien, à l'autre bout du couloir. Comme Jared Kushner, il fait bien attention à ne jamais laisser se creuser le moindre hiatus entre Trump et lui, de crainte de ne plus avoir l'oreille du président.

Stephen Miller a pu soutenir qu'il ne fallait pas tempérer les pulsions de Donald Trump, mais au contraire les encourager. D'entrée de jeu, il s'ingénia à ce que la Maison-Blanche « occupe le terrain » en lançant autant de changements de politique spectaculaires que possible, qu'ils résistent ou non à l'examen juridique. Cela secouerait le système et placerait « l'opposition » (les Démocrates) sur la défensive, affirmait-il. Cela créerait aussi de fortes turbulences que la Maison-Blanche pourrait exploiter, comme autant de diversions qui attireraient les contre-attaques loin des choix politiques comptant réellement aux yeux des radicaux de son espèce. Pour Miller, le chaos est une stratégie de gouvernement concertée.

Il n'est pas seul à se fourvoyer dans pareille conception. Un ancien haut conseiller aimait comparer le président au général Patton. Ses contemporains n'étaient jamais capables de prédire ce que le général quatre étoiles de la Seconde Guerre mondiale allait dire ou faire. « Ça me plaît, c'est comme ça », aurait décrété ce soldat. Il faisait en sorte que tout le monde se demande sur quel pied danser, et surtout l'ennemi. « C'est le génie politique de Trump, nous rappela ce conseiller lors d'un débat houleux autour d'une décision présidentielle particulièrement problématique. Il est exactement comme Patton. » L'argument pourrait ne pas être dénué de valeur, si le président donnait un tant soit peu l'impression de savoir ce qu'il fait.

L'État stable s'inquiétait de plus en plus de la situation dans laquelle était plongé l'exécutif. En démocratie, la méthode Patton ne fonctionne pas. Sur le champ de bataille, c'est une excellente chose de laisser l'ennemi dans le doute quant à vos intentions, mais pas le peuple américain, le Congrès, ou nos amis et nos alliés. Certains responsables refusèrent de laisser cette volonté du président de confondre vitesse et précipitation dans l'exercice du pouvoir gouvernemental rejaillir aux étages inférieurs de l'appareil d'État, au risque d'en contaminer la culture. Les directeurs des administrations et des agences gouvernementales se mirent à isoler leurs services des lubies trumpiennes et à créer des cadres de discussion parallèles, à l'extérieur de la Maison-Blanche. Ils avouaient leur circonspection à l'idée d'envoyer des fonctionnaires dans l'aile Ouest prendre part à des réunions, ne voulant pas que des agents de niveau intermédiaire découvrent l'ampleur du désastre ou soient mêlés à de flagrantes irrégularités de gestion publique.

La situation s'envenimait. Pour employer une vieille formule du monde de l'industrie, ce n'étaient pas des façons de faire tourner les chemins de fer*. De fait, si les chemins de fer étaient gérés de la sorte, les trains partiraient dans la mauvaise direction, n'arriveraient jamais ou se percuteraient. Le conducteur serait incompétent, le chef de train serait licencié en plein trajet, d'autres trains construits en Chine fonceraient sous notre nez et les dirigeants chinois de ces sociétés de chemin de fer contempleraient le désastre, stupéfaits de la chance incroyable qui s'offrait à eux.

Éteindre les incendies

« Entre nous, les amis, soyons sincères », remarqua un jour un éminent conseiller du président, alors que les partisans de la théorie du chaos venaient de sortir d'une réunion à la Maison-Blanche. Ce groupe restreint comprenait des collaborateurs de la présidence et des ministres du gouvernement. « À peu près un tiers des choses que le président nous demande de faire sont

* En 1906, devant un parterre de financiers, Leonor Lee, dirigeant de plusieurs sociétés de chemin de fer, s'exclamait à propos des voies ferrées du Kansas : « Voilà une drôle de manière de gérer les chemins de fer. » La formule est restée. (*N.d.T.*)

carrément stupides. Le deuxième tiers serait impossible à mettre en œuvre et ne résoudrait même pas le problème en question. Et le troisième tiers serait franchement illégal. » Certains opinèrent.

Ce jour-là, le groupe s'était réuni pour discuter d'une proposition présidentielle qui entrait dans la première catégorie. Trump n'avait même pas achevé son premier semestre de présidence et voulait instaurer une fermeture partielle des services gouvernementaux (un *shutdown*) parce qu'il était mécontent des négociations budgétaires avec le Congrès. Il en parlait en petit comité depuis des semaines. Et maintenant le voilà qui soulevait la question lors de conférences de presse et tweetait que le gouvernement avait besoin d'un « bon *shutdown* ». Il détenait effectivement ce droit constitutionnel. Il pouvait opposer son veto à tout projet de loi de finances qu'on déposait sur son bureau. Au plan politique, toutefois, la manœuvre serait forcément perdante. Les employés fédéraux ne toucheraient plus leur traitement, des services essentiels seraient brusquement à l'arrêt et nous savions que les Démocrates étaient prêts à camper sur leurs positions jusqu'au bout. Chercher à croiser le fer sur ce terrain, l'avertirent ses conseillers, risquait de coûter au Parti républicain des sièges au Congrès lors des élections législatives de mi-mandat, l'année suivante.

Nous avons discrètement informé les dirigeants républicains au Congrès de la nécessité de prendre l'affaire au sérieux. Le président ne se livrait pas seulement à un jeu. « Il est fou à lier », s'écria un conseiller de l'aile

Ouest devant le cabinet réuni du *speaker* de la majorité sénatoriale, Paul Ryan. L'équipe de ce dernier était exaspérée et nous enjoignait d'« empocher nos gains » : en effet, ils avaient déjà obtenu des Démocrates certaines concessions au cours de ces discussions budgétaires. Des collaborateurs firent en sorte que Trump entende les élus républicains du Congrès. Ces derniers le mirent en garde : s'il provoquait cet arrêt partiel des services étatiques à la fin de l'exercice budgétaire, il allait mettre sa majorité parlementaire en péril. Leur intervention contribua à le persuader que nous perdrions cette bataille et que cela n'en valait pas la peine. Il acquiesça, à contrecœur, et baissa les armes.

Pour l'heure, l'État stable avait pu éteindre l'incendie, une mission qui prit peu à peu une importance démesurée par rapport aux tâches pour lesquelles nous avions été embauchés. Naturellement, le président Trump reviendrait ultérieurement sur cette idée de fermeture partielle des administrations, en tentant cette fois d'aboutir à un autre résultat.

Dans la deuxième catégorie, celle des demandes présidentielles qui seraient « impossibles à mettre en œuvre et ne résoudraient même pas le problème en question », nous devions nous occuper de retoquer des requêtes qui allaient de l'infaisable à l'inquiétant.

Prenez par exemple le mois de février 2018, quand il proposa une méthode pour mettre fin à la violence des armes à feu dans nos écoles. Il suggéra à ses conseillers de faire distribuer des armes à tous les enseignants d'Amérique, pour qu'ils puissent riposter contre les tueurs de masse. C'était caractéristique de Trump. Une idée avait surgi de nulle part dans son esprit et il la trouvait brillante, du simple fait qu'il y avait pensé. La majorité des gens sensés virent cette proposition d'un assez mauvais œil. Les enseignants dont chacun de nous gardait le souvenir étaient plutôt des gens gentils, plus proches du personnage de John Keating (Robin Williams), le prof du *Cercle des poètes disparus*, que d'Annie Oakley ou Calamity Jane*. Voulions-nous mettre un pistolet entre les mains du professeur John Keating et de tous ses collègues ? Comme l'idée nous semblait détestable, Trump accepta d'en rabattre en se contentant de 20 % des enseignants – un chiffre qui lui était venu en tête comme par enchantement. Les États-Unis comptant 3,7 millions d'enseignants, cela supposait tout de même de former près d'un million d'entre eux au maniement des armes ou de leur en mettre une dans les mains. Ainsi que les tenants de l'État stable essayèrent de le lui expliquer, ce serait totalement irréaliste et ne ferait sans aucun doute qu'envenimer la controverse autour de la violence par armes à feu.

Le président rendit quand même son idée publique. « Alors disons que vous prenez 20 % de vos personnels enseignants, parce que ce serait à peu près le chiffre,

* Annie Oakley (1860-1926), une tireuse d'élite, assurait un numéro dans le *Wild West Show* de Buffalo Bill, comme Calamity Jane. (*N.d.T.*)

s'écria-t-il en exposant son plan. Un enseignant qui s'y connaîtrait en armes à feu pourrait vite mettre fin à cette attaque. » Une fois de plus, nous n'avions plus qu'à nous prendre la tête dans les mains, ce geste de consternation qui faisait désormais partie de nos rituels quasi quotidiens. Tout le monde ne jugeait pas nécessairement l'idée d'avoir des fonctionnaires armés et entraînés dans les écoles mauvaise, c'était juste que le président n'avait aucune notion de ce qui était faisable ou de ce qui relevait de la folie pure.

Un expert de la violence par armes à feu, professeur à Harvard, résuma la réaction de l'opinion en ces termes : « C'est une proposition insensée. Que faut-il faire pour réduire le nombre de détournements d'avion ? Distribuer une arme à tous les passagers en salle d'embarquement ? »

Heureusement, l'idée fut abandonnée parce que personne ne la prit au sérieux, pas plus que les rodomontades du président affirmant qu'il ferait lui-même partie de ces citoyens héroïques s'il se trouvait dans une école en plein massacre. « Vraiment, je crois que je foncerais dans le tas, même si je n'avais pas d'arme », prétendit-il. Nous ne pouvions nous retenir d'en rire.

Le plus inquiétant, c'est le dernier tiers, « ces choses que le président nous demande de faire [qui] seraient franchement illégales ». Soyons juste : quand Trump suggère de commettre un acte illégal, c'est parce qu'il ne comprend rien aux limites qu'impose la législation fédérale. Il peut ordonner qu'une agence cesser de dépenser de l'argent dans des politiques qui lui déplaisent, en ignorant qu'en règle générale, il ne peut couper des subsides déjà approuvés par le Congrès. Par exemple, il tenta à plusieurs reprises de fermer le robinet de l'aide aux pays étrangers, en se plaignant de ce que nous gâchions des sommes qui auraient dû être dépensées sur le territoire national. Ses premières exigences tombèrent dès les semaines inaugurales de son mandat et ne firent qu'empirer lorsqu'il fut informé de programmes d'intervention destinés à combattre des maladies mortelles ou à investir dans des activités censées protéger les intérêts économiques des États-Unis dans des régions du monde comme l'Afrique et l'Asie du Sud-Est. « Mais enfin, pourquoi est-ce qu'on va dépenser tout cet argent là-bas ? » demandait-il, en ordonnant aussitôt aux responsables d'arrêter ces programmes, ce qui n'était évidemment pas en leur pouvoir. Ils lui expliquaient que seul le Congrès pouvait procéder à ces suppressions. Il rétorquait que cela lui était égal et exigeait que ce soit fait quand même, mais ensuite il semblait lâcher l'affaire, en attendant. Dans d'autres cas, il considérait ces fonds comme des monnaies d'échange, par exemple l'argent réservé par le Congrès à l'Ukraine : il tenta de faire suspendre les versements pour un motif à sa convenance du moment, peut-être jusqu'à ce qu'il obtienne ce qu'il voulait en retour*.

Ou alors il pouvait demander à l'un de ses ministères

* Il s'agit encore ici du « donnant-donnant » conditionnant l'aide militaire à l'Ukraine. (*N.d.T.*)

de prendre une initiative formellement proscrite par la loi. Cela se produit souvent dans le domaine des acquisitions de matériels. Le président s'immisce régulièrement dans les discussions sur les achats du Pentagone, oubliant que le gouvernement fédéral n'est pas une entreprise du secteur privé, où il peut retenir le fournisseur ou le prestataire de son choix en fonction de ses préférences personnelles. Tout le monde avait compris, dès sa prise de fonction, qu'il était fermement décidé à négocier à la baisse le coût de l'avion Air Force One de nouvelle génération (et il prétendit y être arrivé, alors qu'il ne s'est jamais rien produit de tel). Pour empêcher les tractations frauduleuses, les conventions d'achat de nouveaux appareils ou de nouvelles technologies de défense doivent souvent faire l'objet d'annonces et d'appels d'offre publics, selon des critères de sélection stricts. Le président ne peut pas entrer dans l'arène et opter pour sa société préférée. Après qu'on lui a expliqué ces restrictions pour la énième fois, en général il s'y plie (en rechignant).

« Le président me laissera faire tout ce que je veux », se vanta un nouveau ministre après avoir reçu une demande tout à fait abusive de Trump. Au moment de sortir de l'aile Ouest, il marqua un temps d'arrêt, se retourna, ajoutant : « C'est pour ça que je dois prendre cette mission extrêmement au sérieux. » Le président ne refrène pas l'inconduite au sein de son gouvernement, il l'encourage. Et les conseillers sont tenus de se policer eux-mêmes.

D'autres ordres présidentiels ne peuvent être mis sur le

compte de l'ignorance. Ce dilemme se présente fréquemment sur la question toujours brûlante de l'immigration. C'est un sujet sur lequel le président s'active volontiers (c'est un euphémisme), et qui fait plus ou moins partie de nos vies à tous, même s'il ne s'inscrit pas dans nos domaines de compétence respectifs. Dans son esprit, tout ou presque, n'importe quelle question, n'importe quelle problématique, peut être relié à l'immigration.

À un certain moment, il prit à cœur une nouvelle idée censée résoudre ce qu'il considérait comme la plus grande crise de l'histoire américaine : on qualifierait les migrants de « combattants ennemis ». Il faut avoir à l'esprit que cette même désignation s'applique aux suspects de terrorisme*. Si nous décrétions que ces clandestins constituaient une menace pour la sécurité nationale, raisonnait Trump, l'administration tiendrait alors un prétexte pour les empêcher d'entrer sur notre territoire. Nous ne savions pas au juste si quelqu'un lui avait mis cette idée dans le crâne ou s'il l'avait trouvée tout seul, mais quoi qu'il en soit, ses conseillers étaient mortifiés.

Il jongla avec cette proposition choquante lors de réunions sans rapport aucun avec le sujet, demandant au hasard à tel ou tel ce qu'il en pensait. La rumeur se répandit. C'est en de pareils moments que ses interlocuteurs pétrifiés ne savent que répondre. Ils lui font ce

* La notion de « combattant ennemi illégal » a été introduite par l'administration Bush avec la ratification du Patriot Act en octobre 2001. (*N.d.T.*)

sourire poli réservé au cousin un peu simplet convaincu que vous mourez d'envie de tout savoir sur son dernier voyage d'introspection dans les Rocheuses. Ne rencontrant pas trop de résistance, Trump alla plus loin et réfléchit à voix haute à envoyer les migrants à Guantánamo, où étaient détenus les terroristes endurcis. Dans son esprit, ce serait fortement dissuasif : si vous entrez aux États-Unis illégalement, on vous enverra dans un centre de détention loin de tout, à Cuba, où vous vivrez au milieu de criminels et de meurtriers.

La rumeur filtra hors de l'enceinte de la Maison-Blanche. « Vous vous foutez de moi ou quoi ? éructa un haut fonctionnaire du département d'État lorsqu'il fut informé de la proposition. C'est du pur délire. » Des conseillers œuvrèrent à torpiller l'affaire, rapidement et discrètement. Ils affirmèrent que c'était totalement infaisable (comment pourrait-on expédier des milliers de migrants par jour à Cuba ?) et trop coûteux (Trump se laissait souvent convaincre d'abandonner une idée s'il la jugeait trop onéreuse, ce qui ne manque pas de sel de la part de quelqu'un qui enfonce le pays sous une montagne de dettes). Mais la raison la plus évidente était aussi celle qu'ils évitaient de lui formuler à voix haute : il était en soi complètement insensé que l'Amérique envoie des enfants de migrants et leur famille dans une prison pour terroristes à Cuba.

Enfin, en plus d'être inefficace et immorale, cette politique serait absolument illégale. Des migrants venus chercher refuge aux États-Unis ne sont pas des

« combattants ennemis ». Ils n'ont pas pris part à des opérations hostiles aux États-Unis pour le compte d'États étrangers ou de groupes terroristes. Le président et ses agences de surveillance des frontières n'hésitent pourtant pas à insinuer que les hordes de migrants qui arrivent chez nous pourraient dissimuler de dangereux activistes dans leurs rangs. Or, les observateurs raisonnables savent que la vaste majorité sont des gens innocents qui se rendent en Amérique pour y mener une vie meilleure. Malgré les envies récurrentes du président, la loi n'est pas malléable comme un bloc de pâte à modeler auquel il pourrait faire dire ce qu'il veut. Avant qu'il n'ait pu défendre publiquement cette idée, les responsables la tuèrent dans l'œuf.

Dans l'œuf, vraiment ? C'est toute la question avec les idées que je viens d'énumérer. On ne sait jamais si l'on a réussi à éteindre complètement le feu. Des braises pourraient couver. Des brandons ressurgiront lors d'une conférence de presse ou dans des déclarations présidentielles à l'emporte-pièce. Ensuite, un après-midi, l'incendie ferait de nouveau rage, comme avec ces demandes répétées d'entrevues en tête à tête avec les dictateurs les plus impitoyables de la planète. Certains jours, la résurgence d'une suggestion fumeuse reste inoffensive. D'autres jours, si elle était appliquée, elle coûterait au président son fauteuil. Paradoxalement, nombre de ceux qui œuvraient à sa protection pour lui éviter de perdre son poste finirent par compter parmi ceux qu'il tenait le plus à renvoyer.

Donald Trump a bâti sa carrière de star de la téléréalité sur une image de patron implacable. La formule qu'il a immortalisée – « *you're fired !* vous êtes viré ! » – a fini par être indissolublement liée à sa propre personne, en occupant une place unique dans la phraséologie collective. Le président se délecte de cette image qui ne l'a pas quitté depuis son entrée à la Maison-Blanche. Les hauts fonctionnaires s'interrogent à voix haute sur la pérennité de leur fonction au sein de cette administration, parce qu'il les met constamment sur le qui-vive. Il attise les ragots sur des révocations potentielles et il est lui-même souvent à l'origine de ces rumeurs : il se plaint de son entourage, sachant que ceux qui l'écoutent vont répandre la nouvelle.

De hauts responsables sont perpétuellement dans « le couloir de la mort », selon la formule en vigueur dans l'administration, dans l'attente du tweet assassin. Chaque semaine il y a une nouvelle victime potentielle. Venant d'un président réputé pour exiger que l'on prête serment de loyauté, c'est un moyen pernicieux de s'assurer que son équipe lui obéisse au doigt et à l'œil, en rappelant à tous et à chacun que le couperet risque de tomber à tout moment.

Il lui est arrivé d'agiter en public la possibilité d'en démettre certains après les élections de mi-mandat. « J'ai un gouvernement fantastique », déclara-t-il aux journalistes qui l'interrogèrent sur ce remaniement, avant d'ajouter : « J'ai bien quelques portefeuilles en tête... Je pourrais laisser les choses en l'état ou décider certains changements et comme ça, en nommant des gens nouveaux, je serais encore plus content. » Il laissa certains noms filtrer dans la presse. En réalité, il voulait que tout le monde redoute de se retrouver dans le collimateur.

Personne n'est à l'abri, y compris ceux qu'il connaît depuis des années. Un jour, le secrétaire au Trésor, Steven Mnuchin, fut la cible du courroux présidentiel pour avoir omis d'exécuter une de ces missions impossibles que Trump lui avait confiée. Le président voulait qu'il se serve de ses pouvoirs pour lever un nouvel impôt sur certaines transactions financières. Le ministre lui expliqua à plusieurs reprises qu'il ne pouvait pas faire ce qui lui était demandé, mais Trump s'en plaignit derrière son dos.

« Chaque fois que je relance Mnuchin sur le sujet, il m'invente une nouvelle excuse. "On ne peut pas faire ceci, on ne peut pas faire cela" », s'irritait-il, en imitant plus ou moins la voix de son secrétaire au Trésor, un homme qu'il connaissait depuis près de vingt ans. « À quoi il sert ? Je croyais qu'on avait mis le bon candidat au Trésor. Enfin, maintenant je ne suis plus trop sûr. Il n'est peut-être pas si bon que ça. Vous en pensez quoi – erreur de casting ? » Quand il met quelqu'un sur la sellette, il aime bien sonder les personnes présentes dans la pièce. Certains rient nerveusement ou font des mimiques approbatrices, généralement soulagés que le couperet ne menace pas de s'abattre sur leur tête.

Trump laissera les gens dans l'incertitude pendant des semaines, des mois, voire plus. Tout le monde a vu de quelle manière il a fini par déboussoler Kirstjen Nielsen, secrétaire à la Sécurité intérieure, qui ne savait jamais si et quand elle serait révoquée. Quant au directeur du Renseignement national, Dan Coats, sa période de flou dura bien plus longtemps. Périodiquement, semestre après semestre, des rumeurs couraient sur le mécontentement du président et le remaniement qu'il envisageait. Le bureau d'angle de l'aile Ouest occupé par le conseiller à la Sécurité nationale est apparemment le plus menacé, puisque sous Trump tous ses occupants ont dû gérer les spéculations permanentes émanant du bout du couloir (le Bureau ovale), sans jamais savoir si leur heure avait sonné.

Le président envisageait aussi un changement au sommet de l'attelage exécutif. Il avait plus d'une fois discuté avec son cabinet de l'éventualité de se défaire du vice-président Pence avant l'élection présidentielle de 2020. Malgré la loyauté sans faille de ce dernier, il était toujours désireux de « bousculer les choses » et, à ses yeux, naturellement, la loyauté devait toujours servir ses intérêts. L'hypothèse de le remplacer par l'ancienne ambassadrice aux Nations unies Nikki Haley était sérieusement envisagée, idée qu'elle ne découragea pas d'emblée. Certains des plus proches conseillers de Trump avaient laissé entendre qu'elle contribuerait à contrebalancer l'impopularité de ce dernier auprès de l'électorat féminin, ce qui suffit surtout à démontrer à quel point la Maison-Blanche se méprend sur les femmes.

À l'opposé de son personnage dans *The Apprentice*, Trump évite de renvoyer les gens lui-même. Il les congédie lâchement par le biais des réseaux sociaux. En juillet 2017, c'est d'un tweet qu'il se débarrassa de son premier chef de cabinet, Reince Priebus. S'attendant à être remercié, l'intéressé avait spontanément proposé de démissionner, mais il ignorait que son renvoi était déjà imminent. Après son retour d'un déplacement à New York, le président tweeta : « J'ai le plaisir de vous informer que je viens de nommer le général/secrétaire à la Sécurité intérieure John F. Kelly chef de cabinet de la Maison-Blanche. C'est un grand Américain… » Priebus se trouvait à quelques mètres de là dans un véhicule du cortège présidentiel, sous la pluie, quand il apprit la nouvelle. Le président n'était même pas encore descendu d'Air Force One. Une scène d'humiliation supplémentaire.

Détail incroyable, la première tâche officielle du nouveau chef de cabinet consista à se débarrasser d'un autre personnage que le président se refusait à révoquer lui-même : Anthony Scaramucci, l'éphémère directeur de la Communication de la Maison-Blanche. Le jour où John F. Kelly prêta serment, il fut mis un terme aux onze jours de fonction de Scaramucci. Ce ne serait pas la dernière fois que le nouveau chef de cabinet aurait à annoncer une mauvaise nouvelle à la place de Trump qui répugnait à s'en charger.

L'ascension de Kelly à la Maison-Blanche fut globalement accueillie avec optimisme, non sans allumer quelques foyers d'inquiétude chez ceux qui ne percevaient pas chez lui autant de sens politique que chez d'autres membres de l'équipe. Plusieurs responsables prièrent pour qu'il instaure une meilleure organisation. Ils furent exaucés, pendant un temps. L'accès au président fut plus étroitement contrôlé, ce qui limita les motifs de dispersion. Les journées étaient plus structurées. Dès qu'une embardée entraînait une mauvaise décision, le nouveau chef de cabinet se faisait un devoir d'être franc avec le président. En conséquence, le niveau d'angoisse redescendit de quelques crans, et une fausse impression de sécurité s'installa.

Kelly tenta également de brider les prises de décision au coup par coup et les directives présidentielles arrêtées à l'improviste. Il informa les directeurs des agences de l'État qu'il mettait en place un dispositif afin de s'assurer que sur un sujet donné, le président puisse entendre toutes les positions et faire des choix éclairés. Cela requérait généralement de demander au commandant en chef de prendre son temps, de sorte qu'une question puisse être d'abord traitée aux niveaux inférieurs et déclinée en une liste d'options rationnelles.

L'Afghanistan en fut un exemple saillant. Avant sa présidence, Donald Trump avait annoncé que les États-Unis devraient se retirer de ce « désastre total » et de cette guerre « sans fin ». Une fois au pouvoir, il ne semblait pas voir l'intérêt d'entendre des avis contraires. Les chefs des organes de sécurité redoutaient qu'un retrait ne replonge l'Afghanistan dans le chaos et lui enjoignirent de ne pas prendre de décision tout de suite, alors qu'on était encore en guerre. Ils le convainquirent d'attendre. Dans l'intervalle, on mit en place un processus de réflexion sur d'autres options qui furent évaluées sur le terrain par la direction de la Sécurité nationale.

Vers la fin de l'été, un conclave fut spécialement organisé à Camp David, la résidence d'été des présidents, pour soumettre les propositions au chef de l'exécutif. Trump avait peu à peu autorisé Kelly à piloter le processus, et à le piloter, lui. Les résultats furent pour le moins inhabituels. Au cours de plusieurs heures de discussion, l'équipe expliqua le pour et le contre de chaque option. Trump formula des questions épineuses et reçut des réponses nuancées. Dans l'ensemble, le débat fut posé, ordonné, rationnel, l'inverse de toutes les décisions présidentielles antérieures. Au lieu d'un retrait ou d'une capitulation immédiate devant le régime meurtrier des talibans, le président accepta finalement une stratégie plus réfléchie centrée sur une solution à long terme. Les tenants de l'État stable crièrent victoire en silence. En fin de compte, on réussirait peut-être à stabiliser cette administration.

Mais ainsi que nous le redoutions tous, ce semblant d'ordre retrouvé ne dura pas. Toute allusion à la prétendue nécessité de piloter le président finit par lui déplaire et il se mit à contourner les nouvelles structures qui venaient d'être mises en place. Au printemps 2018, il agita l'idée d'introduire des changements de personnel supplémentaires dans son administration encore novice. De hauts conseillers étaient forcés de consacrer un temps disproportionné à le convaincre de ne pas se défaire de certains de leurs collègues, généralement ceux qui osaient le plus lui dire « non ». À terme, ce fut le retour d'un sentiment d'insécurité, et les tenants de l'État stable constatèrent que les comportements trumpiens étaient impossibles à tempérer.

Le convaincre d'éviter les décisions à l'emporte-pièce devenait de plus en plus ardu. Le simple amendement du processus de décision n'était pas une solution durable. Ce n'était qu'un sparadrap qui ne suffirait pas à refermer une plaie béante. À mesure que l'on avançait dans sa deuxième année de mandat, nous ne pouvions plus compter sur aucun système pour instiller en lui les réflexes exécutifs qu'il n'avait jamais eus. Pour contrer son impulsivité brute, nous nous rabattîmes de nouveau sur un régime d'interventions permanentes en réagissant au cas par cas à chacune de ses médiocres combinaisons, en tentant de parer au plus pressé.

Certains de ses principaux conseillers et des hauts fonctionnaires ministériels envisagèrent une démission collective, un suicide collectif, afin d'attirer l'attention de l'opinion sur ces dérèglements. Dans l'administration Trump il y a en permanence une poignée de collaborateurs potentiellement au bord de la démission, dont certains par épuisement. En 2018, plusieurs départs programmés paraissaient devoir se conjuguer, créant la possibilité d'une démission en bloc qui validerait nos arguments sur cette administration défaillante. Chaque fois que l'idée était envisagée, elle finissait par être rejetée. Une telle initiative était jugée trop risquée parce qu'elle ébranlerait la confiance de l'opinion et déstabiliserait un gouvernement déjà chancelant. Nous ne voulions pas non plus affaiblir l'exécutif en multipliant les postes vacants. Les choses pourraient peut-être encore s'améliorer, pensions-nous. Elles ne s'amélioraient pas. Elles empiraient, et ces vacances de poste se multipliaient.

Le président cueillait les hauts responsables mécontents l'un après l'autre. Il avait le don de repérer ceux qui avaient des velléités d'indépendance et étaient susceptibles de le défier. D'autres partaient de leur plein gré. Les rangs des décideurs expérimentés étaient de plus en plus clairsemés. Gary Cohn, son conseiller économique, annonça sa démission peu après sa première année de fonction. Ensuite le président révoqua le secrétaire d'État, Rex Tillerson. Puis il poussa vers la sortie le conseiller à la Sécurité nationale, Herbert Raymond McMaster, aussitôt suivi du conseiller à la Sécurité intérieure, Tom Bossert. Par la suite, l'ambassadrice aux Nations unies, Nikki Haley, annonça sa démission. Après quoi le président remercia Jeff Sessions, le ministre de la Justice. Dans la foulée, il annonça que John Kelly prendrait prochainement la porte. Ce fut au tour de James Mattis de démissionner. Et, à l'approche du Nouvel An, le bruit courait que d'autres têtes étaient sur le billot.

Vers la fin de cette année 2018, le président peinait à remplacer son chef de cabinet. Le seul et unique candidat de son choix pour ce poste, Nick Ayers, conseiller du vice-président Pence, déclina l'offre, et Trump piqua une crise de rage. Dès qu'Ayers fut hors circuit, il se tourna vers Chris Christie. Ce dernier lui ayant signifié son peu d'intérêt, il se résigna finalement à nommer son directeur du Budget, Mick Mulvaney, mais seulement « par intérim ». Ainsi va la vie dans la Maison-Blanche de Trump : il est impossible de pourvoir de façon stable ce qui représente d'ordinaire le poste de pouvoir le plus convoité de Washington et, quand on y parvient, c'est uniquement à titre temporaire. Les candidats lucides savent que les caprices du président polluent l'existence de son chef de cabinet, qui n'a jamais la pleine maîtrise de la fonction. Les enfants de Trump deviennent ses chefs de cabinet. Des présentateurs de Fox News deviennent ses chefs de cabinet. Tout le monde est son chef de cabinet, sauf le titulaire du poste. Il n'est guère étonnant que personne ne se précipite sur pareille opportunité.

Ce taux de rotation élevé était une conséquence directe du mode de gestion présidentiel. Trump éjectait les gens qui avaient la volonté de lui tenir tête. Il se lassait des responsables qui ne se montraient pas assez dynamiques ou ne le défendaient pas à la télévision. Certains s'échappaient de son administration à cause de divergences concernant des politiques, et d'autres pour s'éviter de couler avec un bateau qu'ils croyaient en perdition. Pour certains, c'était un mélange de tous ces facteurs. John Bolton, troisième conseiller à la Sécurité nationale, épargna à maintes reprises au président de s'empêtrer dans des décisions irresponsables mais finit par se fatiguer des turbulences et des maladresses trumpiennes en politique étrangère. Il démissionna de sa propre initiative, mais le président essaya quand même de faire passer cela pour un congédiement.

Trump ne se tracasse guère d'avoir une administration criblée de postes vacants. En fait, prétend-il, avoir des responsables « par intérim » aux principaux postes a du bon. « Mes intérimaires se débrouillent très bien », déclarait-il aux journalistes. « J'aime bien ça, les intérimaires. Cela me donne davantage de flexibilité. Vous saisissez ? Les intérimaires, ça me plaît. Alors oui, on en a quelques-unes, de ces nominations "par intérim". En fait, on a un super, super gouvernement. » Traduction en langage clair : les responsables par intérim ont moins tendance à poser des questions et plus tendance à faire ce qu'on leur demande. C'est surtout ce qui explique la purge lente et régulière de l'État stable. Avec la disparition des garde-fous, le reste du parcours n'en paraissait que plus chargé de menaces.

*

« Dieu veuille que nos principaux dirigeants soient des hommes de principe », écrivit Thomas Jefferson.

Un gouvernement a besoin d'honnêtes gens pour administrer nos lois. Toutefois, les Pères fondateurs ne voulaient pas que nous placions toute notre confiance exclusivement en eux. Les serviteurs de l'État sont corruptibles et remplaçables. Ainsi que nous le verrons plus loin, c'est la raison pour laquelle les Pères fondateurs proposèrent un système d'équilibre des pouvoirs, de manière à contrebalancer les penchants humains les plus néfastes et à faire contrôler le pouvoir d'une branche du gouvernement par une autre.

La Maison-Blanche ne cesse de débiter à jet continu un torrent d'idées abyssales et les rangs des individus lucides se dégarnissent de jour en jour. De moins en moins de gens se font entendre lors des réunions, et les voix qui parviennent aux oreilles de Donald Trump sont de plus en plus souvent celles qui lui répètent ce qu'il a envie d'entendre. S'il y eut jamais un personnage sujet au biais de confirmation – cette tendance à rechercher les informations qui valident nos convictions préalables, même si elles sont erronées –, c'est bien lui. Le danger, c'est que ce président dirige le gouvernement le plus puissant de la planète et ne peut se permettre de gouverner sans entendre d'avis divergents. Pourtant, le Bureau ovale est devenu une chambre d'écho.

Concernant la « résistance silencieuse » à l'intérieur de l'administration, je me suis trompé. Sur le long terme, ni les bureaucrates non élus, ni les ministres nommés par Donald Trump ne l'orienteraient dans la bonne direction ou ne corrigeraient son mode de gestion délétère. Il est ce qu'il est, il ne change pas. Les Américains ne doivent pas tenter de se rassurer en s'imaginant qu'il y a de soi-disant adultes dans la salle. Nous ne sommes pas des remparts contre le président et on ne doit pas compter sur nous pour le refréner. Ce n'est pas notre travail. C'est celui des électeurs et de leurs représentants élus.

La confiance des Américains envers la branche exécutive ne doit se mesurer qu'à leur confiance dans la personne du président et lui seul, non dans des fonctionnaires de son administration dont les noms n'ont jamais figuré sur un bulletin de vote. Ce qui soulève cette question : *qui est cet homme ?*

2

Le caractère d'un homme

> « Être de bonne morale est la première qualité essentielle chez un homme. [...] Il est donc de la plus haute importance de s'efforcer non seulement d'être instruit, mais aussi d'être vertueux. »
>
> George WASHINGTON

Dans l'enceinte de la Maison-Blanche, où que se pose le regard, vous savez que vous êtes dans l'un des sanctuaires de notre démocratie. Au premier étage, comment ne pas être impressionné par le portrait imposant de George Washington qui trône dans l'East Room. Lady Dolley Madison, Première dame et épouse du 4e président des États-Unis, James Madison (1809-1817), sauva ce trésor national avant que les Anglais ne mettent le feu à l'édifice au cours de la guerre anglo-américaine de 1812. À l'autre extrémité de l'étage, les visiteurs sont accueillis dans la salle à manger d'État par le portrait d'Abraham Lincoln, accroché au-dessus du manteau de cheminée, l'un des tableaux les plus précieux de notre 16e président (1861-1865). Les salles majestueuses situées entre les deux, restaurées et réaménagées par Jacqueline Kennedy, regorgent d'œuvres d'art, de meubles et de symboles inestimables de notre histoire.

Le deuxième étage abrite la résidence privée du président où chaque commandant en chef depuis John Adams (le 2e président, 1797-1801) habita avec sa famille. Les hôtes de marque sont reçus dans la chambre de Lincoln, dont le président assassiné avait fait jadis sa pièce de travail, ou dans la chambre de la reine, où Winston Churchill était installé lors de ses visites à Washington pendant la Seconde Guerre mondiale. Au rez-de-chaussée, les hôtes de marque peuvent se rendre dans la bibliothèque, dans le salon des porcelaines, dans la salle des cartes où le président Roosevelt suivait les développements cruciaux du conflit planétaire, et dans le salon de réception des diplomates, où des personnalités de stature internationale ont été accueillies dans notre capitale.

L'intérêt se concentre en général sur une pièce en particulier. Pour y entrer, il faut sortir de la partie résidentielle de la Maison-Blanche et passer dans le bâtiment adjacent : l'aile Ouest. Construite au début du xxe siècle afin de faire place à un personnel croissant, l'aile Ouest abrite les bureaux du président et de ses principaux conseillers, la salle de crise, la salle du conseil des ministres et d'autres. Le Bureau ovale est le fleuron de cet ensemble. Cette pièce, qui est en soi une splendeur historique, a quelque chose d'emblématique, notamment grâce au sceau présidentiel sculpté dans le plafond et au bureau Resolute, cadeau de la reine Victoria offert en 1880, fabriqué à partir des membrures d'un navire restauré. C'est à ce même bureau que Harry Truman avait fait poser une plaque portant gravée cette formule : « C'est ici que tout se décide », et sous lequel les très jeunes enfants de John F. Kennedy jouaient parfois pendant que leur père travaillait.

Le Bureau ovale inspire aux visiteurs un sentiment de respect. C'est là que nos dirigeants prennent des décisions de vie ou de mort, définissent les orientations de notre pays et s'adressent à notre peuple. C'est au bureau Resolute que Ronald Reagan s'exprima après l'explosion de la navette spatiale *Challenger* en 1986, rendant hommage à la mémoire des astronautes disparus. « Nous ne les oublierons jamais, déclara-t-il, ni la dernière fois que nous les avons vus, ce matin, alors qu'ils se préparaient à ce voyage, nous saluer d'un signe de la main avant de "s'arracher aux entraves terrestres" et d'"effleurer le visage du Créateur". » C'est là que George W. Bush tenta de rasséréner une nation en deuil après les attaques terroristes du 11 septembre 2001, en déclarant aux Américains depuis cette même pièce qu'« un grand peuple s'est levé pour défendre une grande nation [...] le plus puissant symbole de liberté et d'opportunité en ce monde, et personne n'empêchera cette lumière de briller ». Que l'on y entre pour une simple visite ou que l'on travaille pour le président, à chaque fois que l'on en franchit le seuil, il est difficile de se défaire de cette sensation muette de respect.

Jusqu'à ce que ce silence soit rompu…

« C'est un trou à rats, okay ? On n'a plus le droit de dire "trou merdique". Mais cet endroit est un trou à rats et tout le monde le sait. »

« Regardez-les, ils vont étouffer comme des chiens. »

« C'est assez sexy, ici, non ? »

« J'en ai rien à foutre. Ho-ho ho-ho, "des excuses". Des excuses ? Vous bougez pas d'un iota. Je vous promets qu'ensuite ils viendront vous lécher le cul. »

« Je suis encore plus chaud qu'avant, okay ? Vous savez, avec l'âge, il paraît qu'on se calme, pas vrai ? Vous, peut-être. Moi, je suis plus chaud qu'avant. »

« C'est vraiment pas juste. Franchement, on harcèle le président. On n'a pas le droit de harceler le président. »

« Mon chou, tu avais une tête franchement fatiguée à la télévision. Tu as perdu du poids ? »

« Je pense que pour un premier mandat, j'en ai fait davantage que tous les autres présidents. »

« Si vous avez besoin de tousser, vous sortez de la pièce, je vous prie… La toux, ça vous dérange pas, vous ? »

« Je pense que c'est sans doute, euh, je veux bien qu'ils pensent tout ce qu'ils veulent, ce qu'ils peuvent raconter, je veux dire, j'ai vu, j'ai lu et j'ai entendu, et j'ai même eu une courte réunion à ce sujet. Mais il y a des gens qui n'arrêtent pas de répéter qu'ils ont vu des ovnis, et moi, est-ce que j'y crois ? Pas vraiment. »

« Nous avons les lois les plus nulles et les juges les plus abrutis. »

« Ce type, vous l'avez vu ? "My Pillow", il fabrique des oreillers. Il est pas croyable. Il achète tout le temps d'antenne qu'il peut sur les chaînes télé. Il est fabuleux. Et c'est un grand, grand supporter de Trump. »

« C'est l'une des plus belles inventions de tous les temps, le boîtier TiVo. »

« Vous êtes en train de me dire que c'est MA faute ? Tout a foiré, et c'est votre faute. »

Ce sont les mots qui résonnent aujourd'hui entre ces murs incurvés, chaque jour de la présidence Trump. Certains de ces propos ont été tenus devant les caméras de télévision présentes dans la pièce, d'autres en petit comité. Ils reflètent tous le vrai Donald Trump*. Tout le monde ne voit pas tout de Trump, et surtout pas le personnage écarlate, dévoré par la colère, à deux doigts de perdre toute maîtrise de lui-même. Les visiteurs découvrent parfois une réalité à laquelle ils ne s'attendent pas.

Beaucoup de gens, notamment ceux qui ont tendance à avoir une piètre opinion du président, sont plutôt agréablement surpris lors de leur première rencontre avec le personnage. Son absence de filtre ne les dérange pas. En fait, il y a quelque chose de rafraîchissant, et même d'engageant, chez un politicien qui dit tout ce qui lui passe par la tête. Il peut aussi être drôle. Il prendra

* Le compte Twitter de Trump : @realdonaldtrump (le vrai Donald Trump). *(N.d.T.)*

parfois plaisir à appeler de hauts responsables au téléphone en mettant le haut-parleur et en lançant des plaisanteries à leurs dépens, au plus grand amusement des membres de son entourage assis dans les deux canapés du Bureau ovale. À l'opposé de tant de politiciens qui s'en tiennent à des clichés et à leurs « éléments de langage », un homme politique qui se veut systématiquement franc, direct et ne prend pas de gants, a quelque chose de désarmant.

Ceux qui ont envie de voir le président Trump sous son meilleur jour, comme nous avons tous essayé de le faire au début de son administration, peuvent toujours attribuer son comportement peu orthodoxe et l'étrange flot verbal de ses monologues au fait qu'il est un « perturbateur » installé à la Maison-Blanche. En outre, nous répétions-nous, il y a déjà eu des chefs de l'exécutif qui ont agi sans scrupule dans le cadre de leurs fonctions. Si ces murs ovales pouvaient parler, ils rapporteraient les commentaires vulgaires et les avances grossières de Lyndon Johnson, les rendez-vous galants de John Kennedy et Bill Clinton, les manœuvres de Richard Nixon pour faire obstruction à la justice et tenter de se venger de ses ennemis.

Croyez-moi, pourtant, cette fois, ce n'est pas du même ordre. Dans l'histoire de la démocratie américaine, nous avons eu des présidents indisciplinés. Nous avons eu des présidents inexpérimentés. Nous avons eu des présidents amoraux. Jusqu'à ce jour, nous n'avions jamais eu le tout en même temps. Donald Trump ne ressemble à aucun de ses prédécesseurs, tout le monde le sait. Quoi qu'il en soit, ses vices sont plus alarmants qu'amusants. Le côté divertissant que peut avoir un tel comportement irrespectueux dans le cadre majestueux de l'aile Ouest se dissipe rapidement pour céder place à une crainte persistante du commentaire, du tweet ou de l'ordre qui risquent de suivre.

Les citoyens doivent se soucier à l'extrême du caractère d'un président. Après tout, c'est un individu auquel nous confions le contrôle du gouvernement, au quotidien. Nous lui déléguons des décisions qui affecteront tant notre bien-être personnel que l'avenir de nos enfants. C'est pourquoi il est de la responsabilité de tous les Américains de bien évaluer l'occupant de la Maison-Blanche et de jauger les dispositions et les qualités morales de celui qui nous dirige, surtout quand il faut décider si cette personne est encore à la hauteur de sa fonction. Avant d'examiner les autres aspects de la présidence Trump, c'est cette réflexion qui nous incombe à tous.

Pour juger du tempérament d'un individu, il faut d'abord savoir ce que recouvre la notion même de caractère, comment on le jauge et pourquoi c'est en définitive si important.

Définir le caractère

Le débat sur le caractère est d'ordre philosophique et fait plus précisément partie d'une discipline de la philosophie que l'on appelle « l'éthique ». L'éthique étudie la manière dont une personne se doit d'agir, en particulier envers les autres. C'est là que le caractère entre en jeu. Des auteurs ont écrit des volumes entiers sur le sujet et sur la manière de définir le caractère. En réalité, il se reconnaît au premier coup d'œil. Une personne de caractère est intègre, fiable et se comporte avec dignité. Selon une définition élémentaire, le caractère réunit « les qualités mentales et morales propres à un individu », mais cela ne suffit pas pour faire preuve de moralité. Toute notre conduite doit en découler. En termes simples, notre code moral est notre « logiciel » – notre système de croyances – qui exploite notre « matériel » – notre corps et ses actions.

Lorsqu'on observe un président, deux questions importantes se posent : *Que doivent être ses qualités morales ? Quels sont les traits idéaux que nous devons attendre d'un chef ?*

Cette question du caractère hantait les Grecs de l'Antiquité. Leurs plus grands philosophes, parmi lesquels Socrate, Platon et Aristote, s'interrogèrent tous : « Qu'est-ce qui rend un homme "bon" ? » Un consensus approximatif finit par se dégager sur des composantes essentielles. Ces qualités devinrent des « vertus cardinales » : sagesse, tempérance, courage et justice. Elles étaient censées définir les comportements indispensables pour qu'un individu puisse prétendre à une haute moralité.

Quelques siècles plus tard, un autre penseur repoussa un peu plus les limites de ces vertus. Cicéron, consul et figure intellectuelle éminemment respectée de la

Rome antique, ne s'intéressa pas seulement au caractère d'un individu. Il voulait explorer le caractère de l'*homme d'État*. La République romaine était en crise, gangrenée par des personnages arrogants et indignes, et Cicéron entreprit d'examiner quelles qualités morales étaient requises des grands dirigeants. Influencé par les philosophes qui l'avaient précédé, il écrivit une œuvre fondamentale, le *De Officiis* (ou « Traité des devoirs »). Sous la forme d'une lettre adressée à son fils, il y exposait ce que devait être la conduite d'un serviteur de l'État. Ce volume a depuis lors inspiré plusieurs grandes figures de l'histoire du monde, et notamment les Pères fondateurs de l'Amérique.

Quel rapport tout ceci peut-il avoir avec Donald Trump ? Il se trouve que Cicéron nous a fourni un guide utile pour jauger le caractère d'un dirigeant. Et son bréviaire en quatre parties nous parle toujours : 1) « comprendre et rechercher la vérité » ; 2) « entretenir de bonnes relations avec autrui, en accordant à chacun ce qui lui revient, et respecter les contrats et les promesses » ; 3) « la grandeur d'âme et la force d'un esprit élevé et inflexible » ; 4) « l'ordre et la mesure qui constituent la modération et la tempérance ». En résumé, c'était une déclinaison des vertus cardinales – sagesse, justice, courage et tempérance. Sa formule est tout aussi pertinente dans ce climat politique de division qu'elle l'était à une époque d'extrême instabilité de la République romaine. C'est pourquoi nous nous en servirons pour évaluer le président actuel.

Avant d'examiner le caractère de Trump, il nous faut nous demander si l'exercice présente un intérêt quelconque. Comme je l'ai dit, les États-Unis ont déjà été dirigés par des hommes qui eurent durant leur présidence des comportements très peu exemplaires (et c'est un euphémisme). Ils trompaient leur épouse et l'opinion. Ils abjuraient leurs promesses. Ces chefs de l'exécutif n'en réussirent pas moins à accomplir des prouesses pour la défense des droits civiques, stimuler la croissance économique et défendre le pays contre ses ennemis extérieurs. Trump ne peut-il accomplir de tels actes sans être un homme au caractère irréprochable ? S'il a des défauts, et même de graves défauts, cela change-t-il véritablement quelque chose ?

À ces deux questions, la réponse sera « oui ».

Des hommes imparfaits peuvent réaliser de grandes choses. Nous devons simplement décider si le jeu en vaut la chandelle. Des présidents sans scrupules virent parfois leurs entreprises couronnées de succès, mais cela eut toujours un prix. Cela valait-il par exemple la peine d'élire James Buchanan, le 15e président (1857-1861), qui retarda le moment où la nation sombrerait dans la guerre de Sécession, mais uniquement en défendant l'esclavage et en protégeant les intérêts des esclavagistes du Sud ? Rétrospectivement, la plupart d'entre nous répondraient par la négative. Il aurait dû avoir la rectitude et le cran de se confronter au fléau de l'esclavage. Buchanan est désormais considéré comme l'un des pires présidents américains.

Nos dirigeants n'ont pas besoin d'être des superhéros. La plupart en sont loin. Toutefois, il convient de choisir un chef d'État dont les vertus l'emportent sur les vices. Son caractère n'inspirera peut-être pas chacune de ses décisions, mais il façonnera l'ensemble de son action. C'est important car nous dépendons de notre président sur quantité de sujets. Nous comptons sur lui pour gérer la plus vaste entreprise de la planète, le gouvernement des États-Unis, pour conduire la nation en périodes de crise (qu'il s'agisse d'une catastrophe naturelle ou d'une attaque terroriste), et pour élaborer un programme susceptible de faire avancer le pays. Enfin, nous attendons du président qu'il soit un modèle. Ceux que l'on honore sont assurés de faire des émules. Lorsque nous plaçons un chef d'État sur un piédestal, les jeunes en particulier s'inspireront de son comportement, donnant ainsi le ton de tout engagement civique futur.

Dès qu'on lui confie du pouvoir, le caractère d'un homme est mis à l'épreuve. C'est en tout cas ce que nous enseigne l'Histoire. Le président Trump est au pouvoir depuis trois ans, et il a été profondément mis à l'épreuve. Les résultats sont révélateurs. On a dit du caractère que c'est un arbre, et que la réputation est l'ombre qu'il projette. Le caractère du président projette en effet une longue ombre sur tous les Américains et avec le temps, sa réputation devient aussi la nôtre. En lisant ce chapitre, chacun de nos concitoyens doit se poser ces questions : *Cela correspond-il bien à ce que nous sommes ? Sinon, cela correspond-il bien à ce que nous voulons être ?*

La sagesse

Quand je songe à la « sagesse » du président, je ne parle pas d'un savoir encyclopédique. Cicéron affirmait que la véritable sagesse ne requiert pas de connaître d'emblée tous les faits. Bien plutôt, elle consiste à « apprendre la vérité », elle participe d'une volonté de découvrir les faits et d'aller au fond d'une question. Il mettait en garde : il est mauvais de prétendre savoir ce qu'on ignore, ou de perdre son temps sur des sujets futiles. Il considère qu'« il est indigne de céder aux défaillances, aux erreurs, à l'ignorance et à l'illusion ». En d'autres termes, un chef d'État ne doit pas tomber dans le panneau des *fake news* et croire qu'une chose est vraie quand elle ne l'est pas.

Donald Trump possède-t-il ces traits indispensables à la sagesse ?

Commençons par la curiosité d'esprit. Trump ne possède qu'un bagage très superficiel sur le mode de fonctionnement du gouvernement. Il n'y a jamais exercé aucune fonction et n'avait jamais été candidat avant la campagne de 2016. Il serait injuste d'attendre de lui qu'il comprenne toutes les finesses du processus législatif ou la marche d'une grande administration. Le plus troublant n'est pas qu'il ait accédé à sa fonction avec si peu d'informations, mais plutôt qu'il en ait si peu fait pour essayer d'en apprendre davantage afin d'accomplir son travail.

Donald Trump n'est pas curieux. Il ne lit rien ou presque rien et dès que des responsables cherchent à l'informer avec des supports écrits les plus succincts possible (nous l'avons déjà évoqué), il les morigène. « C'est pire que ce que vous pouvez imaginer, aurait écrit dans un mail son ancien conseiller aux Affaires économiques, Gary Cohn. Trump refuse de lire quoi que ce soit… ni un mémo d'une page, ni une courte note d'orientation, rien. Il se lèvera en plein milieu d'une réunion avec des dirigeants du monde parce qu'il s'ennuie. »

Pendant la campagne, le candidat Trump vantait ses habitudes de lecture ou les balayait d'un revers de main. Il se disait très imprégné de la Bible, remarquant en février 2016 : « Personne ne lit la Bible plus que moi. » Il était incapable de citer un seul verset où il aurait puisé son inspiration, presque certainement parce qu'il ne l'avait jamais vraiment lue. Je ne l'ai jamais entendu mentionner spontanément les Écritures, et personne de ma connaissance non plus. Un jour, poussé dans ses retranchements sur ses habitudes de lecture, il répondit qu'il n'avait pas le temps de se plonger dans des livres. « Je n'ai jamais eu le temps. Je suis toujours trop occupé. » À un moment, Megyn Kelly, présentatrice d'un talk-show sur Fox News, lui demanda le titre du dernier ouvrage qu'il avait lu, à quoi il répondit : « Je lis des passages. Je lis certaines parties, des chapitres. Je n'ai pas le temps. La dernière fois que j'ai eu le temps d'aller voir un match de base-ball, c'était quand ? »

L'argument du manque de temps est douteux. Si l'on examine le programme matinal du président, n'importe lequel d'entre nous pourra vous affirmer qu'il a amplement le temps de faire ce qu'il veut. Les exigences de sa fonction l'éloignent rarement d'un parcours de golf. Ses deux prédécesseurs, Bush et Obama, étaient des lecteurs voraces. Trump veille souvent très tard dans ses appartements et ne commence fréquemment sa journée dans le Bureau ovale qu'à dix ou onze heures. Au lieu de dévorer des livres, il passe son temps à se gaver d'infos sur les chaînes de télévision, à tweeter et à passer des coups de téléphone. De son propre aveu, il n'a pas besoin de prendre des décisions informées parce qu'il agit sur la base de « très peu de connaissances à part celles que je [possède déjà], auxquelles j'ajouterais ces deux mots : du “bon sens”, parce que je n'en manque pas et parce que j'ai aussi un grand sens des affaires ».

Il atteint des niveaux de paresse intellectuelle sidérants. Je ne parviens pas à comprendre comment un homme a pu diriger une entreprise privée avec à sa disposition le réservoir à idées vide où puise tous les jours le président Trump pour diriger le gouvernement américain. À la télévision, un PDG devenu *showman* peut s'asseoir à un bureau et aboyer des ordres à des subordonnés avant de laisser place à un spot publicitaire. Dans la vraie vie, un patron efficace doit absorber quantité d'informations sur la conjoncture économique, sur ses concurrents, sur les évolutions des produits et les tendances de consommation. Comment gère-t-on une organisation tentaculaire sans jamais rien lire ? Pas très bien, s'avère-t-il.

Le président se prétend pourtant extrêmement intelligent. Depuis des années, il fait l'éloge de son intellect et, lors des réunions en comité restreint à la Maison-Blanche, il aime se vanter de son cerveau remarquable. En 2013, il tweetait : « Désolé pour les perdants et les haineux, mais j'ai l'un des QI les plus élevés – et vous le savez tous ! Je vous en prie, il ne faut pas vous sentir bêtes ou complexés, ce n'est pas votre faute. » En 2016, en pleine campagne, on lui demandait qui le conseillait en matière de politique étrangère et il répondit : « Primo, c'est moi que je consulte, parce que j'ai une tête très bien faite, et j'ai déjà pu me dire un tas de choses... Mon principal conseiller, c'est moi et vous savez, sur tous ces sujets, j'ai un instinct très sûr. » Or c'est tout l'inverse, puisque les conseillers extérieurs qui l'aidèrent à préparer ses débats de candidat étaient atterrés de son absence de maîtrise du sujet. En janvier 2018, il revint sur Twitter faire l'éloge de ses capacités cognitives : « Mes deux plus grands atouts sont la stabilité mentale et le fait d'être, en somme, vraiment intelligent, posta-t-il. J'étais déjà un homme d'affaires qui a TRÈS bien réussi, et je suis devenu une grande star de la télé... puis président des États-Unis (à mon premier essai). Je pense que cela suffit à démontrer que je ne suis pas juste intelligent, mais que je suis un génie... et un génie très constant, en plus ! » L'intelligence fait partie de ces qualités dont on n'est probablement pas doté si l'on se croit obligé de rappeler sans cesse qu'on en est pétri. Quoi qu'il en soit, Trump a la réputation d'interrompre les réunions avec des affirmations de ce style : « Ouais, j'ai compris. Je suis assez malin, d'accord ? »

Le président affirme souvent être un expert sur des

sujets dont ses conseillers ont constaté en réalité qu'il les connaissait très peu. Voici un échantillon tiré d'une liste bien plus longue, dressée par des observateurs attentifs :

Sur les finances de campagne : « Je pense que personne n'en sait plus que moi sur les finances de campagne, parce que je suis le plus gros contributeur. »

Sur les tribunaux : « J'en sais plus sur les tribunaux que n'importe quel autre être humain sur cette terre. »

Sur le commerce : « Personne n'en sait plus que moi sur le commerce. »

Sur les impôts : « Personne n'en sait plus que moi sur les impôts. »

Sur l'État islamique : « J'en sais plus sur l'État islamique que les généraux. »

Sur le gouvernement des États-Unis : « Personne ne connaît mieux le système que moi. »

Sur la technologie : « La technologie – personne n'en sait plus que moi sur la technologie. »

Sur la technologie des drones, plus précisément : « J'en sais davantage que quiconque sur les drones. Je connais tous les dispositifs de sécurité possibles et imaginables. »

Sur la plupart de ces sujets, j'ai au contraire vu le président se fourvoyer lamentablement en essayant d'en parler intelligemment. On comprend bien pourquoi ses plus importants conseillers, en petit comité, le traitent d'« idiot » et de « crétin » affligé du niveau de compréhension d'un « élève de CM2 ou de sixième ». Certains ont été obligés de démentir ces citations que je viens de reprendre, en général avec des démentis complètement creux. Et ce sont pourtant les épithètes les plus clémentes dont usent l'entourage et les services pour exprimer leur exaspération vis-à-vis de leur commandant en chef. En temps normal, ils ponctuent plutôt leur jugement d'une bordée d'injures.

On n'obtient pas toujours un tel degré de franchise. Même en privé, les responsables redoutent de formuler un avis sur le président parce qu'ils ne savent jamais à qui se fier. En une occasion, nous étions tous en déplacement, un conseiller de haut rang attendit que nous soyons à dix mille mètres d'altitude, que tout le monde soit profondément endormi et que nous ayons quitté le territoire américain pour nous livrer ses propres anecdotes attestant au quotidien du degré d'ignorance alarmant du président. Ce type est un désastre, se plaignit-il, et sur des problèmes complexes il n'avait que des conceptions puériles. Dès qu'il prenait la parole, Trump s'éparpillait complètement. Dès qu'il fallait s'asseoir autour d'une table et aborder des questions graves, il était incapable de se concentrer. J'ai rassuré notre confident : tout le monde avait la même expérience.

Les défenseurs du personnage seront tentés de ramener ces griefs à des ruminations de « Never-Trumpers », mais ce n'est pas le cas. Nous parlons ici de gens qui ont pris leurs fonctions en s'engageant à servir leur commandant en chef et à accomplir leur mission. Je ne suis pas qualifié pour diagnostiquer l'acuité mentale du président. Tout ce que je puis affirmer, c'est que les individus normaux qui passent un peu de temps en sa présence sont témoins de scènes qui les mettent mal à l'aise. Il bute sur les mots, il bredouille, il s'égare, il s'irrite facilement et il a du mal à synthétiser l'information, non pas de temps à autre, mais constamment. Ceux qui affirmeraient le contraire mentent, à eux-mêmes ou au pays.

Le président est aussi incapable de se souvenir de ce qu'il a dit ou entendu. Les Américains ont pris l'habitude de le voir nier des propos qui sont bel et bien sortis de sa bouche. C'est parfois pour s'éviter toute responsabilité. Souvent, il semble sincère quand il dit ne pas se remémorer des faits importants. Cette tendance à oublier était clairement perceptible après qu'il eut été informé qu'un ouragan de catégorie 5 approchait de la Floride. « Je ne suis pas sûr d'avoir déjà entendu parler d'une catégorie 5… Je ne crois pas avoir déjà entendu le terme », déclara-t-il aux journalistes. Ses conseillers de la Maison-Blanche étaient interloqués. Depuis son entrée en fonction, il avait déjà été briefé sur quatre ouragans de catégorie 5. Oubliait-il ces réunions d'information ? Ou, plus problématique encore, n'y prêtait-il absolument aucune attention ? Ce sont des événements qui affectent des millions d'Américains, et pourtant on dirait qu'ils sortent très vite de son esprit.

Nul besoin d'avoir été nommé par le président à tel ou tel poste pour être témoin de son instabilité mentale. Il suffit de l'observer dans un meeting. Un jour, il prononçait un discours sur la production énergétique, et il fit un commentaire hors sujet sur le Japon, en se plaignant de ce que l'archipel « nous envoie des milliers et des milliers – des millions ! – de voitures, [et] nous leur expédions notre blé. Et ils ne le veulent pas notre blé, ils nous l'achètent pour nous faire croire qu'on n'est pas perdants, vous voyez, ils font ça pour nous endormir ». Indépendamment du fait que le commerce avec le Japon était sans rapport avec le contenu initial de son intervention, ce propos n'avait aucun sens. Le blé n'est pas l'une des principales denrées d'exportation des États-Unis vers le Japon. Ce n'est même pas l'une de nos principales exportations *agricoles* vers cette nation asiatique, ainsi que des conseillers techniques de notre département du Commerce le soulignèrent par la suite. En outre, cette description de la manière dont les pays achètent leurs produits n'avait rien de cohérent. Les nations étrangères n'achètent pas nos produits pour leurs citoyens, et elles ne le font pas non plus pour nous « endormir ». Trump fait sans arrêt ce genre de déclarations, ce qui m'amène au point suivant.

Au test cicéronien sur les *fake news*, le président obtient des résultats calamiteux. Le philosophe romain juge indigne de s'égarer dans l'ignorance des faits et de se laisser abuser. Hélas, Trump s'est bâti une réputation de désinformateur. Avant son élection, il assurait régulièrement la promotion d'Alex Jones, qui laissa entendre sur Infowars, son site Internet et sa station de radio, que le massacre de l'école élémentaire de Sandy Hook en

2012 était une fumisterie et que l'alunissage d'Apollo 11 n'avait jamais eu lieu.

Trump était aussi l'un des adhérents les plus notoires du « *birtherism* », la théorie conspirationniste colportant des soupçons infondés sur le lieu de naissance de Barack Obama, qui ne serait pas venu au monde sur le sol américain, tout en attisant des craintes au sujet de sa religion, sur laquelle il aurait menti*. « Il n'a pas d'acte de naissance, déclara-t-il en 2011 dans une interview avec Laura Ingraham, animatrice d'une émission de débat sur Fox News, ou alors s'il en a un, il y a quelque chose dans ce document qui ne va pas lui rendre service. Bon, quelqu'un m'a certifié – et je ne sais pas si c'est gênant ou non pour Obama, mais à mon avis il y a des chances – que dans la case où on indique la religion, ce serait "musulman". Et d'ailleurs quand vous êtes musulman, vous ne pouvez pas changer de religion. »

Parmi de nombreuses autres théories complotistes, Trump laissa entendre sans aucune preuve que le père de Ted Cruz, sénateur républicain du Texas, était impliqué dans l'assassinat de Kennedy, que le juge à la Cour suprême Antonin Scalia aurait été assassiné, que Joe Scarborough, animateur d'une émission politique sur MSNBC, aurait été impliqué dans la mort d'une ancienne stagiaire, que le suicide d'un ancien conseiller

* L'article II de la Constitution stipule que seul un citoyen américain né sur le territoire des États-Unis est éligible à la présidence. (*N.d.T.*)

de Clinton aurait eu des causes encore plus abominables, que des Américains musulmans de la région de New York auraient fêté les attaques du 11 Septembre en dansant dans les rues, que les vaccins provoquent l'autisme, et d'autres encore. Les observateurs de l'extérieur ont du mal à tenir à jour la liste de ses allégations. Ceux de l'intérieur n'y parviennent pas davantage. Nous nous interrogeons tous : croit-il vraiment à ces conspirations ? Dit-il juste cela pour attirer l'attention ? Je ne peux pas me mettre dans sa tête, mais à mon sens, c'est un peu des deux.

Dans toute la Maison-Blanche, l'entendre aborder de tels sujets hérisse les gens sérieux. Trump accueille les propagateurs de ces théories mensongères à bras ouverts comme si c'étaient de vieux amis, et il lui est égal de savoir que ce sont des imposteurs, pour peu que leurs propos servent ses objectifs du moment. L'une de ses sources préférées s'appelle Lou Dobbs, animateur naguère respecté de CNN, puis de Fox News dont l'émission de début de soirée est désormais infestée de théories conspirationnistes et de spéculations débridées sur l'actualité. Le président se met au lit avec certaines idées de Lou Dobbs en tête, qu'il s'agisse de conjectures sur le milliardaire progressiste George Soros ou de nouvelles enquêtes que devrait lancer le ministère de la Justice. Nous le savons parce qu'il reprend régulièrement des idées de Lou Dobbs dans le Bureau ovale le lendemain matin, en exigeant qu'elles soient appliquées comme l'animateur le suggère. Je n'ai pas connaissance d'un autre élu de ce pays qui se laisse aussi aisément embobiner par ces bonimenteurs.

Le président propage de fausses informations presque tous les jours. Il est le premier retweeteur de *fake news* d'Amérique tout en se prétendant simultanément leur plus éminent pourfendeur. En toute équité, tous les présidents se trompent de temps à autre. La différence, c'est que lorsqu'ils commettaient un impair, ces présidents semblaient le regretter. Ils ne reprenaient pas tous les jours ces informations truquées comme si elles allaient de soi et sans se soucier des conséquences. Pourtant, après avoir proféré une déclaration manifestement fausse, le président ne fait montre d'aucun remords. Il est à l'aise dans son rôle de colporteur de contrevérités.

Qu'il s'agisse de ses toutes premières déclarations sur sa cérémonie d'investiture qui aurait attiré la plus grande foule de l'histoire (allégation facilement réfutée) ou de ses affirmations selon lesquelles le rapport du procureur spécial Mueller l'aurait disculpé (ce qui n'est explicitement pas le cas), son entourage et l'opinion entendent si souvent de telles déclarations trompeuses de sa bouche que nous finissons par être désensibilisés. Nous explorerons plus en détail la relation précaire du président à la vérité. Pour le moment, nous pouvons avancer sans risque que Trump n'est pas à la hauteur des critères cicéroniens : respecter et rechercher la vérité, ne pas se laisser facilement abuser ou ne pas propager de désinformation.

Il n'est pas un homme de sagesse.

Le sens de la justice

Quand je me réfère à la « justice », il ne s'agit pas seulement de l'ordre public. Chez Cicéron, cette notion sert à caractériser la manière dont un individu traite les autres. Cette personne entretient-elle de bonnes relations avec autrui ? Accorde-t-elle à chacun ce qu'il ou elle mérite ? Et cet individu respecte-t-il ses contrats et ses promesses ? Ce sont là les qualités d'une personne « juste ». Cicéron y ajoute que ce type d'individu doit aussi faire preuve de « bienveillance et de tolérance », c'est-à-dire qu'il doit se montrer aimable et généreux.

Donald Trump pense indéniablement beaucoup à la justice. À tel point, en fait, qu'il a tweeté au sujet de ce qui est « juste » ou « injuste » près de deux cents fois depuis sa prise de fonction. Il se soucie constamment de savoir s'il a été justement ou injustement traité, à titre personnel. « Rien de drôle dans l'émission *Saturday Night Live* sur NBC Fake News ! » tweeta-t-il après que l'émission se fut moquée d'une conférence de presse de la Maison-Blanche, en février 2019. « Une question se pose : les chaînes de télévision peuvent-elles prendre les Républicains pour cible et s'en tirer sans en payer les conséquences ? Même chose pour plein d'autres émissions ? C'est très injuste et cela mérite qu'on y jette un œil. Elle est là, la vraie Collusion ! » Le président insinuait que les chaînes de télévision méritaient d'être soumises à enquête et d'être punies pour s'être moquées de lui. Heureusement, personne n'était assez stupide pour exiger de la Commission fédérale des communications de se charger du dossier.

Il passe beaucoup de temps à discuter avec son équipe d'injustices supposées. Il se plaindra de la couverture médiatique consacrée à sa personne, de ses détracteurs et de tout ce qu'il juge inique. Ensuite, il enverra ses collaborateurs remuer ciel et terre pour « régler ça ». Il voudra qu'on téléphone à un commentateur d'une chaîne de télévision qui n'est pas d'accord avec lui pour le rappeler à l'ordre, ou à un dirigeant étranger avec le pays duquel on va « arrêter » toute relation parce que Trump n'a pas apprécié sa réaction à telle ou telle mesure de la Maison-Blanche. C'est devenu si fatigant que lesdits collaborateurs font mine de prendre ses griefs en compte, promettent d'y remédier et laissent aussitôt tomber la question qui finira tout en bas de la pile de leurs préoccupations (ou en sera totalement écartée) parce que le problème est impossible à régler, inutile à traiter ou requiert une solution contre-productive.

Aucun lieu n'échappe à ses faux procès en injustice. Peu après sa prise de fonction, il se rendit au quartier général de la CIA, où il devait s'adresser aux agents des services secrets des États-Unis. Il entama et clôtura son discours en se plaignant de reportages médiatiques injustes. « Comme vous le savez, je suis en guerre permanente avec les médias, déclara-t-il à son auditoire. Ce sont les êtres humains les plus malhonnêtes de la terre. » Tous ceux qui assistèrent à la scène n'en crurent pas leurs oreilles. Le président n'aurait pu formuler ces griefs dans un endroit plus mal choisi : non seulement il était à Langley, siège de la CIA, mais il prenait la parole devant le mémorial dédié aux agents tombés en mission, un mur où sont gravés leurs noms. Il récidiva quatre mois plus tard devant des centaines de cadets de l'École des gardes-côtes, en transformant une partie de leur cérémonie de remise de diplôme en diatribe contre la presse. « Regardez de quelle manière ils m'ont traité ces derniers temps ! s'écria-t-il, s'écartant de son discours en secouant la tête avec indignation. Dans toute l'histoire, aucun homme politique… et je suis sûr de moi… n'a été traité plus mal ou plus injustement que moi. »

Quant au traitement qu'il réserve aux autres, il est difficile d'affirmer qu'il réponde aux critères de Cicéron. En fait, Trump est plus « implacable » que « juste ». Ce n'est pas seulement mon avis. C'est ainsi qu'il perçoit la chose. « Quand quelqu'un m'attaque, je contre-attaque, toujours… mais 100x plus fort », tweeta-t-il en 2012, définissant sa stratégie de riposte disproportionnée comme « une manière d'exister ». Il reprenait cette conception dans son livre, *The Art of the Deal* (*L'Art de la négociation*), où il déclarait ceci : quand il s'estimait injustement traité, « mon attitude en général, dans la vie, a été de riposter en tapant très dur ».

Cette philosophie du « frapper fort » n'est pas réservée à ceux qui lui ont véritablement fait du tort. Il cherche souvent à en découdre de la façon la plus arbitraire. Le nombre de ces altercations est vertigineux. Il suffit de consulter son compte Twitter ou un bref recueil de dépêches d'agence. Il s'attaquera à la star du football féminin américain, Megan Rapinoe, championne du monde 2019, avant de se moquer de la Première ministre du Danemark, Mette Frederiksen*. À l'occasion, il s'en prend à ses propres hauts fonctionnaires.

Les attaques contre le président de la Réserve fédérale, Jerome Powell, qu'il a pourtant lui-même nommé, en offrent un exemple récurrent. Il lance régulièrement des piques cinglantes contre ce dernier et contre la banque centrale indépendante, que le président s'exaspère de ne pouvoir contrôler. Lors de ses coups de colère sur Twitter, il suggéra que le président de la Réserve fédérale était « "mentalement" incapable de tenir le rythme » des banques centrales d'autres pays et demanda à ses *followers* qui était le plus « grand ennemi » des États-Unis, Powell ou le dictateur chinois ? Tout cela parce que la banque centrale avait déclaré sans détour que les indicateurs économiques signalaient les risques inhérents aux politiques présidentielles.

Affubler ses victimes de sobriquets constitue aussi l'une de ses tactiques préférées. Cela lui permet de transformer ses attaques en mèmes Internet instantanés. Il teste d'abord ces surnoms insultants auprès de ses amis

* La capitaine de l'équipe américaine refusa de se rendre à la Maison-Blanche après sa victoire, invoquant la misogynie trumpienne. La Première ministre danoise avait jugé « absurde » sa proposition de racheter le Groenland à Copenhague. (*N.d.T.*)

et il est ensuite ravi chaque fois qu'il en a un nouveau à transmettre à Dan, son chargé de communication sur les réseaux sociaux. Il y a Da Nang Dick (le sénateur démocrate du Connecticut, Richard Blumenthal*), Pocahontas (la sénatrice démocrate du Massachusetts, Elizabeth Warren), Jeb Basse Énergie (l'ancien gouverneur de Floride, Jeb Bush), le Lèche-cul (James Comey, ancien directeur du FBI), l'Amoureuse du MS-13 (Nancy Pelosi, *speaker* de la majorité démocrate à la Chambre**), Mika la Conne comme un balai (Mika Brzezinski, journaliste de MSNBC, fille de Zbigniew Brzezinski, conseiller à la Sécurité nationale de Jimmy Carter), le Grand Abruti de la télé (Don Lemon, journaliste de CNN), et ainsi de suite. Il pointe souvent les caractéristiques physiques, avec des surnoms comme Gros Jerry (Jerrold Nadler, élu démocrate, président de la commission des Affaires juridiques de la Chambre des représentants), Little Marco (le sénateur républicain de Floride, Marco Rubio) et Dumbo (Randolph Alles, ancien directeur du Secret Service chargé de la protection du président, en raison de ses oreilles décollées). D'autres présidents à la langue acérée réservaient certaines épithètes aux interlocuteurs qui leur

* Blumenthal dit avoir servi au Vietnam, mais il était dans les réserves des Marines. Il a intenté une procédure contre le président pour violation de la Constitution sur ses sources de revenu étrangères (*Emoluments Clause*). (*N.d.T.*)

** Le MS-13, gang lié à l'immigration salvadorienne né à Los Angeles dans les années 1970 dont le Parti républicain a fait le repoussoir de ses politiques anti-immigration. (*N.d.T.*)

déplaisaient, mais je n'en vois aucun qui se soit donné autant de mal pour humilier les gens en inventant des sobriquets aussi puérils. Seule circonstance atténuante, les plus salés ne franchissent pas les murs de l'aile Ouest.

C'est un fait indiscutable. Trump est une brute. En intimidant les autres, il croit pouvoir obtenir ce qu'il veut, et non ce qui est juste. C'est une philosophie dont il se vante. Il régale son entourage d'histoires de procédures abusives intentées à des entreprises qu'il voulait écarter de son chemin ou obliger à conclure de meilleurs accords. C'est comme ça qu'il obtient d'elles ce qu'il veut. Au cours de la campagne de 2016, le journaliste Bob Woodward interrogea Trump sur la conception d'Obama, pour qui « le vrai pouvoir suppose de parvenir à ses fins sans exercer de violence ». Dans sa réponse, Trump glissa un aveu révélateur : « Le vrai pouvoir s'obtient par le respect. Le vrai pouvoir, c'est un mot que j'hésite à employer, c'est la peur. »

Le président Trump ne fait pas de quartier. Ses adversaires politiques sont des ennemis, il leur déclare la guerre et il ne saurait être question de clémence. Au bout de trois années de mandat, il continue de faire une fixation sur sa rivale de l'élection précédente, en ne cessant de la dénigrer et de la rabaisser. La situation serait peut-être différente s'il s'attendait à affronter Hillary Clinton de nouveau en 2020 ; or, elle semble bien avoir renoncé à briguer tout mandat. Que le lecteur ne se méprenne pas. Il n'y a pas dans la Maison-Blanche de Trump d'admirateurs de Mme Clinton, mais nous avons fini par trouver son animosité chronique envers elle un peu saugrenue. Depuis son entrée en fonction, il a tweeté des centaines de fois sur son compte. Il a même flirté avec l'idée d'user de ses pouvoirs pour enquêter sur elle et la poursuivre en justice (nous y reviendrons). La défaite électorale ne lui suffit pas : il veut la défaite totale de ses adversaires.

Cicéron disait que la « justice » d'un dirigeant doit aussi se mesurer à sa capacité à tenir ses promesses. Malheureusement, le passé de Trump est jalonné d'accusations d'entreprises escroquées, d'employés impayés, de contrats non honorés et plus encore. Une enquête d'*USA Today* put établir qu'en trente ans, il avait été impliqué dans plus de 3 500 procès, pour une bonne part intentés par des personnes accusant Trump et ses sociétés de n'avoir pas acquitté leurs factures. Ses entreprises ont aussi été l'objet de multiples procédures engagées par l'administration pour violation du Fair Labor Standards Act, en l'occurrence leur refus de payer des heures supplémentaires ou d'appliquer le salaire minimum.

Cette longue série de violations contractuelles va de pair avec un autre trait de caractère trumpien : le manque de générosité. La bonté et la libéralité – des composantes de la justice selon Cicéron – sont absentes de son caractère. Sa prétendue philanthropie est émaillée de formules creuses et de pratiques contestables. Ses affidés prétendent qu'il aurait distribué au cours de sa carrière des « dizaines de millions » à des organisations caritatives, et pourtant des journalistes d'investigation ont montré que ses donations en numéraire restent très en deçà de ses affirmations.

La quasi-totalité de ses dons émanerait apparemment de la Fondation Trump. Au lieu de la financer lui-même, l'homme d'affaires aurait rempli les coffres de cette officine en sollicitant des donateurs extérieurs, ce qui lui permettait de libeller des chèques en son nom sans entamer sa propre fortune. Ces pratiques n'ont rien d'inédit. D'autres fondations en nom personnel sont alimentées par des donations externes. Mais en décembre 2018, la sienne fut contrainte à la dissolution après une enquête de l'État de New York l'accusant de « pratiques d'une illégalité flagrante », notamment parce qu'elle lui « servait de compte-chèques couvrant ses dépenses professionnelles et politiques ». Il lui arriva par exemple d'utiliser dix mille dollars de cette fondation caritative pour payer un tableau : un portrait de lui en pied. L'esprit de charité dans toute sa splendeur… Cela ne signifie pas qu'il ne donne jamais rien. Il a fait grand étalage partout dans la Maison-Blanche de sa décision de renoncer à son salaire annuel de président (400 000 dollars), et il redistribue les chèques de sa rémunération en mettant en scène sa magnanimité, comme il se doit. Que le don aille au département des Transports ou au service de la Santé publique, il s'en vante sur Twitter et en direct. Il est allé jusqu'à insister pour que les bénéficiaires se fassent prendre en photo avec leur chèque en main – contresigné de son nom au feutre épais très visible – afin de bien afficher toute leur gratitude. Je n'ai souvenir d'aucun autre président attirant aussi régulièrement l'attention sur ses gestes de générosité. Il suffit de voir le malaise des directeurs d'agences gouvernementales quand ils réalisent qu'ils vont devoir respectueusement chanter les louanges du président chaque fois qu'il leur jette son argent de poche, alors qu'il a supprimé des millions de dollars de leurs enveloppes budgétaires, un niveau de coupes sombres qu'ils n'auraient eux-mêmes jamais osé préconiser sous aucun autre président. L'un d'eux m'a dit en plaisantant que c'était pour Trump une manière de s'acquitter des arriérés d'impôts qu'il doit sans doute au peuple américain.

Au total, cette série d'exemples dresse un tableau limpide du personnage. Donald Trump n'est pas un parangon de justice. Il ne se soucie guère d'entretenir de « bonnes relations avec autrui », de traiter les autres avec équité, de tenir ses promesses ou de faire preuve de générosité. Il a beau chercher à cultiver l'image d'un milliardaire désintéressé, il en est loin. Nombre de ceux qui, comme nous, ont intégré son administration, ont découvert un personnage vindicatif constamment occupé à faire sa promotion, qui consacre un temps et une énergie démesurés à attaquer les autres pour défendre ses intérêts. Ces travers déteignent sur sa manière de gouverner. Nous avons tous appris à nos dépens que le mode opératoire du président privilégie le combat par rapport à l'apaisement, l'intimidation plutôt que la négociation, la rancœur avant la clémence et la gratitude servile de préférence à la vraie générosité. En résumé, c'est le portrait d'un homme injuste.

Le courage

Cicéron écrit du courage que c'est « la force d'âme au service de l'équité ». Le président croit être le champion de grandes et justes causes. Il se fait le porte-drapeau d'un certain nombre de débats de société en restant fidèle à son style de battant et de vainqueur. Une personne courageuse qui assume une fonction de chef assume ses réussites autant que ses erreurs – pour ce qui est de ces dernières, Trump s'y refuse. Quand son équipe est perdante, il est aux abonnés absents. C'est là qu'il se montre sous son vrai jour. Attardons-nous sur les batailles législatives de l'administration Trump avec le Congrès. Lorsque nous étions dans le camp de l'échec, le président faisait tout son possible pour en rejeter la faute sur autrui, par crainte d'être traité de « perdant ».

Sa veulerie crée une atmosphère démoralisante pour son équipe. Je me souviens, au cours de sa première année de mandat, du nombre de fois où il promit que nous allions réformer le système de santé, une thématique centrale de sa campagne. Il avait juré d'abroger et de remplacer l'Obamacare, qui posait quantité de problèmes et qui faussait le marché de la santé. Les Républicains disposaient apparemment d'assez de voix au Congrès, mais quand ces efforts, contre toute attente, finirent par tourner court, le président n'eut pas le courage d'assumer ce fiasco. Il pointa du doigt des sénateurs « faibles » qui avaient voté contre l'abrogation et, en privé, il accusait son équipe. Depuis lors, le dossier a peu progressé. Certains de ses subordonnés ont imité sa posture – « C'est pas moi ! » –, ce qui crée une culture de l'esquive où chacun se défausse. Un certain Scott Pruitt laissa très précisément ce souvenir à la tête de l'Agence pour la protection de l'environnement (EPA) : au lieu d'assumer les détournements de fonds publics dont il était responsable, il en rejeta la faute sur son équipe. Il fut finalement contraint de démissionner.

La bravoure peut revêtir des formes diverses. Cela ne se limite pas à assumer un revers de popularité quand les choses tournent mal. Cela peut être bien plus grave. Dans certains cas, c'est votre vie qui est en jeu. J'ignore combien de fois Donald Trump s'est trouvé en pareille situation (dans une vie, chez la majorité des gens, c'est très rare), mais nous en avons un exemple éloquent.

Au plus fort de la guerre du Vietnam, quand d'autres intégraient l'armée pour servir leur pays, il chercha à éviter la mobilisation. Il bénéficia de cinq sursis : quatre à cause de ses études, et un pour raisons médicales. Le prétexte ? « Des épines osseuses », ou ostéophytes, aux pieds. Selon les filles du pédiatre qui établit le diagnostic, et d'après l'ancien avocat du président qui cita ses propos – « Vous me prenez pour un idiot ? J'allais pas partir au Vietnam » –, cette pathologie fut inventée de toutes pièces. Ne vous imaginez pas que cette manœuvre ait échappé aux hommes et aux femmes de l'armée des États-Unis qu'il commande ou aux vétérans du Vietnam qui n'avaient, eux, aucun moyen pour éviter la mobilisation. Ces hommes et ces femmes seraient partis à la guerre avec ou sans excuses, et ils méritent mieux que les rodomontades d'un personnage qui est resté au chaud chez lui.

La bravoure n'est pas la seule composante du courage, il serait donc injuste de juger le président sur ce seul critère. Cicéron considère que l'individu courageux est aussi celui qui ne se laisse pas influencer par les masses – « Qui s'attache à l'opinion flottante de la multitude mal éclairée ne peut être mis au nombre des grands hommes » – et qui sait ne pas « se laisser vaincre par le plaisir » et « se préserver de la cupidité » – « Nulle marque plus certaine d'un cœur étroit que l'amour des richesses ». La force d'âme n'est pas moins importante. « Un homme dont le courage est sans défaillance ne se trouble pas dans une situation difficile, il ne perd pas la tête, comme l'on dit, il garde sa présence d'esprit, sa faculté de raisonner et de décider. »

C'est pourquoi, hormis la bravoure, résister aux instincts de la masse, se préserver de l'obsession de l'argent et du plaisir, et rester ferme dans les périodes de crise sont les autres traits marquants de l'individu courageux.

À première vue, on aurait du mal à décrire le président comme quelqu'un qui ne se laisse pas gagner par les passions publiques. Comme nous le verrons plus loin, il alimente plus qu'il n'évite les instincts grégaires. Et c'est manifestement un obsédé de l'opinion publique. Chez un homme qui a passé des années obnubilé par les parts de marché de ses émissions de télé, c'est une seconde nature. Notre tweeteur en chef se nourrit d'un régime de « likes » et de « retweets ». L'analyse de ses fils de discussion démontre que depuis son accession à la présidence, il a mentionné les sondages d'opinion presque tous les mois. Il n'est pas rare qu'une réunion autour de la croissance économique ou de la sécurité nationale soit ponctuée au passage de commentaires à propos des chiffres des récents sondages.

Sans surprise, ses enquêtes d'opinion préférées sont celles qui le placent en tête, même si les sources sont sujettes à caution. Dès que des médias font état de son impopularité, il est fou de rage, surtout quand les instituts de sondage attestant d'une cote en baisse, estime-t-il, devraient se ranger dans son camp, comme ceux de Fox News. Les sondages sont pour lui des démonstrations de loyauté et non des évaluations scientifiques de la conjoncture dominante dans le pays. Ce ne sont pas des données qui doivent nourrir la réflexion, comme chez tous les autres hommes ou femmes politiques de la planète : ces chiffres ne sont là que pour flatter sa vanité. S'ils n'y parviennent pas, alors ils doivent être erronés. Nous savons à quoi mène une telle attitude – à l'échec. Margaret Thatcher, une géante de l'histoire moderne à côté de laquelle Trump a toujours fait piètre figure, formula un jour cette mise en garde : « Si vous cherchez à vous faire aimer, vous êtes prêt à tout moment à tous les compromis et vous n'aboutirez à rien. » L'appétence du président pour les cotes de confiance frôlant les sommets ne manque pas d'ironie, lui qui en fait si peu pour les mériter.

Quant à savoir s'il se laisse « vaincre » par l'argent ou le plaisir, je laisserai ici encore Trump répondre de lui-même :

« J'ai pris des décisions difficiles, sans jamais perdre de vue mon bénéfice net. »

« Le fait est qu'on n'est jamais trop cupide. »

« Ce qu'il y a de beau chez moi, c'est que je suis riche. »

L'amour de l'argent vient juste après son amour immodéré du luxe. Son attirance pour ce qui est hors de prix et son mode de vie ostentatoire sont bien connus. Il ne s'est pas privé d'en faire étalage dès sa première semaine à la Maison-Blanche. Quelques jours après le début de son administration, il profita d'une de ses premières grandes interviews (téléphoniques) de président pour vanter sa nouvelle et célèbre demeure à la journaliste du *New York Times*. « J'ai fait venir des gens ici ; ils entrent et ils n'ont qu'une envie, contempler le spectacle un long moment », expliquait-il. Il s'extasiait sur les nombreuses pièces de la demeure et ses œuvres d'art inestimables, sans parler du service impeccable. Tous les matins à son réveil, c'était un buffet entier de fruits, de pâtisseries et de friandises. Le personnel veillait à toujours tenir à sa disposition ses gâteries préférées. Et les téléphones, insistait-il, étaient « les plus beaux que j'aie jamais utilisés de ma vie ». « C'est une résidence superbe, très élégante », s'émerveillait-il.

Il réserva au vénérable quotidien new-yorkais ses réflexions (involontairement) les plus révélatrices en réponse à une question sur le Bureau ovale, qu'il avait déjà fait décorer de nouveaux rideaux et d'un tapis. Il raconta cette anecdote au sujet d'un de ses récents visiteurs. « Cette personne est entrée dans le Bureau ovale et elle a fondu en larmes. Je précise qu'il s'agit de quelqu'un d'endurci. Mais cet endroit a quelque chose de très particulier, confiait-il à la journaliste. Les visiteurs découvrent tout ce qu'est le pouvoir de la Maison-Blanche et du Bureau ovale, et je sens qu'ils se disent déjà : "Oui, Monsieur le président." Qui oserait vous répondre non ? »

Enfin, Cicéron définit le courage comme la marque de celui qui « ne se trouble pas dans une situation difficile », une qualité que je ne puis attribuer au président Trump. Confronté à d'épineux défis, il est au bord de la crise de nerfs et cède à l'enflure. Les retombées ne se limitent pas toujours au périmètre de la Maison-Blanche. Toutes les semaines, elles éclatent au grand jour. Ses conseillers ne comptent plus le nombre de conférences de presse, d'interviews et d'événements qui ont complètement déraillé parce que le président avait perdu pied, que ce soit à cause d'une simple prise de bec ou de tractations compliquées avec le Congrès.

Quand un sujet le met en colère, peu importe à quoi il est occupé sur l'instant, il laisse son exaspération prendre le dessus. Il peut s'agir d'incidents très banals. « La personne 1 va prendre la parole, l'informe une collaboratrice. Puis la personne 2 vous présentera. Et ensuite vous enchaînerez avec les propos suivants. » Elle lui tend un bref discours. Il jette un œil à la feuille, barre certains mots au gros feutre noir et oriente ses propos dans une tout autre direction. Si la presse est présente dans la pièce, il a tendance à ne pas faire de détail. Il modifiera sur-le-champ l'ordre des interventions et se lancera dans l'une de ses tirades. C'est ainsi qu'un discours sur la réforme fiscale put se transformer en une diatribe interminable sur les « millions et les millions » d'électeurs illégaux qui sapent le processus démocratique.

Confronté à certaines impasses en politique étrangère, au lieu de garder son sang-froid, il n'hésite pas à bomber le torse et à jouer les coriaces. Par exemple, au lieu de faire peu de cas des déclarations incendiaires de certains adversaires, il préfère la surenchère : « Le dirigeant nord-coréen Kim Jong-un vient de déclarer que le "bouton nucléaire est en permanence sur son bureau". Est-ce que quelqu'un dans ce régime à bout de souffle et de crève-la-faim veut bien l'informer, je vous prie, que j'ai moi aussi un bouton nucléaire, mais qu'il est bien plus gros & bien plus puissant que le sien. Et en plus, le mien, il marche ! » En réponse à des bruits de bottes en Iran, il tweeta : « Si l'Iran veut se battre, ce sera officiellement la fin de Téhéran. Ne menacez plus jamais les États-Unis ! »

Ces débordements peuvent avoir un effet cathartique

sur le moment, mais ils tendent à aggraver la situation. Asticoter des dictateurs instables, c'est risquer un malentendu susceptible de dégénérer en crise. Au minimum, ces passes d'armes purent conduire à de longues joutes publiques qui détournaient l'attention du problème du moment ou qui freinaient notre capacité à réagir efficacement à certains événements internationaux.

Aristote a écrit dans l'*Éthique à Nicomaque* que « celui qui pèche par excès de confiance en soi dans les choses redoutables, est un téméraire, et le téméraire est considéré comme un vantard qui se donne des airs de courage ». Trump n'est pas courageux, il n'est ni impassible face à la foule, ni immunisé face à l'argent et au plaisir, ni stable en situation de crise. C'est « un vantard qui se donne des airs de courage », et cela devrait inciter tout un chacun à s'interroger.

La tempérance

Enfin, il nous faut évaluer la « tempérance » de Trump, ce qui est plus facile que les autres vertus, car c'est la plus visible. Ce trait de caractère, explique Cicéron, consiste à faire preuve de « pondération » et de « respect des convenances ». Il ajoute qu'un tel individu ne doit pas être insouciant. « Il ne faut jamais agir à la légère, s'abandonner à une impulsion irraisonnée, ne jamais rien faire que l'on ne puisse justifier par une raison acceptable. » Il conclut que les hommes de tempérance supportent bien la critique et se gardent de réagir à la provocation.

Il devrait être désormais clair que Trump est l'une des personnalités les plus blessantes et les plus odieuses de notre temps. Le président a du mal à faire preuve de retenue et se déchaîne sans avertissement. Son comportement est foncièrement indécent, qu'il s'agisse de sa rhétorique grossière, de ses plaisanteries vulgaires ou des démonstrations publiques de son arrogance. Nous en avons de trop nombreux exemples, nous choisirons donc ceux qui visent les femmes. Beaucoup de gens dans son administration sont choqués par ses attitudes misogynes, qui datent de bien avant son élection.

Comment parle-t-il des femmes ? *Du sex-appeal. Un beau petit cul. Des formes canon. Une bimbo. Une affaire au lit. Un peu trop bien en chair. Pas chaude. Une dingue. Une cinglée. Une délaissée. Une grosse. Un gros cul. Une conne. Une sale bonne femme. Un cageot. Une sale tronche. Une mocheté. Un boudin. Répugnante.* C'est le genre de commentaires qu'il fait. Il n'a pas non plus hésité à faire subir son sexisme à son adversaire, la première candidate investie dans une campagne présidentielle par l'un des grands partis politiques américains. « Si Hillary Clinton est incapable de satisfaire son mari, tweetait-il en 2015, qu'est-ce qui lui fait croire qu'elle peut satisfaire l'Amérique ? » L'année suivante, lors d'un meeting de campagne dans l'Ohio, il remarquait : « Eh, les gars, est-ce qu'elle a l'air présidentielle ? Laissez-moi rire ».

Peu importe que l'on ait voté Hillary Clinton ou non. Il est indéniable que de tels propos sentent le sexisme à plein nez.

Par moments, ses réactions confinent à ce que beaucoup de femmes actuelles appelleraient un comportement de prédateur. Trump aurait un jour déclaré ceci : « Que vous l'aimiez ou que vous le détestiez, Donald Trump est un homme qui est sûr de ce qu'il veut et qui fait tout ce qu'il peut pour l'obtenir, par n'importe quel moyen. Il possède un pouvoir que les femmes trouvent presque aussi attirant que son argent. » (Là encore, je ne peux m'empêcher de citer Margaret Thatcher, qui avait affaire à des hommes comme lui : « Avoir du pouvoir, c'est comme être une dame. Si vous êtes obligé de rappeler aux gens que vous êtes une dame, c'est que vous n'en êtes pas une. ») En 2013, Trump formula cette opinion à propos des dizaines de milliers d'agressions sexuelles jamais dénoncées dans l'armée américaine, en tweetant : « Ils s'attendaient à quoi ces génies, en mettant ensemble des hommes et des femmes ? » Et personne n'a oublié les propos qu'il tint à Billy Bush, l'animateur de l'émission *Access Hollywood* sur NBC, sur sa manière de procéder pour conquérir une femme mariée et sa façon d'aborder la séduction en général : « Je patiente surtout pas, dit-il. Quand tu es une star, elles te laissent faire tout ce que tu veux. Tu peux tout leur faire. Les attraper par la chatte. Tu peux leur faire n'importe quoi. »

Devenu président, il n'a en rien modéré ses remarques déplacées au sujet des femmes. J'ai été plus d'une fois obligé de l'écouter dans un silence gêné parler de l'intervention ou de la prestation d'une femme. Il multiplie les commentaires sur son maquillage. Il plaisante sur son poids. Il critique sa tenue. Il met en cause la solidité des collaboratrices de sexe féminin qui sont dans son orbite ou qui gravitent autour de son administration. Il use de qualificatifs comme « ma mignonne » ou « ma chérie » pour s'adresser à de hautes fonctionnaires chevronnées. C'est exactement tout ce qu'un patron est censé éviter dans un environnement de travail. Il lance certaines de ces réflexions sur des femmes membres de son administration en leur présence. Après l'un de ces épisodes, une fonctionnaire vint me voir, exaspérée, et s'épancha en ces termes : « C'est un misogyne absolu, se plaignit-elle. C'est un environnement professionnel totalement malsain. »

Je ne veux pas laisser entendre que les femmes qui travaillent pour Trump seraient des victimes sans défense. Ces femmes ont eu affaire à des supérieurs pervers bien avant que Trump ne prenne ses fonctions. Elles n'ont pas besoin qu'on leur aménage des « espaces protégés » dans l'aile Ouest. Pourtant, pour des femmes qui ont trop souvent l'impression d'être traitées différemment de leurs homologues masculins, ses démonstrations de misogynie sont aussi anormales que déstabilisantes. Quand cela touche des femmes de pouvoir extérieures à l'administration – présentatrices de télévision ou personnalités publiques –, des échos sur les remarques injurieuses et les apartés nauséabonds du président nous parviennent et, entre nous, nous déplorons ce qui constitue l'un de ses défauts sur lesquels nous n'exerçons aucun contrôle. Les membres de sa famille ne sont pas à l'abri, bien que le privilège de partager le même patronyme que le sien les préserve généralement de ses pires écarts de langage – sans toutefois leur épargner les plus insolites.

Les revirements de l'opinion semblent avoir peu d'effet sur ses conceptions en matière de harcèlement sexuel. En fait, Donald Trump est en un sens le Fred Pierrafeu de l'ère « Me Too ». Accusé d'agression sexuelle par une dizaine de femmes, sa stratégie a toujours consisté à tailler en pièces ces témoignages de ses comportements inacceptables. Le journaliste Bob Woodward rapporte ces propos de Trump lors d'un échange entre le président et un ami au sujet de certains comportements répréhensibles : « Il faut nier, nier, nier, nier et contre-attaquer. Si tu concèdes quoi que ce soit, si tu admets ta culpabilité, t'es mort. Il faut montrer sa force, il faut être agressif, il faut contre-attaquer. Il faut nier tout ce qu'on raconte sur toi. Ne jamais avouer*. » Compris, Monsieur le président. Cette citation n'a pas échappé aux femmes de votre équipe.

Cicéron souligne que la tempérance requiert de la prévoyance et de ne rien faire « au hasard ». Pourtant, le président est réputé pour ses prises de décision épidermiques. Il se vante de trancher en se fondant sur « son

* *Peur : Trump à la Maison-Blanche*, p. 280, Seuil. (*N.d.T.*)

instinct » du moment, et non sur des informations sûres et une stratégie claire.

Ensuite, il y a les motifs de distraction. Il n'est pas exagéré de dire que nous avons un commandant en chef qui a inventé la présidence du zapping. Les réunions sont constamment interrompues par… la télé. Les conversations dévient vers des commentaires sur… la télé. Les premiers coups de fil matinaux qu'il passe depuis la résidence présidentielle concernent ce qu'il a vu… à la télé. Ou bien encore il pique des colères à cause de ce qu'il n'a pas vu… à la télé, notamment contre ses lieutenants qui ne sont pas allés le défendre sur les… plateaux télé. Dès qu'ils sautent les émissions politiques du dimanche ou annulent des interventions qui étaient programmées, rien que pour s'éviter d'avoir à répondre à des questions sur ses dernières gesticulations, cela ne lui échappe pas et il leur en tient rigueur. Le président est obsédé par la télévision, la chose a été abondamment démontrée, et les émissions qui lui déplaisent peuvent suffire à faire dérailler des journées de travail entières, à tous les niveaux du gouvernement. C'est la voracité avec laquelle il ingère les reportages télé consacrés à sa personne, censés flatter son orgueil, qui provoque ses débordements les plus effarants.

Je me rappelle une belle matinée, c'était un mardi, le président était encore à l'étage de la résidence privée. Une alerte Twitter s'est affichée sur mon téléphone. Trump se répandait sur une émission qu'il avait manifestement vue sur une chaîne du câble. En pareil moment, il aurait pu choisir de parler de l'entrevue qu'il avait eue la veille avec le président brésilien. Ou des cérémonies funéraires organisées en Nouvelle-Zélande après une tuerie provoquée par un suprématiste blanc. Ou de son fils, puisque c'était le jour de son anniversaire. Au lieu de quoi, le président s'en prenait à George Conway, le mari de Kellyanne Conway, l'une de ses conseillères en relations publiques, dont les critiques visant le président alimentaient les rubriques de faits-divers.

« George Conway, que ceux qui le connaissent appellent en général M. Kellyanne Conway, est TRÈS jaloux du succès de sa femme & furieux que moi, soutenu par sa femme, je ne lui aie pas offert le poste qu'il convoitait absolument. Je le connais à peine mais regardez-le, c'est un PERDANT total & un mari nul ! » Au lieu de se concentrer sur les sujets importants du jour, il se laissait complètement distraire de l'essentiel par les critiques de M. Conway. Il réorientait le cours de l'actualité vers ces inepties – sans même compter le fait qu'il dénigrait l'époux d'une de ses employées, encore un manquement inacceptable dans un contexte professionnel.

Ces emportements sont permanents. Ils surviennent aux pires moments. Par exemple, le 11 septembre 2019, jour anniversaire des attentats, au lieu de rendre hommage aux victimes et leurs familles, le président ne put s'abstenir de faire de la politique politicienne, ne fût-ce qu'une matinée. Il s'en prit aux Démocrates et aux médias. « D'après un sondage fortement sujet à caution, enquête effectuée par l'un des pires instituts de sondage, Amazon *Washington Post*/ABC, qui avait déjà prédit que je perdrais de 15 points face à Hillary la Véreuse (tiens, ça s'est terminé comment, cette affaire ?), Sleepy Joe [Joe Biden] et Pocahontas et pratiquement tous les autres me battraient à la présidentielle, tweeta-t-il au point du jour. C'est un sondage bidon et biaisé, destiné à gonfler les chiffres de leurs petits copains démocrates. » Mais enfin bon sang, me suis-je dit, est-il impossible de cesser de nous disperser, juste quelques heures ? D'autres fois, la Maison-Blanche était occupée à réagir à une situation de crise au plan national, mais un témoin discret découvrait un président bien plus soucieux de ses réponses en ligne aux « haineux » que de faire son travail.

Les dirigeants équilibrés sont capables de laisser glisser la critique. Le président Lincoln affirmait éviter de lire les attaques personnelles. Quand il tombait sur une critique particulièrement sévère de sa présidence, il s'asseyait à son bureau et la réfutait avec la dernière vigueur. Après quoi, il se levait et laissait la lettre sur son bureau sans l'envoyer. Ce n'est pas le style de Trump. Ce président prend toutes les critiques comme des attaques personnelles. Il ne peut imaginer en laisser une seule sans réponse. À l'inverse de Lincoln, il ne considère pas la tempérance comme une vertu. Il tape sur « Envoyer ».

*

Je me souviens encore de cette douleur lancinante qui me nouait le ventre. De cette tension silencieuse. Des visages effondrés au bureau. Nous hantions les couloirs de l'administration comme des zombies. Nous n'échangions pas un mot. Le jour que nous redoutions tous était arrivé. Le jour où toutes les questions demeurées en suspens sur le caractère du président Donald J. Trump reçurent une réponse sans appel. Pour certains, ce fut le tournant. Quantité d'épisodes permettent de saisir le caractère de ce président, mais dans ma mémoire, celui-ci se détache particulièrement.

Le 12 août 2017, les organisateurs d'une manifestation intitulée « Unite the Right » (Unir la droite) rassemblèrent leurs troupes pour protester contre le démontage d'une statue du général sudiste Robert E. Lee d'un parc de Charlottesville, en Virginie, un État du Sud. C'était du moins le prétexte invoqué pour ce rassemblement. Ils invitèrent des groupuscules suprématistes blancs bien connus, notamment des organisations néo-nazies et néo-sudistes ainsi que le Ku Klux Klan. Les médias locaux couvrirent abondamment les préparatifs de la manifestation. La veille, des suprématistes blancs organisèrent une marche non autorisée sur le campus de l'université de Virginie, où ils entonnèrent des slogans comme « Les juifs ne prendront pas notre place », « Les vies blanches comptent » et « Sang et Sol »*. Ils trouvèrent sur leur

* Le nom de ce groupe d'extrême droite détourne celui du groupe Black Lives Matter (Les vies noires comptent), formé en 2013

chemin des étudiants qui s'étaient regroupés autour d'une statue de Thomas Jefferson, pour marquer leur opposition à ce groupe. La rencontre devint violente, ce qui ne fit qu'exacerber le climat de malaise qui régnait dans la ville avant la manifestation principale programmée pour le lendemain.

Une contre-manifestation fut organisée face à celle de « Unite the Right », réunissant une large palette de groupes religieux, ethniques et autres, ainsi que de simples citoyens qui se sentaient concernés. Des heurts violents éclatèrent à nouveau. Dans l'après-midi, les affrontements finirent par devenir meurtriers. Un militant suprématiste blanc originaire de l'Ohio lança volontairement son véhicule au milieu de la foule de contre-manifestants, plusieurs corps furent projetés en l'air. Plus de trente personnes furent blessées, et une femme, Heather Heyer, tuée. La municipalité déclara l'état d'urgence. La crise de Charlottesville se transforma aussitôt en incident médiatique d'ampleur internationale.

Il est impossible de savoir précisément de quelles informations relatives à cet événement s'imprégna Donald Trump. C'était le premier véritable test de son aptitude, en tant que président, à répondre à des troubles civils agitant notre pays. Il intervint depuis son club de golf

contre le racisme et la violence anti-noirs. « Blood and Soil » est la déclinaison américaine du *Blut und Boden*, notion issue du romantisme agraire allemand, forgée par Oswald Spengler dans *Le Déclin de l'Occident* et reprise dans la phraséologie nazie. (*N.d.T.*)

de Bedminster dans le New Jersey, en déclarant qu'il n'y avait « pas de place pour ce genre de violence en Amérique ». Il ne s'arrêta pas là. Il condamna la haine et « la violence de tous les côtés ».

De tous les côtés.

Que pouvait-il bien vouloir dire par là, me dis-je, en proférant de tels propos ? Trump semblait laisser entendre que les contre-manifestants étaient eux aussi responsables. Il évitait de clairement dénoncer les groupes extrémistes. En toute sincérité, je croyais possible que le président, comme d'autres, ne veuille pas réagir précipitamment avant de connaître les faits, car nous ne connaissions pas encore l'identité de toutes les victimes. Je savais pourtant au fond de moi que la vérité ne serait pas plaisante. Le président ne voulait pas l'admettre car ce groupe violent était pro-MAGA, « Make America Great Again », le slogan de la campagne Trump.

L'indignation gagna tous les partis. L'un des plus farouches partisans du président au Capitole, le sénateur Orrin Hatch, de l'Utah, et un certain nombre de ses collègues lui enjoignirent de clarifier ses propos et de condamner formellement ces groupes d'incitation à la haine en les nommant. Simultanément, des suprématistes blancs saluèrent dans leurs publications la déclaration de Trump, qu'ils percevaient aussi comme une défense de leur cause.

Lundi, le ministre de la Justice Jeff Sessions qualifia l'incident d'acte « odieux » de terrorisme intérieur. Les équipes de la Maison-Blanche s'empressèrent de convaincre le président d'approuver une nouvelle déclaration signifiant clairement qu'il était lui aussi opposé aux suprématistes blancs et aux néo-nazis. Dans l'intervalle, plusieurs dirigeants de grandes entreprises démissionnèrent de divers comités consultatifs de l'administration pour protester contre cette ambivalence présidentielle, parmi lesquels Under Armour (vêtements de sport), Intel (informatique) et Merck (pharmacie). Le président eut beau certifier par la suite aux journalistes que sa première déclaration sur les incidents violents de Charlottesville était « excellente », il finit par céder et diffusa un nouveau communiqué officiel stigmatisant les groupes d'incitation à la haine.

Mardi, les choses empirèrent à nouveau. Au cours d'une conférence de presse à la Trump Tower de New York censée traiter des problèmes d'infrastructure des États-Unis, il se lança dans une diatribe sur Charlottesville et sembla revenir sur ses déclarations amendées de la veille. Il condamna le conducteur de la voiture responsable de l'homicide, mais avança ensuite que la manifestation de « Unite the Right » réunissait aussi des « gens très bien » et que « la presse les avait traités de façon absolument injuste ». L'image du chef de cabinet John Kelly et de son regard tour à tour sidéré et résigné devint virale. Non sans raison.

Ceux d'entre nous qui suivirent l'intervention en direct en restèrent bouche bée. De quoi parlait-il ? Tout le monde avait du mal à imaginer des « gens très bien » se joignant innocemment à une manifestation néo-nazie annoncée comme telle très à l'avance. Il paraissait peu plausible que « des gens très bien » se mêlent à des manifestants brandissant des pancartes ornées de swastikas et beuglant des slogans antisémites. David Duke et Richard Spencer, deux suprématistes blancs bien connus, n'étaient pas des « gens très bien ».

Trump ne s'arrêta pas là. Il défendit cette manifestation de l'*alt-right*, comparant la statue du général confédéré Robert E. Lee à celles des Pères fondateurs. « Cette semaine, c'est Robert E. Lee… je me demande si la prochaine fois ce ne sera pas celle de George Washington ? Et si la semaine d'après ce ne sera pas le tour de Thomas Jefferson ? Vous savez, il faut tout de même se poser la question, où cela s'arrêtera-t-il ? » Il accusa une fois encore les « deux camps » de violences, y compris les contre-manifestants qu'il qualifia d'« *alt-left* ». « Éprouvent-ils un semblant de culpabilité ? » lança-t-il. C'était le vrai Trump qui s'exprimait là, pas celui des déclarations préparées d'avance.

Donald Trump a souvent été accusé d'être un fanatique intolérant. Il reste à savoir si c'est par conviction ou par complaisance. Je n'ai personnellement jamais cru que le président était un raciste dans le fond de son cœur. Mais quelle différence cela fait-il si l'effet est le même ? Quand il lance des déclarations qui encouragent les racistes en sachant parfaitement à quoi il joue, c'est inacceptable. Ce qui est encore plus accablant que sa passivité, c'est son indifférence. L'opinion américaine voit bien que son administration n'en fait pas assez pour contrer la violence raciale. Pourquoi cela ? Parce qu'en fin de compte l'homme qui est au sommet de l'État se désintéresse de la question. Dans l'esprit des partisans de Trump, des problèmes comme le suprématisme blanc sont une invention d'une gauche qui veut tenter de promouvoir un programme de politique identitaire. De ce fait, le président répugne à agir, hésite à prendre l'initiative par rapport à une problématique qui pourrait lui aliéner certains soutiens, tout en ignorant un feu de brousse meurtrier qui enflamme les cœurs et les esprits d'une petite faction menaçante et dangereuse sur le territoire des États-Unis.

Après Charlottesville, la déception était palpable dans toute l'administration. Nous sentions que la réaction du président révélait une facette plus repoussante de sa nature : celle d'un politicien superficiel, d'un démagogue affligé d'une tendance à provoquer des désastres qu'il ne devait qu'à lui-même. Nombre d'entre nous étions déjà exaspérés par sa manière d'exercer sa fonction. Et voilà que maintenant, délibérément ou non, il reprenait les points de vue des fanatiques et des intolérants, eux-mêmes ravis qu'un dirigeant américain de premier plan prenne fait et cause pour eux. Lorsque des gens comme David Duke vous félicitent, tout individu normal en conclura vite qu'il est sur la mauvaise voie et qu'il doit rectifier le cap. Pas Donald Trump.

Après toutes les déclarations aussi insensées que gênantes que nous endurions chaque semaine, avec ses commentaires sur Charlottesville, la coupe était pleine.

C'était répugnant. Je songeais que le Parti républicain, le parti de Lincoln qui avait jadis lancé le mouvement des droits civiques, avait désormais pour porte-parole un homme dont les propos alimentaient l'intolérance raciale. Je me demandais s'il retiendrait la moindre leçon de tout ceci. Cela lui apprendrait-il quelque chose ? Et moi, comment pouvais-je me convaincre de rester ?

Je sais que c'est une question que beaucoup d'entre vous se posent : pourquoi personne n'est-il parti ? Dieu sait que cela aurait été facile. Nous avons tous des brouillons de lettre de démission sur nos bureaux ou dans nos ordinateurs. C'est le conseil mi-provocateur, mi-sincère que chacun de nous reçoit dès sa première journée dans l'administration Trump ou immédiatement après la confirmation d'une nomination par le Sénat : « Pensez surtout à rédiger votre lettre de démission. Vous pourriez en avoir besoin à brève échéance, et même avant. » Certains d'entre nous envisagèrent de démissionner sur-le-champ. Un journaliste mentionna les confidences d'un membre du gouvernement qui aurait volontiers rédigé une lettre de démission, l'aurait apportée au président et « la lui aurait fourrée dans le cul ». Ce sentiment était partagé. En fin de compte, personne ne claqua la porte sur un coup de tête. Il n'y eut pas de démission en signe de protestation.

« Pourquoi les gens restent-ils ? me demanda un jour un ami proche. Vous auriez dû tous démissionner. Ce type est une catastrophe…

— C'est pour ça, lui répondis-je. Parce que c'est une catastrophe. »

C'était vrai pour nombre d'entre nous. Nous pensions pouvoir préserver une cohésion. Cette réponse peut paraître plus creuse qu'elle ne l'était alors. Mon ami avait peut-être raison. Peut-être avions-nous laissé passer le moment où se ruer vers la sortie aurait encore eu du sens.

Les mois suivants, le climat dans l'administration s'assombrit. Cette controverse laissa une tache indélébile sur la présidence Trump. Nous n'étions qu'au milieu de la première année, pourtant je craignais – je savais – que ce n'était qu'un signe avant-coureur et que le pire était à venir. Ce fut aussi à cette période que je reçus une réponse à une question lancinante que je me posais à son sujet. La question n'était pas de savoir si Trump était un chef modèle. À ce stade, pareille conclusion eût été risible. La question était de savoir si la présidence insufflerait au moins à cet homme une capacité de grandir, s'il réussirait à se hisser à la hauteur des circonstances. C'était mon espoir.

Peu après, en traversant le premier étage de la Maison-Blanche, je balayais du regard les portraits des dirigeants de l'Amérique qui ornent ces murs. À ce moment-là, j'ai été saisi d'une pensée qui ne m'a plus jamais quitté : Donald Trump n'a pas sa place parmi eux. Ce n'est ni un homme de grand caractère, ni un homme qui a bon caractère. C'est un homme qui n'a aucun caractère.

3

Fake views, *ou positions truquées*

> « Nous devons présenter au monde non seulement le visage d'une Amérique forte militairement, mais aussi d'une Amérique moralement puissante, une Amérique qui possède une foi, une cause, une vision d'une époque future où tous les peuples auront droit à l'autodétermination et à la liberté de l'individu. Je pense que les conservateurs américains sont les mieux placés pour proposer au monde cette vision du futur – une vision digne du passé de l'Amérique. »
>
> Ronald REAGAN

« Il a un tweet pour tout. » C'est un commentaire que les détracteurs du président font fréquemment, en levant les yeux au ciel. Ils se plaisent à montrer que Trump prend une position avant de tweeter un avis diamétralement opposé quelques années ou quelques jours plus tard. C'est désormais un refrain courant parmi les membres de son administration, qui s'émerveillent eux aussi (tout en la maudissant) de l'inaptitude déroutante du président à prendre une décision et à s'y tenir.

Toute une activité parallèle s'est développée autour de ses positions changeantes. Un chef d'entreprise en ligne a même créé un petit commerce qui exploite ce filon. Le site s'appelle President Flip Flops (le Président Girouette)*. On y vend même des claquettes avec un tweet trumpien imprimé sur la tong gauche contredisant le tweet trumpien de la tong droite. On y trouve notamment des perles comme celle-ci : le collège électoral est « un désastre pour la démocratie » ; affirmation suivie d'un post en ligne vantant le même collège électoral, « un vrai coup de génie », après sa victoire de 2016. Son tweet citant une « source extrêmement crédible » relative à des rumeurs sur Barack Obama, suivi d'un avertissement à ses *followers* : « N'oubliez pas, ne croyez jamais la formule "selon certaines sources". Si les sources ne sont pas nommées, c'est qu'elles n'existent pas. » Ou son message d'injonction à l'administration Obama : « N'ATTAQUEZ PAS LA SYRIE », ce serait « FRANCHEMENT STUPIDE », suivi d'un tweet félicitant « notre magnifique armée » de « si bien mener l'attaque en Syrie » qu'il avait lui-même ordonnée.

Ces incohérences me rappellent ce que m'a dit un jour une amie d'un institut de sondage. Elle m'expliquait

* Aux États-Unis, une girouette ou un politicien qui retourne sa veste est un *flip-flopper*, littéralement un politicien-claquettes. (*N.d.T.*)

ce qu'elle appelait le « test de la question factuelle ». Il s'agissait d'un moyen simple de déterminer si les « positions » d'un candidat étaient en phase avec les électeurs, créant ainsi un marqueur fort et fiable. Ronald Reagan réussissait ce test haut la main. Par exemple, vous pouviez soumettre à un électeur de 1980 un scénario politique fictif sur n'importe quel sujet majeur et lui demander ensuite : « Quelle serait la position de Reagan sur cette question : X, Y ou Z ? » L'électeur répondrait sans hésiter : « Z. » Reagan communiquait clairement sur ses positions et agissait de façon tranchée, de sorte que les Américains savaient ce qu'il défendait.

Imaginez des électeurs se soumettant au même test de la question factuelle pour Donald Trump. « Quelle serait la position de Trump sur cette question : X, Y ou Z ? » Imaginez le scénario de votre choix. Supposons que cela concerne la santé, l'avortement, les échanges commerciaux avec la Chine ou les armes à feu. Je plains l'électeur qui chercherait à répondre en toute certitude. Sur l'ensemble de ces problématiques, Trump n'a pas cessé de retourner sa veste.

Élu président, il a appelé à plusieurs reprises à une « abrogation totale » de l'Obamacare et fustigé les Républicains au Congrès de n'avoir pas su tenir parole ; plus tard, après les avoir laissés s'y casser les dents, il a décidé qu'il ne voulait plus d'abrogation totale. Il préférait en conserver certains compartiments. Il s'était longtemps dit favorable « à la liberté de l'avortement » mais plus tard, candidat à la présidence, il se prétendait si profondément

« partisan de la vie » qu'il croyait « nécessaire de prévoir une forme de punition » pour les femmes qui se font avorter. Il estimait que le gouvernement chinois devrait être qualifié de « manipulateur de devises » et confronté à ses responsabilités. Plus tard, il rectifia : « les Chinois ne sont pas des manipulateurs de devises » ; et plus tard encore ils redevinrent bel et bien des manipulateurs de devises « historiques » (!). « La législation pour le contrôle des armes à feu n'est pas la réponse ! » tempêtait-il ; puis il envisageait l'idée de la soutenir une fois élu président ; ensuite, ayant essuyé les remontrances de la National Rifle Association (NRA), il fit marche arrière ; après deux tueries dans l'Ohio et au Texas il tweeta que de « sérieuses discussions » étaient en cours avec le Congrès sur cette législation, avant de revenir à nouveau sur ses propres déclarations. Lorsque vous lirez ces lignes, le président aura peut-être retourné sa veste à plusieurs autres reprises sur ces sujets.

La brillante Abigail Adams, l'une de nos toutes premières First Ladies et une femme d'État à part entière, déclara un jour : « J'ai toujours considéré que l'intelligence d'un individu se reflétait directement dans le nombre de points de vue contradictoires qu'il est capable de défendre simultanément sur un même sujet. » Le problème de Donald Trump, c'est qu'il est incapable de jamais arrêter une position définitive. Ses points de vue sont perpétuellement contradictoires et susceptibles de changer sans aucune raison, et certainement pas sur la base d'une réflexion approfondie.

Dans l'histoire récente, aucun président n'est entré dans le Bureau ovale encombré d'autant d'idées et d'opinions contradictoires que son occupant actuel. Idéologiquement, la Maison-Blanche de Trump est une ardoise magique. Tous les matins, le président se réveille, secoue l'ardoise et dessine quelque chose. Ce peut être le même dessin que la veille. Parfois, le dessin sera totalement différent ou totalement incompréhensible. Il n'empêche, il convoquera l'un de ses principaux lieutenants pour discuter de son œuvre, et la journée entière aura des allures de séance divinatoire, de hauts responsables se penchant sur ces gribouillis cryptiques pour tenter de deviner ce qu'ils racontent et faire comme s'ils contenaient un semblant d'idée sensée.

Si l'on a affaire à un président qui ne défend véritablement rien de cohérent, faut-il s'en inquiéter ? Et s'il se laisse aussi aisément influencer par le dernier qui a parlé – un présentateur de télévision, un élu du Congrès qu'il apprécie, sa fille –, que faut-il en penser ? En matière de politiques publiques, les convictions d'un président sont l'alpha et l'oméga. Les opinions qu'il exprime orientent les actions de son administration, les priorités des parlementaires et, surtout, elles sont déterminantes pour gagner le soutien et la confiance du public. Comment pourrions-nous nous sentir à l'aise avec un président qui multiplie les *fake views*, autrement dit qui ne défend que de « fausses positions » dont il change d'une minute à l'autre ?

Ce chapitre s'adresse en particulier aux Républicains. Mesdames et messieurs du Grand Old Party, puisque le GOP se veut le parti des principes, vous devriez vous inquiéter de ce que la philosophie de notre chef de file ne soit pas de « défendre nos idéaux », mais de les lancer en l'air et de garder ce qui n'est pas emporté par le vent. Si l'on en croit ses revirements permanents, chez lui, la commodité prime toujours sur la conviction. Et il faut encore ajouter à cela la longue liste d'absurdités propres à cette administration, si longue qu'à côté, la lecture des effets secondaires sur les notices de médicaments passerait pour un pur moment de bonheur.

À la décharge du président, il faut reconnaître que tout gouvernement brasse beaucoup de vent. Histoire d'être sûrs de se trouver toujours du « bon côté », les décideurs changent de cap au gré des courants d'air de la politique. Ils n'ont aucune envie d'être en décalage par rapport à l'opinion, à leur base électorale, au parti. C'est ça, la politique. À telle enseigne qu'il est parfois réellement admirable de voir un dirigeant tenir compte de nouvelles informations et réviser certains a priori en fonction des réalités. Ce n'est pas le genre de Donald Trump. Il change de position sans explication, mais il s'arrangera toujours pour convaincre des Républicains purs et durs qu'il défend un ensemble de convictions bien arrêtées et une idéologie, alors qu'il n'en est rien. Il a réussi à leur faire croire qu'il était conservateur, alors qu'il n'en est rien. Et ils s'attendent à ce qu'il soit d'une indéfectible loyauté à leur cause, alors qu'il n'en sera rien non plus.

Les défenseurs de Trump vous soutiendront forcément le contraire. Certains ont osé l'introniser meilleur président depuis Reagan, alors que d'autres, rivalisant de ridicule, ont décrété que depuis Lincoln, personne ne lui arrivait à la cheville. Il encourage lui-même de telles comparaisons. « Incroyable ! Le plus Haut Pourcentage d'avis favorables dans les sondages de toute l'histoire du Parti républicain, tweeta-t-il en 2018. Et même en comptant Honest Abe [Abraham Lincoln] et Ronald Reagan. Il doit y avoir une erreur, vérifiez-moi ce sondage ! » C'est le même homme qui déclara fièrement sur la pelouse de la Maison-Blanche devant un parterre de journalistes : « Je suis l'Élu », avec un geste éloquent vers le ciel. Il prétendit ensuite que c'était pour rire, mais non, il ne plaisantait pas. Telle est la haute idée que Donald Trump a de lui-même.

Ses partisans invoquent le chapelet de victoires remportées par les conservateurs sous son règne, qu'il s'agisse des nominations de magistrat ou de diverses réformes. Certes, sur ces deux plans, ils n'ont pas tort. Sur un certain nombre d'objectifs du camp conservateur, il a permis des avancées inimaginables avant son élection. Voyez la Cour suprême où siègent une majorité de juges conservateurs, ou tout le carcan réglementaire dans lequel on a taillé drastiquement sous son gouvernement, à la plus grande satisfaction des chefs d'entreprise américains. Ajoutez à cela les changements apportés à certaines dispositions insensées de notre réglementation fiscale, ce qui a permis de laisser davantage d'argent dans la poche des Américains.

Hélas, ces succès n'ont bien souvent pas grand-chose à voir avec les pouvoirs du président. Le mérite en revient fréquemment aux Républicains du Congrès ou à ses principaux conseillers, qui ont su le persuader de s'en tenir au programme du parti. Dès qu'il louvoie sur une question, les dirigeants du GOP s'organisent pour intervenir, tard le soir ou à l'improviste, et généralement au téléphone.

Je me souviens du matin où il tweeta au saut du lit à propos d'un vote « controversé » qui devait avoir lieu au Congrès sur le renouvellement des autorisations d'écoute de certaines puissances étrangères par l'Agence nationale de sécurité (NSA). Le président s'emporta contre les pouvoirs des espions. Il ajouta qu'ils avaient constamment « surveillé et dénigré la campagne de Trump ». Nous étions interloqués. Jusqu'à ce moment, l'administration avait soutenu cette législation bipartisane sans restriction aucune. Ces remarques courroucées du président remettaient en cause le futur projet de loi, et des outils vitaux pour la sécurité nationale. Des chefs de file du Parti républicain téléphonèrent à la Maison-Blanche pour clarifier encore le contenu du texte. Le président ne comprenait manifestement pas, disaient-ils. Les outils d'espionnage de la NSA servaient à s'en prendre à nos ennemis potentiels, pas à surveiller les campagnes politiques sur le territoire national. Dans l'entourage, des pressions s'exercèrent à tout-va pour le convaincre de revenir sur ses commentaires. Deux heures plus tard, il tweeta en faveur du texte : « Loi indispensable ! Faites marcher vos méninges ! »

Sans ces interventions, Donald Trump se serait égaré dans un no-man's land politique, très loin du camp républicain. Le faire revenir sur ses décisions peut demander du temps, mais c'est invariablement sa crainte de décevoir sa « base » qui finit par le ramener à la raison. Dans ce cas précis, il tenait absolument à ce que le GOP ne le suspecte pas de faiblesse en matière de sécurité nationale, et c'est pour cela qu'il se ravisa. Pour des Républicains inquiets, ce ne serait sans doute qu'un réconfort bien éphémère. En effet, s'il est réélu en 2020, le président n'aura cure de sa base.

Le Grand Old Party

Comme le reste du pays, au début, les élus majoritaires du Congrès républicain ne prirent pas Trump au sérieux. En revanche, plus il pesait dans l'opinion, plus cela les rendait nerveux, jusqu'à ce qu'ils finissent pétrifiés. Le *speaker* de la Chambre des représentants, Paul Ryan, était le plus soucieux de tous. Il avait un jour juré, c'était sa formule, de transformer le GOP, de faire du parti d'« opposition » qu'il avait été pendant les huit années de présidence Obama un parti de « proposition » brassant des idées conservatrices pour remettre l'Amérique d'aplomb. Il avait passé des mois à élaborer des propositions de politiques publiques – de la lutte contre la pauvreté à la réforme du système de santé – en espérant que le candidat investi par les Républicains en 2016 y adhérerait. Ensuite, Donald Trump fit son apparition.

Face à ce promoteur immobilier new-yorkais en bonne passe de décrocher la nomination, le *speaker* Ryan ajusta le tir. Il n'était pas sûr que ce candidat soit un véritable conservateur. Trump soutiendrait-il les politiques républicaines ou les jetterait-il toutes aux oubliettes à peine élu ? Sa trajectoire suffisait à démontrer qu'il était plus un politicien opportuniste qu'autre chose. Ryan convoqua ses collègues en petit comité. Il leur fallait cadrer Donald Trump en se servant du programme du GOP sur le point d'être rendu public. Il fallait que tous les élus républicains assurent la promotion de cette plate-forme, insistait-il, ce qui enverrait un message clair au candidat : si vous remportez l'élection, voici le parti dont vous prendrez la tête et voici ce que ce parti défend. Ne nous résistez pas. L'un des participants raconta plus tard la scène. Ryan regarda ses collègues autour de la table et leur dit, avec une totale assurance : « C'est notre vaccin anti-Trump. »

*

Le Grand Old Party acquit ce surnom au lendemain de la guerre de Sécession, un titre honorifique censé saluer son rôle dans le sauvetage de l'Union et la fin de l'esclavage. Le parti avait été fondé sur l'idée que le rôle du gouvernement par rapport à la société devait rester limité et qu'il fallait maximiser les libertés du peuple. La bureaucratie fédérale exerçait ses responsabilités dans certains domaines, croyaient-ils – les relations commerciales, la défense nationale, entre autres –, mais l'essentiel du pouvoir devait être dévolu aux États fédérés et au peuple.

Les fondements du Grand Old Party reposaient sur ce que l'on appelle le *libéralisme classique*. Avant d'être associée aux Démocrates, l'épithète *libéral* revêtait un sens très différent*. Le libéralisme classique s'est élaboré sur plusieurs siècles. En résumé, la doctrine postulait que les individus devaient être autorisés à mener leur existence comme ils l'entendaient, tant qu'ils ne violaient pas la liberté d'autrui. Le gouvernement existait à la seule fin de préserver cette liberté et de protéger les individus les uns des autres. S'il intervenait au-delà, il outrepassait ses droits. L'idée que les individus étaient bien mieux placés que le gouvernement pour prendre les décisions les concernant devint l'une des convictions fondamentales du libéralisme classique. Plus ils auraient de contrôle sur leur existence, plus la société serait prospère.

Bien avant tous les autres principes qui finiraient par être associés au Grand Old Party, ces convictions en formaient le noyau. C'est l'héritage du parti. Telle était en tout cas l'idée de base. Comme n'importe quel groupement, le Parti républicain a évolué. Il s'est parfois montré plus « populiste », réagissant aux humeurs du peuple et soutenant une sphère d'action gouvernementale élargie, et d'autres fois plus « libertarien », en se rapprochant d'une interprétation plus stricte de ses principes fondateurs d'un gouvernement limité.

Quand Donald Trump fit son entrée sur la scène républicaine, les dirigeants du parti se demandèrent s'il adhérait au mouvement conservateur, ou même s'il le comprenait. Ils avaient de quoi s'interroger. Au cours des

* Aux États-Unis, un *liberal* est aujourd'hui un électeur de gauche. (*N.d.T.*)

trente dernières années, Trump avait changé d'affiliation à cinq reprises. Il avait été membre du Parti indépendant, du Parti démocrate, du Parti républicain, puis inscrit comme indépendant, avant d'opter à nouveau pour le Parti républicain. Je doute qu'au gré de ces volte-face successives il ait beaucoup étudié ce qui constituait l'identité philosophique de chacune de ces familles politiques.

Les membres du GOP ont le droit d'être circonspects. En 2004, Trump avouait à CNN : « À bien des égards, je me définirais sans doute plus comme un Démocrate. » En 2007, il faisait l'éloge d'Hillary Clinton en ces termes : « Hillary s'est toujours entourée de gens très bien », et d'ajouter « je pense qu'Hillary ferait du très bon travail [comme présidente] ». Chose incroyable, candidat républicain en 2015, il répétait encore que sur des sujets centraux, par exemple l'économie, il se définissait « comme un Démocrate ». Au cours des années précédentes, il avait versé des contributions financières aux dirigeants démocrates les plus en vue, à tous les niveaux du gouvernement – Hillary Clinton, Joe Biden, Anthony Weiner, John Kerry et Harry Reid. Il avait aussi donné de l'argent à Andrew Cuomo, Terry McAuliffe et Eliot Spitzer*. Ce fut seule-

* Anthony Weiner a été conseiller municipal de New York et élu de la Chambre des représentants (New York). Harry Reid a été *speaker* de la majorité démocrate du Sénat (2007-2015). Andrew Cuomo est le gouverneur de l'État de New York. Terry McAuliffe a été gouverneur de Virginie (2014-2018) et président du Comité national démocrate (2001-2005). Eliot Spitzer a été *attorney general*

ment après avoir sérieusement déclaré sa ferme intention de se présenter sous une étiquette « républicaine » qu'il distribua de l'argent surtout à des candidats républicains.

Il n'est pas le seul président de l'époque moderne à avoir changé de camp. Ronald Reagan passa du Parti démocrate au Parti républicain, mais ce changement était inspiré par des questions de principe, et fut définitif. Reagan ne devint pas une girouette multipliant les volte-face. On aurait du mal à affirmer que Donald Trump changea de parti par « principe » comme Reagan.

Certains ont cherché à creuser son évolution idéologique, pour cerner ce qui avait changé ou ce qui l'avait incité à devenir républicain. Je leur épargnerai ces efforts inutiles. Il s'est transformé en conservateur quand c'est devenu politiquement commode pour lui. Je ne doute pas qu'il aurait pu devenir l'étoile montante tout aussi outrancière du Parti démocrate si cela avait semblé lui ouvrir un chemin plus court vers le Bureau ovale. En tout état de cause, il a appliqué à son système de croyances les mêmes méthodes qu'à tous les produits trumpiens. Il en a délocalisé la fabrication *low-cost* à des sous-traitants avant d'y apposer son nom. Une poignée de laquais stipendiés lui ont fourni les éléments indispensables d'une plate-forme « conservatrice » a minima. Et pour se l'approprier et que ça ressemble au personnage, il y a ajouté une couche rutilante de plaqué or.

(ministre de la Justice) puis gouverneur de l'État de New York. (*N.d.T.*)

Les commentateurs républicains prirent conscience l'un après l'autre d'avoir affaire à un loup déguisé en éléphant dans un magasin de porcelaine* au cours des primaires en 2016. Les défenseurs les plus en vue de la foi conservatrice mirent en garde le reste du GOP : Trump était un apostat. David McIntosh, président du très conservateur Club of Growth (Club de la Croissance) déclara que le candidat n'était pas un « conservateur adepte de l'économie de marché ». L'éditorialiste Rush Limbaugh fustigea le soutien de Trump à des programmes de subventions hypertrophiés, en se livrant à une parodie de dialogue en direct sur les ondes : « Quelqu'un peut-il m'indiquer où est le vrai conservateur sur nos bulletins de vote ? – Que voulez-vous dire, Rush ? Oseriez-vous laisser entendre que Trump n'est pas conservateur ? – Et comment que j'ose ! » Le défunt chroniqueur Charles Krauthammer écrivit : « Trump n'a aucune appétence pour le credo central du conservatisme – le retour à un gouvernement allégé et plus limité. »

Comme eux tous, j'avais aussi mes doutes. Je le voyais consacrer plus de temps à se moquer des autres candidats qu'à prendre position sur le fond. Dès qu'il se jeta dans la mêlée, les débats ne furent guère plus que des bagarres de préau. Quand il parlait vraiment de ce qu'il défendait, il tenait souvent des propos qui tranchaient complètement par rapport aux principes du Parti républicain, qu'il s'agisse de ses prises de position sur un système

* L'éléphant est la mascotte du Parti républicain. (*N.d.T.*)

de santé étatisé ou sur le rôle élargi de l'État fédéral dans l'éducation. J'étais particulièrement préoccupé et surpris par ses points de vue sur l'économie, qui étaient bien plus « interventionnistes » que les politiques mises en avant par le Parti républicain ces dernières années.

Il n'avait pas l'air d'un conservateur, parce qu'il n'en était pas un. C'est pourquoi les Républicains tentèrent de dresser de véritables « barrages routiers » sur la voie de sa nomination en pointant les fortes déviations du candidat par rapport à la plate-forme du GOP. Ces barrages furent de peu d'effet pour stopper un homme qui ne roulait pas sur la même route. Il remportait primaire après primaire. Le *speaker* Paul Ryan mit en place son plan de secours en rendant publique une plate-forme conçue pour obliger le candidat investi par le parti à accepter l'orthodoxie républicaine. Trump n'en tint quasiment pas compte et traça tout droit jusqu'au jour de l'élection et jusqu'à la victoire. Le « vaccin » républicain avait été inopérant. À dire vrai, le plan de vaccination n'avait jamais eu la moindre chance d'être efficace.

Le loup déguisé en éléphant

Investi des pleins pouvoirs de la fonction exécutive présidentielle, Donald Trump a transformé le Parti républicain en un nœud de contradictions. Il pourfend les dirigeants du parti à coups de déclarations à l'emporte-pièce et de prises de position contradictoires. Mais c'est surtout quand il passe à l'acte sur les sujets chers aux Républicains et essentiels dans leur doctrine – la taille du gouvernement, la défense nationale et la politique économique – qu'il se distingue. Tout compte fait, pour le parti et pour le pays, le traitement de ces questions par le président se solde par un bilan négatif.

Un bel État tentaculaire

Malgré toutes les récentes déclarations trumpiennes sur les Démocrates qui tenteraient de rendre l'Amérique socialiste, en réalité, c'est lui qui est devenu le roi d'un État tentaculaire. La bureaucratie fédérale est tout aussi vaste, centralisée, dépensière et intrusive sous Donald Trump qu'elle l'était quand Barack Obama était à la tête de l'État. À bien des égards, elle a même grossi. Pour les partisans de Trump, c'est là une vérité gênante. Au lieu de se conformer aux préceptes de l'orthodoxie conservatrice sur le rôle limité de l'État fédéral, Trump a laissé la machine étatique se dilater. Il est particulièrement contrarié quand nous l'informons que l'État fédéral ne sera jamais assez vaste ou assez puissant pour mettre à exécution toutes les suggestions qui lui passent par la tête.

En réalité, sous l'administration Obama, le déficit budgétaire fédéral des États-Unis était en baisse, de 1 400 milliards de dollars en 2009 lors de sa prise de fonction à 587 milliards en 2016, juste avant son départ. Le mérite de cette remarquable tendance à la baisse revient aux parlementaires républicains qui, en 2011, s'opposèrent à la Maison-Blanche sur le front budgétaire. Ils exigèrent d'établir un budget permettant de maîtriser le déficit. Cela donna lieu au Budget Control Act, une loi qui taillait dans les dépenses fédérales, fixait des plafonds annuels stricts aux engagements futurs et limitait le « découvert autorisé » gouvernemental. Ce fut considéré comme la réussite emblématique du mouvement du Tea Party*.

Donald Trump ne voit pas l'intérêt de compter l'argent public. Il peut essayer de se faire passer pour un homme qui travaille à économiser l'argent du contribuable, et il est vrai qu'il se laissera convaincre le cas échéant de renoncer à des idées stupides si elles coûtent trop cher. Ce n'est pas qu'il s'efforce d'épargner ces sommes afin qu'elles reviennent au peuple américain. Il a toujours l'intention de les dépenser, mais à des fins auxquelles il voit un intérêt personnel, comme l'acquisition de bombes ou la sécurité des frontières. Les individus « radins » l'insupportent. Aujourd'hui, il ne s'interdit aucune libéralité dans la gestion de l'exécutif, dépensant si librement que, par comparaison, l'époque où la Trump Organization jetait l'argent par les fenêtres ferait irrésistiblement songer à ces tables de blackjack des

* Né en 2009, composé de libertariens, de populistes d'extrême droite et de conservateurs, ce mouvement se réclame de la Boston Tea Party, révolte contre la hausse de l'impôt colonial britannique qui eut lieu en 1773. En réaction, les Anglais adoptèrent en 1774 les Intolerable Acts, ou lois coercitives, qui durcirent les règles juridiques et commerciales, et furent l'une des causes de la guerre d'Indépendance en 1775. (*N.d.T.*)

casinos de Las Vegas qui attirent les petits joueurs à cinq dollars la mise. En conséquence, depuis son investiture, d'année en année, le déficit budgétaire n'a cessé d'augmenter, retrouvant des niveaux périlleux. Le président est bien parti pour dépenser un trillion de dollars *de plus* que les recettes annuelles de l'État fédéral.

Considérons la seule année 2019. Il a proposé un budget record de 4,7 trillions de dollars. Il a donc suggéré que le pouvoir fédéral dépense cette somme en un seul exercice budgétaire. Depuis sa prise de fonction, la dette américaine, dont nous devons l'essentiel aux pays auxquels nous empruntons, a grossi de plusieurs trillions, pour atteindre un sommet sans précédent : 22 trillions de dollars. Aujourd'hui, selon une estimation, pour rembourser cette dette, chaque contribuable américain devrait débourser en moyenne 400 000 dollars. Cela devrait suffire à déclencher des sirènes d'alerte fiscale partout en Amérique. Nous ne pouvons continuer d'emprunter ce que nous n'avons pas les moyens de rembourser, sans quoi nos enfants en paieront un prix terrible, abyssal.

Le président a aussi décidé de se défaire des anciennes limitations de dépense. Il n'avait pas envie d'être le détenteur d'une carte de crédit assortie d'un plafond aussi bas. Il a donc conclu un accord avec Nancy Pelosi, *speaker* démocrate de la nouvelle majorité à la Chambre, en abrogeant le Budget Control Act auquel tenaient tant les conservateurs et en rehaussant ces plafonds de dépenses de plus de 300 milliards annuels, ce qui accroîtra mécaniquement la dette américaine de 2 trillions de dollars sur la prochaine décennie. Il est difficile de mesurer toute la portée d'un tel renversement de tendance. Si le président Obama avait élaboré un plan similaire avec un *speaker* républicain de la Chambre, le GOP aurait été blême de rage.

Les conservateurs devraient considérer cela comme une trahison totale et absolue. En matière de dépenses fédérales, Trump avait promis de faire exactement l'inverse. Pendant la campagne présidentielle, il avait déclaré son intention d'éliminer la dette américaine d'ici la fin de son mandat. Vous avez bien lu : *éliminer* la dette. Il n'a jamais expliqué comment il allait rembourser des trillions de dollars en un laps de temps aussi court. Aucune importance, puisque ce n'était pas vrai. Il n'avait annoncé cela que pour amadouer des conservateurs inquiets et leur assurer qu'il était « l'un des leurs », un faucon budgétaire fermement décidé à tailler dans les dépenses. Encore des prises de position truquées. Chose stupéfiante, au lieu de se mutiner contre le président, préférant garder la tête dans le sable, les autruches parlementaires républicaines acceptèrent de voter cet accord budgétaire calamiteux, prouvant une fois de plus que Trump, comme le Dark Vador de *Star Wars*, sait étrangler à distance des Républicains totalement falots.

Donald Trump a remis l'Amérique sur la route de la faillite, un domaine dans lequel il peut se targuer d'une compétence inégalée par rapport à ses prédécesseurs à la présidence des États-Unis. La maigre phalange des partisans du conservatisme fiscal qui survivent encore dans cette administration ont averti le chef de l'exécutif des dangers à long terme de son addiction à la dépense incontrôlée. Lors d'une de ces réunions, il leur aurait rétorqué : « Ouais, bon, mais je ne serai plus là. » Je ne l'ai pas personnellement entendu proférer cette réponse, mais elle ne me surprend guère. C'est son mode de pensée. Qu'est-ce que cela peut lui faire que le gouvernement fédéral coule ? D'ici là, ce ne sera plus son problème.

Pendant sa campagne, il a aussi promis de tailler dans les effectifs pléthoriques de la fonction publique. Apparemment, c'était une feinte de plus. Le nombre d'agents gouvernementaux n'a pas beaucoup diminué sous sa présidence. En fait, au second semestre 2019, ces effectifs étaient de nouveau à la hausse et atteignaient leur plus haut niveau depuis la fin de l'administration Obama. Le président n'avait pas fait de cette question une priorité dans ses relations avec le Congrès, malgré les innombrables occasions qui s'étaient présentées lors des négociations budgétaires.

Entre-temps, il avait travaillé d'arrache-pied à rendre le pouvoir exécutif non pas moins interventionniste, mais au contraire, toujours plus. Tout en déréglementant, il avait également signé une batterie d'ordres exécutifs destinés à contourner le Congrès et ses représentants élus. Il avait attaqué Obama pour en avoir fait autant, qualifiant cette méthode de « désastre intégral », antidémocratique. « Nous avons un président qui est incapable d'arriver à quoi que ce soit alors il n'arrête pas de signer des ordres exécutifs dans tous les sens », s'était-il indigné. « Pourquoi Barack Obama nous sort-il tout le temps des ordres exécutifs qui ne sont que des coups de force autoritaires ? » C'était avant qu'il ne lui succède. Il prend maintenant ces mêmes décrets présidentiels à une cadence qui rivalise avec celle de ses prédécesseurs démocrates. Au cours de ses trois premières années de mandat, Bill Clinton en signa quatre-vingt-dix. Durant cette même période, Barack Obama en ratifia cent dix. Et Donald Trump ? Cent vingt avant la fin de sa troisième année de mandat.

Pour les tenants de l'austérité fiscale, l'administration Trump n'offre pas un cadre de travail très gratifiant. Nos tentatives d'amener le président à se soucier du problème ont presque toutes échoué. En règle générale, économiser de l'argent lui paraît ennuyeux. Quand il manifeste un quelconque intérêt à l'idée de mettre un terme à ce qu'il considère comme des programmes dispendieux – en l'occurrence certaines initiatives très spécifiques comme des programmes environnementaux dont on lui a touché un mot, ou des subventions en dollars versées à des pays contre lesquels il a une dent –, il ne comprend pas pourquoi ces initiatives ne peuvent être stoppées d'un claquement de doigts. Ses interlocuteurs lui rappellent une fois encore que cela nécessite une approche cohérente et du temps. Il lui faudra y travailler avec le Congrès. Ce serait encore trop d'effort. Nous étions un petit nombre à conserver l'espoir qu'à l'approche d'une nouvelle élection, il verrait davantage l'intérêt de réduire les dépenses et l'envolée budgétaire des agences fédérales afin de satisfaire les conservateurs. Au contraire, il s'empressa de conclure ce marché avec le *speaker* Nancy Pelosi parce que c'était plus facile et que cela lui laissait davantage de liberté dans le maniement des fonds publics. Ce marché cynique était comme une pierre tombale érigée sur nos rêves d'équilibre budgétaire.

Pour un homme qui aime voir grand, Trump voulait que son gouvernement fasse de même. Cela ne doit guère nous surprendre.

Une défense indéfendable

Sur la défense et la sécurité intérieure, l'affaire semble mieux engagée, du moins en surface. Le président a augmenté les dépenses militaires (fût-ce en accumulant des montagnes de dettes). Il s'est concentré sur la modernisation des forces et la hausse de la solde de nos troupes. Et il a fait de la sécurité du pays et de ses frontières l'une des priorités essentielles de sa présidence.

En réalité, pour le Pentagone, ce président s'est aussi révélé un désastre. Il évoque les chefs de l'armée non pas comme les défenseurs non partisans de la république, mais en les appelant « mes généraux », qu'il peut déplacer à sa guise, comme des cavaliers sur un échiquier. Il est pénible de l'entendre employer un tel langage. Certains de ces chefs ont perdu des enfants qui ont défendu la nation. Ils ont entendu frapper à leur porte des hommes et des femmes venus leur annoncer la nouvelle la plus déchirante qu'un parent puisse apprendre : que leur enfant avait disparu à jamais. Pourtant, ils doivent recevoir les ordres aboyés par un homme qui s'est défilé pour ne pas accomplir son service militaire. Les patriotes qui sont encore sous l'uniforme ne dénonceront pas la chose parce qu'ils se refusent à exprimer ouvertement leur désaccord avec leur commandant en chef, mais nombre d'entre eux sont atterrés par son absence de dignité et sa manière hasardeuse de diriger les forces armées.

À plusieurs reprises, il a placé nos forces dans une situation lamentable en tentant d'entraîner l'armée dans des débats politiques ou d'en user pour démontrer sa propre fermeté de caractère. Cette dérive a commencé avant même sa prise de fonction. En tant que candidat, il avait suggéré que les forces armées et les agences de renseignement adoptent la torture comme tactique contre les ennemis de l'Amérique, en jurant : « Je rétablirai le simulacre de noyade. Et je rétablirai bien pire que le simulacre de noyade. » Des analystes firent observer que les terroristes se servent ensuite de telles déclarations à des fins de propagande, arguant de la cruauté supposée de l'Amérique pour enrôler des recrues. Cela alimente leur idéologie, en mettant en péril les forces américaines outre-mer. Heureusement, réalisant que les volte-face de Trump auraient surtout un impact sur la défense nationale, au début de son mandat l'équipe entrante réussit à le convaincre de ne plus aborder le sujet.

Les dégâts qu'il a infligés à notre sécurité sont une conséquence de ses choix effarants en matière de politique étrangère, un domaine dans lequel ses réflexes sont si rétrogrades que nous leur consacrerons un chapitre entier. Pour l'heure, prenons l'exemple iranien. À son arrivée au pouvoir, le président Trump était impatient de rencontrer en face à face les dirigeants iraniens, qui étaient à la tête d'un des gouvernements les plus anti-américains du monde. « C'est quand ils veulent », disait-il. Sans poser aucune condition préalable. C'est une initiative qu'aucun président américain n'a jamais prise, non sans de bonnes raisons. Le gouvernement iranien a le sang de soldats américains sur les mains. Il est responsable de la mort de centaines de nos hommes en Irak et en Afghanistan. Accorder à ses dirigeants une entrevue avec le chef du monde libre les placerait sur un pied d'égalité et leur permettrait d'exploiter l'événement en politique intérieure. Cela montrerait aussi aux dissidents iraniens qu'au lieu de s'opposer à ce régime brutal, l'Amérique le reconnaissait. Donald Trump ne comprenait rien à tout cela, il s'en moquait, et cette proposition présidentielle révulsait ses chefs militaires.

Ensuite, il changea d'avis. Il dut constater le comportement hostile de Téhéran et admettre que la conciliation n'était pas la meilleure ligne de conduite. Son pendule interne repartit violemment dans la direction opposée. En juin 2019, l'Iran abattit un drone de surveillance et il exigea une réponse plus que musclée. La haute hiérarchie du Pentagone le mit en garde contre toute escalade avec Téhéran, mais le président réclama tout de même une frappe militaire. Les appareils d'attaque étaient à dix minutes de leur objectif quand apparemment il décida d'annuler, cédant aux conseils des sceptiques, parmi lesquels Tucker Carlson, présentateur de l'émission *Tucker Carlson Tonight* sur la chaîne Fox News. Quelques semaines plus tard, le pendule repartit une fois encore dans le sens opposé. Il laissait de nouveau entendre qu'il pourrait rencontrer les dirigeants iraniens en face à face, ce que beaucoup d'entre nous considéraient comme une erreur colossale. Il agita cette possibilité lors de la réunion du G7 à Biarritz.

Quand ses palinodies concernent les nouveaux uniformes de l'armée (« trop cher », se plaignit-il un jour, non sans décréter qu'ils étaient « superbes »), c'est fatigant. Quand il s'agit de frappes aériennes, c'est terrifiant. L'impétuosité présidentielle expose nos militaires à un danger dont on ne mesurera pas toute la portée avant plusieurs années. Pour le Pentagone, Trump ne représente pas juste un tracas mineur. Il provoque un casse-tête de première grandeur. Ceux qui ont servi aux plus hauts niveaux du Pentagone, qui se sont retrouvés autour d'une table avec lui à des moments décisifs, ne le savent que trop bien. Toutes les semaines, ces hauts dirigeants protègent du mieux qu'ils peuvent des hommes et des femmes en uniforme, en évitant de leur dévoiler l'indiscipline de leur commandant en chef, qui agit au-dessus de leurs tête en traitant les forces armées américaines comme s'il jouait à une grande partie de bataille navale. Nos combattants courent les plus grands risques en s'aventurant dans les recoins les plus sombres de la planète où ils pourchassent ceux qui risquent de nous nuire. Leur code de l'honneur mérite mieux qu'un homme dénué de la plus élémentaire conscience morale.

Il est effrayant de constater à quel point ceux qu'il

a nommés aux responsabilités ont pu s'habituer à ses errements. Je suis un jour entré en réunion avec le président, et l'un des intervenants, un nouveau venu dans le cirque Trump, visiblement secoué, m'a pris à part.

« Vous êtes sérieux ou quoi ? » s'est-il exclamé. Quelques instants auparavant, Trump venait de changer d'avis à la dernière minute au sujet d'une mission militaire. Il voulait partir dans une autre direction, et son revirement fut suivi d'un ordre présidentiel pour exécution immédiate.

« Que devons-nous faire ? m'a demandé cet intervenant, très tendu. Il veut qu'on annule tout ce que l'agence a planifié.

— Du calme, l'ai-je rassuré. Nous n'allons rien faire. Je vous jure que d'ici demain, il aura encore changé d'avis. »

Je me trompais. Le président a changé d'avis dans l'après-midi.

*

Ensuite, il y a la sécurité intérieure. Pour les conservateurs, c'est un sous-ensemble de la « défense » et de l'obligation générale qui revient au gouvernement de protéger ses citoyens. Pour le président, c'est un élément central de son action. Il s'était présenté en promettant de tenir les frontières sous contrôle et d'apporter son soutien aux agents déployés sur cette ligne de front. De toutes les questions qu'il soulève à l'improviste lors de réunions et autres manifestations, le prix du plus beau coq-à-l'âne trumpien revient incontestablement au fameux « Mur ».

C'est un sujet de plaisanterie récurrent au sein de la Maison-Blanche : l'une des missions les plus pénibles de l'administration est celle qui incombe aux pauvres diables chargés de concevoir le mur présidentiel à la frontière mexicaine. Évidemment, Trump en parle constamment, chaque fois avec une lueur dans le regard. Candidat à la présidence, il avait juré de construire « un grand mur, et personne ne sait mieux construire des murs que moi, croyez-moi, et je sais les construire pour pas cher du tout... En plus, ce mur, je le ferai payer par le Mexique. Retenez bien ce que je vous dis. » Il sermonna son rival pour l'investiture républicaine, Jeb Bush, qui avait eu le malheur de parler de clôture : « Ce n'est pas une clôture, Jeb. C'est un MUR, et ça fait une GROSSE différence. »

Je dois l'admettre, voir Trump traiter cette question a quelque chose d'hilarant, c'est à s'en tenir les côtes de rire. Fin 2015, il déclara que son mur serait construit « en béton armé... avec barres d'armature en acier ». Courant 2017, il proposa qu'il soit équipé de panneaux solaires pour générer de l'électricité propre. Un mois plus tard, il ajouta qu'« il faudra[it] pouvoir voir au travers ». Le mur n'était plus fait de dalles de béton mais était fabriqué « en acier ajouré ». Ensuite cela se transforma en « dalles d'acier conçues de manière artistique ». Ensuite, en 2018, le président affirma qu'il pourrait obtenir « un mur en acier – ou alors ce serait une clôture en acier – mais il sera plus renforcé que tous les murs en béton dont on a pu parler ». Fin 2018, il souligna qu'« un Mur tout en béton n'a JAMAIS ÉTÉ ABANDONNÉ, comme l'ont prétendu les médias », avant de tweeter une semaine plus tard : « Nous prévoyons maintenant une Barrière en Acier plutôt qu'en béton. » Au début de l'été 2019, il fit de nouveau volte-face en vantant le « tout nouveau Mur qui sera très haut, en acier et en béton » dont il avait déjà fait construire des tronçons, et il prévoyait qu'il y en aurait beaucoup d'autres.

Les responsables sortaient des réunions sur le sujet avec l'air de s'extraire d'un manège de type Gravitron sur une fête foraine de province*. Le président changeait constamment la conception de son mur. Trois mètres ou quinze mètres de hauteur ? Clôture électrifiée ou non ? Il n'arrivait pas à se décider, se plaignaient ses interlocuteurs. C'était exaspérant, à s'arracher les cheveux. Ses préférences changeantes en matière esthétique n'avaient apparemment d'égales que ses explications non moins changeantes sur le calendrier de construction. À plusieurs reprises, il nous annonça que le chantier était en cours, puis il accusa les Démocrates d'empêcher tous travaux, puis dit que le Congrès devait agir, puis que ses détracteurs avaient tort et qu'une très grande portion de mur était déjà en route, puis que les tribunaux s'interposaient, et enfin – il ne fallait tenir aucun compte de tous ces obstacles soulevés par le Congrès et les tribunaux – qu'il réussirait très bien à le construire tout seul : « nous aurons complètement fermé [la frontière] » d'ici fin 2020.

* La rotation de ces manèges en forme de soucoupe exerce une force de 4 G qui plaque les occupants dans leurs sièges. (*N.d.T.*)

Voici la vérité. Trump n'a pour ainsi dire construit aucun mur, et sa politique de sécurisation des frontières est un échec retentissant. Au bout du compte, presque tout ce qu'il a réussi à édifier ne vient qu'en remplacement d'anciennes clôtures. Quand bien même il y aurait réellement des centaines de kilomètres de mur en cours de construction comme il le promet fébrilement à ses électeurs, les experts affirment que cela ne résoudrait toujours pas le problème. Même avec un gigantesque mur en béton (ou une clôture en acier, ou un mur-clôture en béton et en acier) tout le long de la frontière, des migrants pourraient encore se présenter à nos portes et demander à bénéficier du statut de protection temporaire. Ensuite, on les laisse entrer aux États-Unis où ils peuvent résider des années, le temps que leur dossier soit examiné. C'est le problème que les Républicains ont enjoint à Trump de régler, mais au lieu d'utiliser son capital politique pour réformer des lois inefficaces, il a fait une fixation sur son passe-temps favori – un chantier de mur. Résultat, ce système inefficace perdurera bien au-delà de sa présidence.

Tout en bradant la sécurité de nos frontières, Trump a réduit à néant la réputation de l'Amérique, nation d'immigrants. C'est une notion profondément partagée par les Républicains, les conservateurs et les libéraux au sens classique : les États-Unis sont une terre d'asile pour ceux qui sont en quête d'une vie meilleure. C'était la situation de la république au moment de sa fondation, et cela le reste depuis lors. Les États-Unis ont été façonnés par des populations qui avaient quitté leur foyer dans des territoires lointains, par des idéalistes désireux de prendre des risques et par des travailleurs acharnés qui luttèrent contre vents et marées pour atteindre le nouveau monde du libéralisme. Notre république ne plongeait pas ses racines dans le Sang et le Sol. Elle était enracinée dans une aspiration commune à un nouveau départ. Pourtant, n'étant pas homme féru d'Histoire, Trump n'a jamais adhéré à cette vision des choses.

Un jour, un collaborateur sous le choc sortait d'une réunion dans le Bureau ovale, il est entré dans le mien et m'a raconté une anecdote concernant une conversation avec le président. Ils s'étaient réunis sur un autre sujet quand Trump a fait une embardée en digressant sur l'immigration et en se plaignant du nombre de personnes qui franchissent la frontière.

« On a ces bonnes femmes qui arrivent avec quelque chose comme sept gamins », lança-t-il à ceux qui l'écoutaient, en prenant au passage un vague accent hispanique. « Et elles se plaignent : “Oh, je vous en supplie ! Mon mari m'a quittée !” Elles ne sont bonnes à rien. Elles n'apportent rien à notre pays. Si au moins elles arrivaient avec un mari, on pourrait les mettre dans les champs à ramasser du maïs ou je ne sais quoi. »

Les quelques personnes qui assistaient à la scène croisaient et décroisaient les jambes, changeaient de position sur leur siège, l'air mal à l'aise, sans commenter, m'a rapporté ce collaborateur. Ils ne savaient même pas quoi dire. Voilà ce que le président des États-Unis pense et dit de gens qui donneraient leur vie (et qui parfois la donnent bel et bien) pour atteindre le territoire américain. Chaque fois que ces propos sont repris dans la presse, on envoie un quelconque chargé de communication affirmer que Trump plaisantait. Je vous assure qu'il ne plaisante pas.

Peu importe ce que ses soutiens vous diront, peu importe que certains membres du cabinet tentent de vous convaincre du contraire, cet homme est anti-immigrants. Il pourra se trouver dans une réunion consacrée à notre dispositif de missiles de défense, mais dans sa tête il pense probablement au mur... à interdire toute immigration aux États-Unis... ou aux Mexicains. Au sujet de ces derniers, voici les propos qu'il a pu tenir : « Ils ne nous envoient pas les meilleurs... Ils nous rapportent de la drogue. Ils nous ramènent le crime. Ce sont des violeurs. Enfin, il y en a certains, j'imagine, qui sont des gens bien. » Songez à ce que de telles accusations peuvent inspirer à une population entière de Mexicano-Américains. Malheureusement, vous n'entendrez guère les responsables de la sécurité intérieure désavouer cette rhétorique hostile aux immigrants : ils semblent tous vivre dans un état d'hébétude et de sidération, en proie au syndrome de Stockholm.

Le président a aussi envisagé l'idée de réduire le nombre de réfugiés admis aux États-Unis – en général des gens qui fuient les persécutions de leur pays d'origine, où la population est en majorité pauvre et non-blanche – à zéro. Oui, vous avez bien lu : à zéro... néant... nada. Il a déjà ramené ce chiffre à un niveau historiquement bas. Simultanément, il a annoncé une série de restrictions drastiques sur toute nouvelle immigration potentielle, notamment avec l'instauration d'un dispositif de vérification de ressources. Je me demande si, durant toutes ses années d'activité à New York, Trump a jamais lu ces mots gravés sur une plaque de bronze au pied de la statue de la Liberté : « Envoyez-moi vos fatigués, vos pauvres, Envoyez-moi vos cohortes qui aspirent à vivre libres ». S'il les a jamais lus, ils ne signifient rien pour lui.

La ligne à tenir pour les Républicains se résume à ça : il est possible pour les États-Unis de ne pas fermer complètement la porte sans pour autant avoir des « frontières ouvertes », mais nous ne parviendrons pas à préserver le pays que nous aimons en claquant la porte au nez de ceux qui tiennent vraiment à rejoindre notre nation.

Brader les principes

Le pire désengagement du président par rapport aux politiques conservatrices concerne le domaine de l'économie. Les Républicains défendent depuis longtemps le libre-échange, considérant la circulation sans entrave des biens comme un droit fondamental. C'est grâce à cela que les États-Unis sont plus prospères que toutes les autres nations de l'histoire. Pourtant, Donald Trump est un protectionniste acharné. Il a créé de nouvelles barrières commerciales, justifiées par une vision à rebours de l'économie qui a déjà perdu toute crédibilité depuis des centaines d'années.

Fondamentalement, il ne comprend pas le fonctionnement du commerce. Quand des experts tentent de le lui expliquer, soit il écoute à moitié, soit il n'entend que ce qu'il veut entendre. Ce qu'il veut entendre, c'est naturellement que sa guerre commerciale avec d'autres pays est une initiative brillante et une franche réussite. Les tarifs douaniers constituent son arme préférée dans les conflits économiques. Il croit qu'ajouter ces droits de douane au prix de vente des biens en provenance de l'étranger « rapportera BIEN PLUS de richesse à notre Pays ». Depuis trois ans, nous subissons cette idée fausse qu'il ne cesse de nous seriner.

Nombre d'experts savent que c'est de la folie. Pourquoi un président refuserait-il aux Américains la possibilité de payer leurs produits moins chers ? Pourquoi rendrait-il volontairement plus coûteux les biens qu'ils achètent ? Ainsi que l'a expliqué un économiste, il devrait être dans l'intérêt public « de chaque pays » de laisser sa population « acheter ce qu'elle veut à ceux qui vendent au prix le plus bas… Ce principe est si évident qu'il semble vraiment trop ridicule de s'attacher sérieusement à le prouver ».

Ceci n'est pas une observation récente. Elle émane du père du capitalisme, Adam Smith, qui écrivit ces mots au XVIIIe siècle. Cette remarque est plus pertinente que jamais.

Pour comprendre à quel point ce président déraille, il faut prendre la peine d'observer le monde par le petit bout de sa paille à soda. Trump croit qu'imposer un tarif douanier, ou une taxe, sur les biens importés nous rendra riches. Supposons qu'il impose un tarif douanier de 20 pour cent sur les sweat-shirts en provenance d'Inde. Dans son esprit, cela signifie que pour chaque sweat-shirt à trente dollars expédié d'Inde, nous percevrons six dollars de droits de douane, ce qui signifierait en somme que les Indiens nous paieraient pour que nous achetions leurs sweat-shirts. Cela semble idéal, non ? Il y a encore mieux. Le prix des sweat-shirts ayant augmenté du fait de ces droits d'entrée, cela donne aux entreprises américaines les moyens de se relancer dans le commerce des sweat-shirts, et elles se mettent à concurrencer l'Inde puisque ces droits de douane ne s'appliquent qu'aux produits importés de l'étranger. Ces fabricants américains peuvent donc les vendre aux citoyens américains à un prix légèrement moindre. Il en résulte de nouveaux emplois pour l'industrie américaine du sweater. Pour l'Amérique, c'est gagnant-gagnant !

Pas si vite. D'autres avant lui ont tenté depuis des lustres de mettre en œuvre cette logique infantile, et ce malgré les écrits impérissables d'Adam Smith. En réalité, voici ce qui se passe. Dès que le tarif douanier est imposé aux sweat-shirts, le surcoût est répercuté sur les consommateurs. Ce ne sont pas les Indiens qui paieront ces six dollars, mais les Américains. Ces mêmes Américains seront forcés de dépenser plus pour s'habiller que précédemment. Multipliez cette opération partout dans le pays et ce sont des milliards et des milliards de dollars supplémentaires qu'ils devront dépenser en sweat-shirts, et moins dans d'autres produits dont ils ont pourtant besoin. Certes, quelques entreprises américaines y verront une incitation à fabriquer des sweat-shirts, créant ainsi des emplois faiblement rémunérés. Au bout du compte, ce qui passera inaperçu, c'est l'impact que cette mesure aura partout ailleurs – les milliards de dollars que d'autres entreprises perdront parce que les Américains les dépensent à d'autres articles alors qu'ils ne devraient pas. Les emplois mieux payés disparaîtront, siphonnés ailleurs.

L'économie le démontre avec une évidence douloureuse. Les tarifs douaniers ne fonctionnent pas. Ce n'est qu'une énorme taxe imposée aux Américains, qui les dépouille de leur argent durement gagné. Le plus regrettable, c'est que pas un individu au monde n'ait été capable d'amener le président à saisir cette réalité. Croyez-moi, nombre d'entre nous ont essayé. Sa vision tortueuse de l'économie est incurable.

Ce débat a suscité des scissions à l'intérieur de son équipe. Le secrétaire au Trésor Steven Mnuchin s'est battu entre quatre murs pour défendre une approche plus mesurée de ces tarifs douaniers. Il a émis des recommandations contre certaines décisions aussi arbitraires que soudaines prises par le président. Mnuchin a aussi tenté à maintes reprises de dissiper les réactions de panique dans le secteur privé en minimisant la portée de cette guerre commerciale, avant d'essuyer les réprimandes de conseillers de la Maison-Blanche au motif qu'il se serait exprimé sans y avoir été convié. Des gens comme Peter Navarro ont vu leur cote auprès de Trump grimper après s'être fait l'ardent défenseur de ses actes, alors qu'en privé lui et d'autres admettront leur frustration, puisqu'il est impossible de savoir si ce président ne va pas changer d'avis d'un moment à l'autre et lever des droits de douane supplémentaires sans aucune réflexion préalable. Comme sur tous les autres sujets, les esprits rationnels sont peu à peu mis sur la touche.

Les conservateurs doivent l'admettre : il s'agit là d'un État tentaculaire qui ne dit pas son nom. En 2017, Trump a tout fait pour que le Congrès adopte un projet de loi de baisse d'impôts, mais selon toutes les estimations, les conséquences de ses tarifs douaniers coûteront au peuple américain davantage que l'argent épargné grâce à cette législation. De la part du président, c'est un moyen détourné, méprisable, d'augmenter les impôts sans que la population s'en rende compte. Trump sait de quoi il retourne. Il a déjà discuté avec ses collaborateurs de la manière dont il va dépenser les recettes supplémentaires engrangées grâce à ses taxes douanières. Lors d'une conférence de presse, il a aussi lancé la possibilité qu'une partie soit affectée aux dispositifs de secours en cas de catastrophe naturelle. Demain, cela pourrait devenir une extension pour la Maison-Blanche ou un bout de mur supplémentaire à la frontière, qui sait.

Je ne prétends pas que les États-Unis ne soient jamais confrontés à des situations requérant de limiter ou de suspendre les échanges commerciaux avec certains pays étrangers. Tout au long de notre histoire, nous avons connu de tels moments où nous avons décidé qu'il n'était pas dans l'intérêt de l'Amérique de commercer avec certaines nations, en particulier un agresseur avec lequel nous étions engagés dans un conflit armé. J'ai défendu auprès de collègues de l'administration Trump l'idée que des gouvernements comme celui de la Chine ne méritaient pas d'avoir accès à certains produits américains, au motif que cela leur permettrait d'espionner leur population ou d'améliorer leur compétitivité militaire. Il n'en faut pas moins se souvenir que le libre-échange reste l'une de nos armes les plus puissantes pour sortir les peuples de la pauvreté et leur permettre de prendre leur destin en main, au lieu de laisser des autocrates leur dicter leur avenir.

La crainte ici serait qu'en intensifiant sa guerre commerciale, le président ne finisse par provoquer une récession et par entraîner le naufrage de l'économie. Au fond de lui-même, il doit partager cette préoccupation. C'est probablement l'une des raisons qui ont incité des directeurs d'agences gouvernementales et des conseillers à l'avertir quant aux conséquences des tarifs douaniers. Il n'empêche, il se conduit en dictateur. Il a tweeté un jour : « Par la présente, j'ordonne à nos superbes entreprises américaines de se mettre immédiatement à la recherche d'une alternative à la Chine. » Ce n'est pas ainsi que fonctionne un système démocratique, Monsieur le président. Vous ne pouvez pas « ordonner » à des sociétés américaines où fabriquer leurs produits. Les marchés ont été refroidis par son attitude de plus en plus aberrante sur le sujet, et les plus grands présidents de groupe industriel l'ont averti qu'il devait faire machine arrière.

Il se pourrait qu'il soit trop tard. En ce moment même, les actes de Trump hostiles au libre-échange font souffrir les Américains. Selon certaines estimations, à cause de sa guerre commerciale, l'économie américaine a déjà perdu des centaines de milliers d'emplois. S'il continue sur cette voie, tous les prix vont continuer d'augmenter, de la téléphonie au mobilier. Tous les secteurs finiront par subir l'impact de ces ondes de choc. Les agriculteurs, les industriels et d'autres encore. Certains pays lancent déjà des représailles avec leurs propres tarifs douaniers, ce qui amplifie le problème. La classe ouvrière et les Américains les plus pauvres seront les plus durement frappés. Ce sont eux qui dépendent de prix à la consommation assez bas pour faire vivre des familles qui n'ont que peu de marge de manœuvre. Si Trump continue de naviguer dans une quatrième dimension économique, ces gens seront forcés de travailler plus, de trouver un deuxième emploi le soir ou le week-end pour joindre les deux bouts.

En temps de paix, le commerce ne devrait jamais servir d'arme de guerre. C'est un conflit où tout le monde est perdant. Il est temps pour le GOP de se montrer lucide. La politique économique de ce président est nuisible pour les Américains, contraire aux principes conservateurs et cruelle – à l'image de son architecte.

La fête est finie

Après l'échec de Mitt Romney, incapable de déloger le président Obama en 2012, le Parti républicain traversa une épreuve de vérité. Comment avions-nous pu perdre cette élection ? Il semblait si évident à la direction du parti que Barack Obama était déconnecté des réalités de l'Amérique profonde. À leurs yeux, cette élection aurait dû être une promenade de santé. Pourtant, Romney s'est fait proprement étriller, en ne remportant que 206 grands électeurs contre 332 à son rival. Il paraissait clair que les plus déconnectés étaient en fait les Républicains. Ceux qui connaissaient Mitt Romney croyaient qu'il ferait un chef d'État efficace, mais il avait été incapable d'établir un lien avec l'électorat plus large dont il avait besoin.

Le Comité national républicain* commanda un « rapport d'autopsie » de l'élection. Les résultats étaient sans appel. Diffusé quatre mois après la réélection d'Obama, ce document d'une centaine de pages mettait en évidence les carences du parti par rapport aux minorités, aux femmes et aux jeunes. Il précisait que les politiques conservatrices reposaient sur des fondements solides, mais qu'il fallait les reformuler pour s'adresser à de nouveaux publics. Les Républicains devaient se montrer plus rassembleurs, écrivaient les auteurs, or ils faisaient tout le contraire en ostracisant ces couches de l'électorat.

« Les jeunes électeurs sont de plus en plus rebutés par ce que le parti représente, et beaucoup de gens des minorités s'imaginent à tort que les Républicains ne les aiment pas ou ne veulent pas d'eux dans ce pays, soulignait le document. Si les Hispano-Américains

* Le Republican National Committee (RNC) est l'organisme chargé de diriger le Parti républicain au niveau national. (*N.d.T.*)

s'aperçoivent que le GOP ne veut pas d'eux aux États-Unis, ils n'écouteront pas le reste de ce que nous avons à dire. » Ce rapport conjurait les Républicains d'œuvrer à « élargir la base du parti », surtout en se montrant plus ouvert aux « Hispaniques, aux Noirs, aux Asiatiques et aux gays » – et plus particulièrement aux électrices, que le parti ne parvenait pas à rallier. Ces conclusions furent rendues publiques lors d'une conférence de presse du président du RNC, Reince Priebus. Trois ans plus tard, le même Priebus deviendrait naturellement le premier chef de cabinet de la Maison-Blanche sous Trump.

Si vous avez un tant soit peu suivi cette présidence, vous savez sans doute que le chef de l'exécutif n'a appliqué pratiquement aucun de ces conseils. En fait, il semble avoir délibérément élaboré un contre-répertoire tactique, en écartant de façon flagrante les recommandations du RNC et en s'aliénant les couches de population que le Parti républicain a besoin d'atteindre. Sous l'autorité de Donald Trump, le parti est devenu moins conservateur au plan fiscal, plus divisé, moins divers, plus anti-immigrants et moins en prise avec la réalité. Simultanément, il a chargé la barque républicaine de tout un bagage extrêmement nocif en laissant à d'autres le soin de gérer un parti soi-disant rassembleur qui finira de fait par rassembler moins d'électeurs sous son aile.

Comment en est-on arrivé là ? vous demandez-vous. Eh bien, s'il est un thème récurrent dans la vie de Trump, en politique, dans les affaires ou vis-à-vis de sa famille, c'est sa déloyauté. Les Républicains ont remis les clefs du royaume à un homme qui a acheté le silence d'une star du porno avec laquelle il entretenait une liaison alors qu'il était marié à sa troisième femme, et ce juste après la naissance de leur fils. Devons-nous nous étonner qu'il ait agi à l'encontre des idéaux qui sont les plus chers à ce parti ? S'il est réélu pour un second mandat, il passera son temps à trahir des Républicains trop naïfs. Quand on lui demanda s'il pourrait mettre un terme aux tarifs douaniers désastreux dont il s'était entiché, il résuma involontairement toute sa philosophie politique en ces termes : « Ouais, bien sûr. Pourquoi pas ?... Ça se pourrait bien. J'ai des doutes sur tout. » Pourrait-on imaginer réponse plus grotesque ? Et le comble du pathétique fut atteint lorsqu'il retira ces propos.

Les conservateurs qui rêvent que Donald Trump est notre sauveur doivent se réveiller. Non seulement il n'est pas conservateur, mais il représente une menace à long terme pour le Parti républicain et tout ce que ce dernier est censé défendre. Il altère tout ce qui nous définissait, à un degré tel que cela rend notre programme incohérent. Ceux qui l'encouragent à rempiler pour un second mandat – ils ont déjà l'écume aux lèvres, surexcités à la seule idée de le voir « pulvériser » la gauche – achèvent à leur insu de clouer le cercueil du Grand Old Party, scellent la fin de ce parti tel que nous le connaissions et nous conduisent en territoire pour le moins inhospitalier.

Permettez-moi d'être encore plus précis. Si les Républicains jugent acceptable le traitement réservé par le président à leurs orientations fondamentales, c'est qu'il ne subsiste de ce parti que le nom. Oui, il existe encore des conservateurs qui, tels des loups solitaires, tentent de faire progresser les causes traditionnelles du GOP depuis l'intérieur de l'administration, mais ce qui restera dans les mémoires, ce sera la méthode (ou l'absence) de direction du parti selon Trump, et non le travail de ses lieutenants pour sauver les apparences.

Aux yeux de certains Américains, la trahison de la foi conservatrice par le président n'a peut-être rien de problématique. Mes compatriotes se sentent peut-être à l'aise avec des bureaucraties tentaculaires, des dépenses financées par l'endettement ou des politiques économiques protectionnistes. C'est leur droit. Mais ce président a transformé le long bras du gouvernement en boulet de démolition qui s'attaque à autre chose de bien plus fondamental que le programme du GOP. Tous les Américains, quelle que soit leur famille politique, devraient y prendre garde.

4

L'assaut contre la démocratie

> « Le pouvoir croit toujours posséder une grande âme et de larges vues qui échappent à la compréhension des esprits faibles, à savoir qu'il accomplit la volonté de Dieu alors qu'il viole Ses préceptes. »
>
> John Quincy ADAMS

Il fallut peu de temps au président Trump pour retourner le pouvoir de sa fonction contre les fondements de notre démocratie. D'emblée, la culture de la Maison-Blanche était exposée aux abus du pouvoir exécutif, sachant qu'avant d'exercer sa fonction présidentielle, Trump avait passé la plus grande partie de sa vie à des postes où il détenait un contrôle quasi total. Les entités qu'il gérait ne requéraient pas de mode de gouvernance collectif, démocratique. Il n'avait pas à bâtir de coalitions bipartisanes ou à respecter les procédures d'une vaste bureaucratie. C'était lui qui menait la danse, il n'était question que de ses victoires, de ses parts de marché médiatiques et de son nom au sommet de gratte-ciel. Après son élection en 2016, il avait à peine prononcé les propos rituels en faveur de l'unité politique et de la solidarité qu'il exécutait rapidement un virage à 180 degrés, en cherchant à utiliser « sa » Maison-Blanche et les enquêteurs fédéraux payés par le contribuable, qu'il considère comme « ses » enquêteurs, pour s'en prendre à ses adversaires politiques.

La plupart des Américains ne prêtent aucune attention à ses rodomontades. Il n'a sûrement pas vraiment envie d'enquêter sur les Démocrates qui s'opposent à lui et de les faire jeter en prison. C'est juste un autre aspect de son personnage public de show-man excentrique. Il ne peut pas envoyer Hillary Clinton derrière les barreaux juste parce qu'il ne l'aime pas. N'est-ce pas ? Pourtant, Donald Trump est convaincu du contraire. Quand il ordonne de poursuivre et de persécuter quiconque ose le défier, il parle sérieusement. Nous sommes nombreux à avoir appris à nos dépens dans quelle colère il se met quand la loi et ses juristes au sein de l'administration ne se plient pas aux diktats présidentiels.

Dès que ses exigences, contraires à toute éthique, ne sont pas suivies d'effet, la colère trumpienne atteint un paroxysme. Nous, ses conseillers, nous sommes là, dans le Bureau ovale, officiellement pour discuter de la politique monétaire ou d'une autre question, et tout à coup, nous voyons son regard s'assombrir. Il jette des coups d'œil dans la pièce, tripote sa cannette de Coca Light devant lui, puis se lance dans une longue diatribe sur « ses » juristes qui l'ont trahi, « son » ministre de la Justice qui l'a trahi, sur tel ou tel individu contre lequel il faut engager une enquête. Un jour, il se lança à brûle-pourpoint dans une tirade contre Jeff Sessions, ancien ministre de la Justice, qui avait déjà quitté son poste depuis belle lurette : « Purée, c'est une des créatures les plus stupides que le Seigneur ait jamais créées sur cette terre ! » Les collaborateurs présents se retinrent d'échanger des regards. Espérant que l'orage passerait, ils se demandèrent comme d'habitude : « Quel est le rapport ? »

Trump est particulièrement exaspéré que le département de la Justice n'ait pas davantage harcelé les Clinton. Au cours de sa première année de mandat, il se plaignit à Jeff Sessions que son ministère n'ait pas enquêté sur ceux qui le méritaient, en évoquant le scandale du serveur privé utilisé par Hillary Clinton pour l'envoi d'emails officiels. Quelques jours plus tard, il tweeta à ce propos : « Que fait le ministère de la Justice ? », ajoutant qu'il avait constaté « COLÈRE & UNANIMITÉ » quant à « l'absence d'enquête » sur l'ancienne secrétaire d'État. « FAITES QUELQUE CHOSE ! » exigeait-il. Cette directive ne s'adressait à personne en particulier, mais évidemment, on savait à qui il parlait. Pourtant, Sessions dut se récuser dans cette affaire au motif qu'elle était liée aux travaux de la commission d'enquête du procureur spécial Mueller sur l'ingérence de la Russie dans l'élection de 2016.

En décembre 2017, après un conseil des ministres, le président prit Sessions à part, pour une conversation qui avait vocation à rester privée. « Je me demandais si vous ne pourriez pas vous dé-récuser », lui suggéra le président, d'après les notes prises par ses collaborateurs qui crurent comprendre qu'il le relançait une fois encore sur une éventuelle investigation visant Hillary Clinton. « Cela ferait de vous un personnage historique. Mais je dis ça, je dis rien. » Le président aurait donc pensé tout haut qu'il pourrait ordonner au « général » Sessions de lancer une enquête s'il en avait envie, avant d'ajouter qu'il n'en ferait rien. Nous connaissons tous par cœur le mode trumpien du « Vous m'avez compris, je n'ai rien dit ». Il laisse entendre qu'il a le pouvoir d'ordonner à quelqu'un de faire quelque chose, mais espère ne rien avoir à dire d'explicite afin de n'être lié en rien aux conséquences. Ces petites allusions de sa part sont en fait des demandes illégitimes déguisées en innocentes suggestions, et l'histoire de cette administration en est parsemée. En l'occurrence, Sessions ne bougea pas, ce qui fut assurément un facteur déterminant dans sa révocation.

Trump nomma un autre ministre de la Justice et se mit aussitôt à lui glisser des requêtes similaires. Lors d'un entretien en mars 2019, le président envoya des signaux plus ou moins codés à William Barr, titulaire du poste récemment confirmé par le Sénat, en expliquant à un journaliste que concernant une enquête visant Hillary Clinton, l'intéressé « fera[it] ce qui est juste ». Peu après, il remit cela sur Twitter, en appelant ouvertement à une enquête sur les « crimes commis » par son adversaire démocrate de 2016. Ces messages n'étaient pas destinés à des associations militantes ou des enquêteurs bénévoles pour qu'ils se saisissent de cette cause. Ils étaient manifestement adressés au département de la Justice. De nouveau, il agissait à la limite de la légalité. Les présidents ne sont pas censés influencer les procédures décisionnelles dans ce genre d'investigation, mais Trump savait très bien ce qu'il faisait. William Barr le savait. Nous le savions tous.

*

Les Pères fondateurs de la démocratie américaine avaient certes des divergences, mais ils partageaient presque tous une crainte des présidents surpuissants. Les penseurs de la Révolution américaine, qui venaient de s'affranchir de la tyrannie d'un monarque, débattirent de la question *ad nauseam*. Ainsi que l'expliquait l'historien américain Bernard Bailyn, les débats des Pères fondateurs sur l'exercice du pouvoir « étaient centrés autour de sa nature foncièrement agressive, de sa tendance constante, invasive, à s'étendre au-delà de son périmètre légitime. Comme l'eau, le pouvoir gagne et remplit tous les espaces à sa portée ».

C'est pourquoi les colons américains conclurent que protéger la liberté requérait d'imposer des limites aux détenteurs de l'autorité. Ils bâtirent des institutions destinées à jouer un rôle de coupe-circuit du pouvoir gouvernemental. Dans le cadre d'un système de pouvoirs et de contrepouvoirs, ils espéraient même que ces mécanismes pourraient à eux seuls contrecarrer les intentions les plus condamnables des responsables publics. Ce fut cette logique de division des responsabilités qui présida à la création d'une branche exécutive, dirigée par le président, contrebalancée par une branche législative, composée de la Chambre des représentants et du Sénat, la branche judiciaire venant compléter l'équilibre des forces, avec des tribunaux et la Cour suprême en position d'arbitre ultime du droit national.

La présidence Trump constitue l'un des plus graves défis lancés à ce système d'équilibre des pouvoirs de la nation américaine à l'époque moderne. Il a abusé de son pouvoir en sapant les trois branches du gouvernement, parfois de manière flagrante, à d'autres moments secrètement. Ce faisant, il a affaibli des institutions vitales pour le fonctionnement de notre démocratie, les accusant d'être « corrompues ». Le précédent qu'il crée, en facilitant pour ses successeurs le maniement de la fonction exécutive à des fins personnelles ou politiques, ne l'émeut en rien. Pour tout dire, il œuvre activement à s'affranchir des protections inhérentes au système américain censées limiter ce pouvoir.

Cela devrait nous inquiéter. Profondément.

L'enterrement de l'État profond

Theodore Roosevelt n'appartenait en rien à l'« establishment » républicain. Nombre de Républicains traditionnels n'avaient pour lui que mépris. Tout au long de sa carrière, il fut considéré comme un renégat, un anticonformiste, un type qui aimait bousculer le système. Après son accession à la présidence, il comprit aussi qu'il ne pourrait transformer l'État à lui tout seul. Dans son autobiographie, il proposa cette réflexion sur ceux qui l'avaient secondé dans cette besogne, notamment les ministres de son gouvernement et tout un ensemble d'agents des services fédéraux.

« Quant aux hommes sous mes ordres au sein de mon cabinet, je ne saurais assez leur témoigner ma gratitude, écrivait-il. Des ministres aux conseillers de cabinet et jusqu'aux échelons subalternes, le trait le plus frappant de cette administration fut le travail dévoué, assidu et efficace, accompli dès lors qu'il fut bien entendu que nous étions tous liés par un intérêt commun, faire du Gouvernement l'instrument le plus efficace pour promouvoir les intérêts du peuple. »

Il serait difficile de trouver tableau plus discordant avec tout ce que représente l'administration Trump. Au lieu de se livrer à un éloge bienveillant de la fonction publique, le président actuel a lancé contre les services un assaut d'une rare brutalité. Nous parlons des millions d'individus qui assument les tâches quotidiennes de l'administration, que ce soit en effectuant la distribution du courrier ou en surveillant l'évolution des paramètres de l'économie. Ils remplissent une fonction de « contrôle » du pouvoir en s'assurant que les lois sont fidèlement appliquées et non pas subverties par des politiciens dévoyés. Pourtant, à l'heure actuelle, ces agents de l'État sont régulièrement sous le coup des moqueries et des calomnies émanant de l'appareil exécutif de la présidence, qui les traite par le mépris et les affaiblit. Pour Trump, les services sont infestés de traîtres formant un « État profond » qui ne songerait qu'à nuire, décidé à s'en prendre au président et à réduire sa présidence à néant.

Les premiers temps, il laissait entendre que cette appellation lui déplaisait. Dans un entretien au journal *The Hill*, il disait éviter de la reprendre à son compte parce que « cela sent trop le complotisme ». Et il ajoutait : « Croyez-le ou non je ne suis pas très amateur de théories du complot. » C'était comme si le cow-boy Marlboro vous racontait qu'il ne fume pas*. C'était aussi peu crédible. Ainsi que le relevait *The Hill*, Trump avait bel et bien usé de la formule deux semaines plus tôt pour fustiger une tribune écrite… par votre serviteur. L'État profond faisait peser une menace sur la démocratie, lançait-il dans un tweet, mais en réalité la seule menace dont il voulait parler n'était autre que celle qui pesait sur lui, parce qu'on le révélait sous son vrai jour.

Ceux qui cherchent à obtenir ses faveurs ou l'argent de ses soutiens se sont souvent référés à cette formule. Ils ont tous publié des variantes du même livre – citons ici *L'État profond : comment une armée de bureaucrates élus a protégé Obama et tente de saper le programme de Trump* de Jason Chaffetz ; *Abattre l'État profond : le combat pour sauver le président Trump*, de Jerome Corsi ; *Objectif État profond : le complot pour abattre le président Trump m'a pris en ligne de mire*, de George Papadopoulos ; ou encore

* Les deux cow-boys des publicités Marlboro, Wayne McLaren et David McLean, sont morts de maladies liées au tabagisme. (*N.d.T.*)

Ennemis de Trump : l'État profond qui mine sa présidence de Corey Lewandowski et David Bossie, auxquels s'ajoute une collection d'ouvrages de la même eau commise par l'ancienne juge Jeanine Pirro et avançant des thèses très exactement similaires : dans les profondeurs de l'État, un groupe d'individus fomente la destruction de la démocratie, de Donald Trump et de l'Amérique*.

Étant moi-même une de ces personnes visées par le président, je voudrais saisir ici l'occasion qui m'est donnée de clarifier les choses et de répondre par un autre constat, mieux étayé : Trump n'a plus toute sa tête. J'ai travaillé depuis de nombreuses années en étroite collaboration avec des fonctionnaires, tant à l'intérieur qu'à l'extérieur de l'appareil d'État. Ce sont en règle générale de bons Américains, des patriotes qui veulent servir leur pays. Certains ont des opinions politiques fermement

* Corey Lewandowski fut directeur de campagne de Trump. David Bossie, commentateur de Fox News, en fut le directeur adjoint. George Papadopoulos, de l'équipe de campagne de Trump, a été condamné suite à l'enquête du procureur spécial Mueller sur l'ingérence russe dans l'élection de 2016. Conspirationniste virulent, Jerome Corsi, ancien associé du site Infowars d'Alex Jones, a été condamné en 2019 pour mensonge au Congrès et autres délits pénaux. Jason Chaffetz, ancien président de commission à la Chambre des représentants, est commentateur sur Fox News. Ancienne juge, Jeanine Pirro anime sur Fox News l'émission *Justice with Judge Jeanine*, source de nombreuses *fake news* et controverses visant Obama, la communauté LGBT ou la députée démocrate Ilhan Omar. (*N.d.T.*)

arrêtées, comme tout citoyen, mais chez une majorité, elles n'affectent en rien leur travail et ils accomplissent leur mission quel que soit l'occupant de la Maison-Blanche. Ils ne conspirent pas en secret pour contrecarrer les politiques de l'administration au pouvoir.

Pensez-vous que les services postaux tiennent des réunions secrètes pour annihiler la présidence Trump ? Pensez-vous que les agents fédéraux de la force publique, dont la culture est à dominante conservatrice, prennent place autour d'une table pour trouver des moyens de faire élire des Démocrates ? Le directeur du centre de documentation du Pentagone est-il une taupe de Bernie Sanders ? Si la dénonciation par le président d'un soi-disant État profond semble grotesque, c'est parce qu'elle est aberrante. La personne fermement décidée à détruire les fondements de notre démocratie n'est autre que Donald Trump, et nullement les fonctionnaires honorables qui vont tous les jours travailler pour assurer le bon fonctionnement de nos institutions – pour envoyer les chèques de la Sécurité sociale en temps et en heure, protéger nos quartiers de la criminalité, éviter la contamination de nos aliments et de nos médicaments, faire respecter notre Constitution.

Vous n'y croyez pas ? Songez à ceci : l'administration Trump est incapable de préciser de manière claire et cohérente qui au juste ferait partie de cet « État profond », d'autant plus que cela varie d'un moment à l'autre. Dans le monde trumpien, la composition supposée de « l'État profond » change au gré des circonstances. La formule sert à discréditer toute agence, tout rapport, toute conclusion, toute citation anonyme, tout article de presse ou tout autre type de désaccord avec le président. Un membre de l'administration gouvernementale diverge du président sur le dérèglement climatique ? C'est l'État profond. Un rapport met en évidence le fait que de hauts responsables trumpiens ont violé des règles éthiques ? Son auteur est encore un suppôt de l'État profond. Des juristes informent le président qu'il ne peut prendre telle ou telle décision ? Ce sont les comploteurs de l'État profond qui remettent ça !

En avril 2018, Sean Hannity consacra une partie de son émission sur Fox News, *Hannity*, à ce qu'il appelait d'une formule empruntée au monde de la mafia « La famille du crime Mueller », le procureur spécial de l'enquête sur l'ingérence russe, censée réunir un groupuscule d'individus malfaisants membres d'un complot de l'État profond visant à enquêter sur Trump. L'un d'eux aurait été le ministre adjoint de la Justice, le procureur général adjoint Rod Rosenstein. Rosenstein s'est depuis lors attiré les félicitations du président pour son action, alors que le même président avait précédemment retweeté un mème montrant le procureur général adjoint condamné pour trahison, derrière des barreaux. Autrement dit, les membres de l'« État profond » ne sont en réalité que des personnes qui ont le malheur de déplaire au président. Dès qu'il change d'avis et les apprécie, ils n'en font plus partie.

Cette perception a entretenu une atmosphère de paranoïa et de secret dans toute notre administration. La Maison-Blanche ne cesse d'exclure et de faire taire des fonctionnaires de la branche exécutive, souvent avec la bénédiction du président, parce qu'ils sont suspectés de déloyauté. Des réunions se tiennent souvent entre « politiques uniquement », une formule qui définit un cadre où seuls sont admis les conseillers nommés par le président. Ces réunions se tiennent parfois dans la salle de crise, alors qu'elles sont sans rapport avec des informations classifiées. Voici la seule et unique motivation de ce choix : les collaborateurs présidentiels ne veulent pas risquer qu'un collaborateur non politique puisse surprendre des discussions relatives à une situation politique controversée.

Le président en a bien conscience : la présence de visages inconnus suffit à le mettre sur ses gardes. Si des experts issus des services sont conviés à la Maison-Blanche pour des discussions sensibles, il faut qu'ils soient « de confiance ». La suspicion envers les personnels permanents est si vive que lors des réunions, certains conseillers de Trump leur livrent parfois de fausses informations pour voir si elles finissent dans la presse, ce qui leur permet d'éradiquer les traîtres supposés. (Les gens qui se prêtent à ces procédés sont clairement identifiés, et j'en ai vu qui organisaient hypocritement des fuites dans la presse pour se faire valoir, tout en menant leurs propres opérations anti-fuites.) Cela signifie que Trump limite les remontées d'informations qu'il veut bien entendre au sein de son propre gouvernement aux individus politiquement les plus inexpérimentés, qui tendent à s'aligner sur ses positions et qu'il juge loyaux envers sa personne.

Le pire, c'est que nos dirigeants ne se fient plus aux

agents de la fonction publique américaine, payés avec nos impôts pour accomplir leurs missions. Nous avons un gouvernement disposant d'experts sur tous les sujets imaginables, des professionnels de la médecine ou des économistes de niveau mondial bardés de récompenses. S'ils sont écartés, ils ne servent à rien, et pourtant la Maison-Blanche a implicitement autorisé des départements ministériels et des agences à réaffecter ou à révoquer ces interlocuteurs compétents dès qu'ils opposent des obstacles aux actions de l'administration. La sanction minimale sera souvent de placardiser ces agents du gouvernement.

L'une des tactiques les plus courantes pour les réduire au silence consiste à indiquer à un service qu'il est « en cours d'évaluation politique ». En d'autres termes, les politiques doivent décider si le service en question fera l'objet de promotions ou de mutations, s'il sera démantelé ou réorganisé. Leur avenir étant ainsi dans la balance, tant qu'ils restent en attente, ces agents s'efforcent de ne pas créer de vagues. En conséquence, depuis l'entrée en fonction de cette administration, qu'il s'agisse de scientifiques trop compétents en matière de dérèglement climatique ou d'experts de la santé trop vigilants sur les questions de déréglementation environnementale, nombre d'entre eux ont mis leurs travaux en suspens. Certains politiques de l'entourage de Trump espèrent que ces fonctions s'atrophieront d'elles-mêmes ou que, exaspérées, les personnes concernées finiront par démissionner. Et ils parviennent à leurs fins : à cause de ce président, nous perdons tous les jours des professionnels de talent.

Le résultat, c'est que notre gouvernement tentaculaire est souvent géré par des effectifs réduits composés d'individus partisans. Des questions importantes sont régulièrement négligées. En fait, une bonne part des crises auxquelles nous sommes confrontés aux plus hauts niveaux du gouvernement éclatent en partie parce que personne n'a l'œil sur les dossiers. Certaines des initiatives les plus stupides prises par notre administration résultent d'un plan improvisé par telle ou telle officine interne aux moyens si limités qu'aucun de ses membres n'avait prévu la montagne d'effets secondaires pourtant inévitables. Les conseils avisés ne sont pas entendus parce que personne n'en sollicite. Les politiques que le président veut défendre, comme la réforme du système éducatif, sont elles aussi à l'abandon parce qu'il n'y a pas autour de lui assez de personnes auxquelles il se fie pour en effectuer le suivi (une réalité qui a conduit la secrétaire à l'Éducation Betsy DeVos à admettre que « l'éducation n'est clairement pas au premier rang de la liste des priorités » [du président]). En fin de compte, les services de l'administration étant écartés de la marche de notre gouvernement, le peuple américain n'en a plus pour son argent, et ne reçoit certainement pas ce à quoi il a droit.

*

L'exemple le plus éloquent de cet abaissement des agents de l'État concerne la communauté du renseignement. Ces entités, comme l'Agence centrale de renseignement (CIA) ou l'Agence nationale de sécurité (NSA), comportent certains des postes les plus importants d'Amérique. J'aimerais que davantage d'Américains puissent rencontrer ces patriotes et mesurer pleinement leur dévouement à leur mission et à leur pays. Jour après jour, ils ont la responsabilité d'assurer notre sécurité, d'aller opérer dans des endroits dont ils ne peuvent rien dire pour résoudre des problèmes dont ils ne doivent rien révéler. Leurs échecs les plus cuisants sont livrés en pâture sur la place publique, tandis que leurs plus grandes victoires dans cette mission de protection du peuple américain ne sont saluées que par le silence. Beaucoup risquent leur vie – et certains donnent même la leur – sans que personne ou presque sache rien de leur travail périlleux. Songez-y. C'est une chose que de perdre la vie, mais renoncer en plus à laisser derrière vous la moindre trace de votre action, cela confine au sacrifice éternel. Telle est l'exigence éthique qui définit la communauté du renseignement.

Les attaques de Donald Trump contre les personnels sous couverture de ces agences débutèrent avant son élection. Il tenait rigueur aux services de renseignement parce qu'ils avaient osé conclure que l'ingérence russe dans l'élection de 2016 aurait été à son avantage. Pendant la campagne, ses conseillers l'avaient instamment prié d'interpeller publiquement les Russes et de dénoncer leur intervention. Il fallait qu'il prenne position, insistaient-ils, mais il demeura intraitable. Durant une séance de préparation aux débats télévisés, un membre de l'équipe aborda le sujet. Il lança au candidat qu'il lui fallait admettre la véracité de ces renseignements et se servir des débats comme d'une plate-forme pour prendre Moscou à partie. S'il y avait un domaine où il devait manifester sa solidarité avec la secrétaire d'État Clinton, c'était bien celui-là.

« Oui, bon, j'y crois pas, avait-il lâché, méprisant, en balayant l'argument d'un revers de main. C'est des conneries. »

Et il fut poussé en ce sens par Michael Flynn, un excommunié de la communauté du renseignement qui finirait par devenir l'éphémère premier conseiller à la Sécurité nationale du président élu, avant d'être rapidement évincé pour avoir menti au sujet de ses contacts avec les Russes. « Il a raison, renchérit plus tard Flynn. Tout ça, c'est des foutaises, c'est ultra-politisé. »

Autour de lui, tout le monde était stupéfait. Qu'est-ce qu'il vient de nous dire ? Pourquoi Trump et Flynn pensent-ils que ces renseignements auraient été inventés de toutes pièces ?

En tant qu'ancien chef de l'Agence de renseignement de la Défense (DIA), Flynn n'était pas dupe. Candidat investi par les Républicains, Trump aurait dû se montrer lui aussi plus lucide ; il avait déjà pu profiter de réunions d'information organisées par la direction du renseignement. Cette réaction bizarre attisa les craintes, y compris dans son cercle rapproché, qu'il soit plus ou moins à la botte de Poutine. Une fois élu, il continua de dénigrer ces évaluations officielles, racontant à des journalistes qui le questionnaient à bord d'Air Force One au sujet des conclusions des services de renseignement : « Je veux dire, lâchez-moi un peu. C'est tous des politicards. » C'est le langage qu'il applique aux gens qui donneraient leur vie pour leur pays. Ce rejet des évaluations émanant des experts du renseignement était aussi désinvolte que troublant. Depuis leurs erreurs calamiteuses sur les armes de destruction massive irakiennes, les services avaient travaillé avec acharnement au renforcement des moyens de collecte et d'analyse du renseignement. Sans leur dévouement, nous n'aurions jamais débusqué Oussama ben Laden ou déjoué plusieurs attaques meurtrières contre les États-Unis, et pourtant Trump préfère se fier à son « instinct » plutôt qu'à leurs compétences.

Il n'a pas toujours manifesté un tel mépris de la communauté du renseignement. À certaines périodes, il a fait mine de prendre fait et cause pour elle. Il a maintes fois accusé Barack Obama de s'être prétendument absenté de plusieurs briefings des services. Au cours de la campagne de 2016, il laissa entendre que les professionnels du renseignement envoyés pour l'informer (et pour lesquels il disait avoir « le plus grand respect ») se sentaient mis sur la touche par Obama, qui n'aurait pas écouté leurs conseils. « Dans presque tous les cas, je sentais bien, je suis assez bon pour décrypter le langage corporel des gens, je voyais bien qu'ils étaient mécontents. Nos dirigeants ne suivaient pas leurs recommandations. » Tout cela changea quand il s'imagina que les mêmes professionnels avaient l'intention de s'en prendre à lui dans le cadre d'un complot ourdi par Obama. Après son élection, Trump estima qu'un président n'a pas besoin de briefings de renseignement quotidiens. « J'en demande quand j'en ai besoin, déclara-t-il à Chris Wallace, journaliste et présentateur de l'émission dominicale de débat *Fox News Sunday*. Je suis quelqu'un de plutôt malin. Je n'ai pas besoin qu'on me répète tous les jours la même chose avec les mêmes mots pendant ces huit prochaines années. »

Quand il daigne prendre part à une réunion sur des informations sensibles, cela se déroule comme n'importe quelle autre réunion en sa présence. Il entend ce qu'il veut entendre et il écarte ce qui lui déplaît. Pour lui entrer dans le crâne, les informations du renseignement doivent se conformer à sa vision du monde. Sinon, ce n'est « pas très bon ». En conséquence, le président des États-Unis ignore souvent tout des menaces les plus graves qui pèsent sur la sécurité nationale et il est donc mal préparé à nous défendre contre elles. En fait, j'irais jusqu'à avancer qu'il est sous-informé sur à peu près toutes les menaces planétaires, de la prolifération des armes nucléaires à la cyber-sécurité.

Il insulte d'autant plus ces professionnels diligents qu'il lui arrive de faire un emploi imprudent des informations qu'ils lui confient, et qu'il est censé sauvegarder. En mai 2017, il aurait révélé des renseignements hautement classifiés lors d'une réunion dans le Bureau ovale avec Sergueï Lavrov, le ministre russe des Affaires étrangères. L'incident fut évoqué dans un article du *Washington Post* affirmant qu'il avait révélé certains détails précis sur des opérations d'espionnage en Syrie. Dès la parution de l'article, l'information se propagea à la vitesse d'un feu de brousse. « Nom de Dieu, qu'est-ce qu'il a fabriqué ? » se demandèrent ses conseillers en échangeant des SMS.

Déjà à cran du fait des commentaires publics du président, certains responsables du renseignement furent mortifiés par ces allégations. Que le contenu de l'article ait été véridique ou non, le fait que quiconque ait pu juger plausible que le président des États-Unis ait divulgué des renseignements à un adversaire en dit long sur ce que leur inspire le chef de l'exécutif. Quelques mois plus tôt, Trump avait été surpris par l'objectif d'une caméra, assis à côté de son homologue le Premier ministre du Japon, Shinzō Abe, en visite officielle, occupé à consulter des documents sensibles à propos de la Corée du Nord sur une terrasse de son hôtel-club de Mar-a-Lago en Floride, en s'éclairant à la lumière des téléphones portables (évidemment dotés d'objectifs) pour lire dans l'obscurité.

Trump afficha encore son incompétence et son ineptie dans le maniement des renseignements en exhibant des documents classifiés devant un journaliste de la Maison-Blanche. « Vous voyez ? s'exclama-t-il en brandissant une liasse de feuillets qu'il agita sous le nez de son interlocuteur comme s'il voulait lui montrer qu'il était très au courant des affaires du monde. Beaucoup de pays nous ont communiqué d'excellents renseignements. » Le journaliste ne pouvait lire ce qui était écrit, mais l'incident suscita des débats à la Maison-Blanche. Le président ayant tout pouvoir de classifier ou de déclassifier des informations à sa guise, en théorie, rien ne lui interdisait de montrer ce qu'il voulait à ce journaliste. Néanmoins, de hauts responsables du Conseil de sécurité nationale étaient très inquiets de cette négligence présidentielle qui, estimaient-ils, risquait de compromettre des programmes d'action secrets.

La liste de ces atteintes à la sécurité ne cessant de s'allonger, elle était grosse de conséquences bien plus tragiques que la simple révélation d'informations « à diffusion restreinte ». Certains se rendirent compte que cela pouvait exposer des personnes au danger, placer des citoyens américains en situation de vulnérabilité et compromettre les agents que nous recrutons pour recueillir de telles informations – ceux qui risquent leur vie pour aider l'Amérique à avoir un coup d'avance et à anticiper les nouvelles menaces. Selon des informations parues dans la presse, des agences furent contraintes de monter une opération pour exfiltrer une source de renseignement de haut niveau d'un pays étranger hostile, en partie à cause de leur crainte que les divulgations répétées de Trump ne mette cette personne en péril. Sans préjuger de la véracité de ce rapport, il est certain que le comportement trumpien eut un effet glaçant partout dans la communauté du renseignement, en compliquant encore un peu plus les missions déjà difficiles de ceux qui sont chargés de protéger notre pays.

Comme s'il tenait à se surpasser, le locataire de la Maison-Blanche tweeta au printemps 2019 une photo d'un lancement raté de missile iranien, histoire de narguer le gouvernement de Téhéran. Le problème ? La photo, sans doute prise par un satellite espion américain, avait été montrée au président lors d'un briefing confidentiel.

Nous étions désemparés. Les « sources et méthodes » employées pour collecter des renseignements en territoire étranger comptent parmi les secrets les plus étroitement gardés de l'Amérique, que Trump, par ignorance ou par insouciance, semblait encore vouloir mettre en péril. D'anciens hauts responsables exprimèrent publiquement leurs craintes que nos adversaires, en recourant à l'ingénierie inversée, ne réussissent à utiliser le tweet du président pour comprendre comment les États-Unis surveillaient le programme de missiles iranien. Pareille analyse ne nécessitait même pas de mobiliser le savoir-faire de nos adversaires étrangers. En quelques jours, des chercheurs amateurs mirent à profit les quelques indices contenus dans cette photo pour identifier le satellite en orbite géostationnaire dans le ciel qui avait pris ce cliché. Si c'était vrai, à l'avenir, cela pourrait suffire à ces détectives amateurs pour suivre ce satellite à la trace.

Pire que son inaptitude à garder un secret, Donald Trump n'a pas son pareil pour « politiser » le renseignement. Vous pouvez penser ce que vous voulez de George W. Bush et de Dick Cheney, qui ont entraîné l'Amérique dans une guerre en triant les renseignements sur l'Irak selon leurs préférences, leurs affirmations se fondaient au moins sur des informations réelles collectées à l'époque, étayées par des analystes de la communauté du renseignement et acceptées comme telles par des majorités bipartisanes au Congrès. Trump exige que l'information qui lui est transmise vienne conforter son action politique et il attend de ses responsables du renseignement non pas tant qu'ils lui livrent des données solides, mais qu'ils soient « loyaux ». C'est l'inverse de ce que nos agences d'espionnage devraient faire. Pire encore, cela constitue une véritable menace pour la sécurité du pays parce qu'en réalité, notre commandant en chef se soucie de la vérité comme d'une guigne.

Quand des professionnels du renseignement ne lui soumettent pas les évaluations qu'il veut, Trump les agresse. Sa plus grande inquiétude est de les voir intervenir en public ou devant le Congrès car il sait qu'alors ils diront la vérité. Il n'a aucune envie de les voir transmettre aux parlementaires des informations qui contredisent son point de vue. En plus d'une occasion, cela le démangea de limoger un chef du renseignement qui avait proposé une analyse non partisane et impartiale aux élus du peuple.

Je garde un souvenir très précis d'une de ces journées. Un haut dirigeant des services de renseignement était allé faire une déposition au Capitole. Une responsable me téléphona chez moi tard dans la soirée.

« Le président est furibond, me confia-t-elle. Apparemment, il veut qu'on vire ce type d'ici demain matin.

— Mais enfin, que s'est-il passé ? » lui demandai-je.

Elle m'expliqua que le chef de cette agence avait soumis son analyse relative à une nation ennemie de l'Amérique. Ses conclusions contredisaient les déclarations publiques présidentielles. Les renseignements étaient pourtant exacts, mais cela déplaisait tout bonnement au chef de l'exécutif. Un élu du Congrès avait sans doute dû interroger le président sur cette divergence de vues, ce qui lui avait mis la puce à l'oreille.

Nous nous démenâmes pour nous assurer qu'il n'aille pas se répandre sur Twitter en annonçant une nouvelle révocation. S'il faisait cela, pensions-nous, il donnerait l'impression de vouloir manipuler les procédures du renseignement dans un contexte où cela risquait d'être très dommageable pour lui, sachant notamment que l'enquête du procureur spécial Mueller n'était pas terminée. Heureusement, il refréna ses pulsions, mais ce ne fut que temporaire.

En janvier 2019, les dépositions des chefs du bureau du directeur du Renseignement national (DNI), de la CIA, du FBI et de la DIA devant le Sénat le rendirent fou furieux. Ces directeurs avaient formulé une série de mises en garde très fermes contredisant les prises de position du président, soulignant notamment que la Corée du Nord ne renoncerait sans doute pas à ses armements nucléaires et que l'État islamique n'avait pas été vaincu. Le président piqua une crise de rage. La montagne de muscles d'un *linebacker* de la ligue de football NFL n'aurait pu l'empêcher de se ruer sur Twitter ce jour-là. « Les types du renseignement feraient peut-être mieux de retourner à l'école ! » tweeta-t-il, en fustigeant les conclusions « d'une passivité, d'une naïveté totale » des maîtres espions.

Il mourait d'envie de les virer tous, mais il savait que cela lui était impossible. À la place, il les convoqua en entrevue dans le Bureau ovale, fit diffuser une photo des chefs de la CIA et du DNI assis autour de son bureau et déclara que leurs propos au Capitole avaient été « déformés ». Leurs réponses avaient été « sorties de leur contexte », ajouta-t-il. Il tenta de faire croire que les chefs des services étaient venus à résipiscence, comme si les informations sur la base desquelles ils avaient effectué leurs dépositions étaient erronées. Elles ne l'étaient pas. Et ce ne fut pas du tout le langage qu'ils tinrent au président dès qu'on eut coupé les caméras.

Pendant ce temps, aux quartiers généraux de ces agences, des fonctionnaires démoralisés voyaient (une fois de plus) Trump attaquer le fruit de leur travail. Qui plus est, il humiliait leurs chefs et s'en servait comme faire-valoir pour montrer que c'était lui qui commandait et qu'il avait tout pouvoir d'orienter leurs conclusions. On aurait pu imaginer que cela aurait provoqué des semaines de controverse dans les services de renseignement, mais il n'en fut rien. À ce stade, les professionnels de ces agences étaient si abattus par les frasques présidentielles qu'ils avaient renoncé à s'en scandaliser, mais pas à dénoncer son inconduite. L'Histoire a une manière bien à elle de rétablir les équilibres, et plus tard dans l'année, ce serait un agent de cette communauté du renseignement qui interpellerait Trump sur le double jeu politique de ses prises de position et les manœuvres de dissimulation de la Maison-Blanche.

La convocation des chefs du renseignement dans le Bureau ovale fut l'un des rares épisodes où le président, au lieu de faire ce qu'il mourait d'envie de faire dans le feu de l'action, réussit à patienter. Il rongea son frein. Ensuite, plusieurs mois après, incapable d'attendre davantage, il trancha la tête du directeur du Renseignement national, Dan

Coats, et de son adjointe, Sue Gordon, les poussant vers la sortie parce qu'ils avaient été trop francs dans leur analyse et trop rétifs à l'idée d'être réduits à un rôle de porte-voix politiques. Trump voulait des chefs de service d'espionnage plus loyaux, prévint-il son cabinet. Il ne dissimula pas non plus le fond de sa pensée. « Il nous faut quelqu'un qui sache tenir les rênes, déclara-t-il aux médias. Parce que, je pense que vous l'aurez tous compris, les agents du renseignement sont devenus cinglés. Ils sont tous cinglés. »

Il décida de renverser les rôles. Cédant après des mois de pressions présidentielles, le département de la Justice lança une enquête sur la communauté du renseignement et ses conclusions relatives à la Russie et à l'élection de 2016, que Trump contestait de longue date. Cette investigation fut qualifiée de « vaste ». Le président avait peine à contenir sa joie. « C'était de la trahison. C'étaient des crimes de haute volée », prétendit-il au sujet du travail réalisé par les professionnels du renseignement. Il voulait aller plus loin que révoquer ces traîtres de l'État profond. Il voulait les faire incarcérer.

Faire pencher la balance

Le système judiciaire américain a été conçu dans une répartition des rôles entre deux branches de l'État. La branche exécutive enquête et poursuit les crimes, et la branche judiciaire établit la culpabilité ou l'innocence devant les tribunaux. Trump n'a cure de cette distinction. Il s'efforce de rudoyer les juristes qui le défendent, cherche à influencer les enquêteurs qui investiguent sur ses actes et attaque les magistrats qui le jugent. En conséquence, en tentant de faire pencher la balance en sa faveur, il a réussi à miner toutes les composantes du système judiciaire.

S'agissant de manipuler le système, son premier réflexe consiste à obtenir de force les réponses qu'il attend de ses avocats. Il exerce sur eux des pressions quotidiennes et ils subissent ses assauts. Il les morigène de ne pas concevoir la loi comme il la conçoit, et il ne peut supporter qu'ils lui répondent « Non », ce qu'incidemment ils sont tout le temps contraints de faire. Il les presse de lui fournir un « Oui » sur des questions où cela paraîtrait totalement inacceptable aux yeux du témoin le moins averti. Si des directeurs d'agences gouvernementales n'obtiennent pas les résultats voulus, il leur donne instruction de renvoyer leurs juristes et d'en engager de nouveaux. Si l'Association américaine du barreau pouvait constater ce type de manœuvres de l'intérieur, elle n'hésiterait pas à y mettre bon ordre.

L'ancien conseiller juridique de la Maison-Blanche, Don McGahn, avait le tempérament nécessaire pour résister à Trump (et on ne peut en dire autant de tout le monde). C'est ce qui est si inquiétant dans son maniement des juristes rattachés à l'État. Il les pousse à la limite de ce qui est raisonnable ou légal puis il les harcèle jusqu'à ce qu'ils sautent le pas, en entraînant l'administration avec eux dans leur chute. Cette attitude, qui serait indigne d'un maire de province, est particulièrement indécente de la part d'un président américain.

Quand Trump s'apprête à demander à ses juristes de prendre une décision contraire à l'éthique ou simplement stupide, il y a un signe qui ne trompe pas : il se met à balayer la pièce du regard pour repérer ceux qui prennent des notes.

« Qu'est-ce que vous foutez, bordel ? » vociféra-t-il à un collaborateur qui griffonnait dans un cahier en pleine réunion.

Il n'est pas rare, au cours d'une conversation avec le président, que des conseillers se notent des rappels. Faute de quoi, comment seraient-ils censés retenir toutes ses instructions ? Le silence s'abattit sur la pièce. Le collaborateur avait l'air perplexe, ne saisissant pas ce qu'il avait fait de mal.

« Putain, mais vous prenez des notes ? continua Trump, l'œil courroucé.

— Euh... désolé », s'excusa le collaborateur, en refermant lentement le cahier et en se redressant dans son siège.

Sa paranoïa constitue la meilleure preuve de sa mauvaise conscience. Après une série de fuites particulièrement calamiteuses pour la Maison-Blanche, il s'enquit de la possibilité de surveiller discrètement les téléphones du personnel de la présidence. Pour éviter de s'égarer en territoire « illégal », le cabinet interpréta cette requête comme s'il s'enquérait de meilleurs systèmes de « détection de menaces intérieures », une pratique courante dans certaines entreprises ou agences afin d'empêcher les divulgations d'informations non autorisées. Nous avions là un homme que la théorie (complètement fausse) d'un Barack Obama « le mettant sur écoute » à la Trump Tower rendait apoplectique, mais qui ne voyait aucun inconvénient à faire écouter son propre entourage.

Il ne laissera pas la prudence des juristes du gouvernement l'empêcher de faire ce qu'il veut. S'il ne peut vraiment obtenir les réponses qu'il exige, il va chercher conseil à l'extérieur en écumant les milieux juridiques pour aller y pêcher les personnages les moins fréquentables. Il a déjà trouvé des interlocuteurs à son goût chez des individus comme Michael Cohen, son « fixeur » de longue date, dont la loyauté envers le président finit par s'étioler quand les actes qu'il avait commis pour le compte de son patron lui valurent de graves démêlés avec la justice, ou comme Rudy Giuliani, l'ancien maire de New York tombé en disgrâce*. Ceux d'entre nous qui avaient fréquenté Giuliani au fil des ans ne l'auraient pas imaginé s'immolant si complètement sur l'autel trumpien, mais c'est l'inévitable conséquence lorsqu'on écume le globe (et les plateaux de télévision) pour défendre la corruption présidentielle.

L'animosité de Trump envers la loi s'étend aux juges et aux tribunaux. Il contrôle moins leur action, aussi use-t-il

* En novembre 2000, le magazine *Village Voice* publiait un reportage sur les manœuvres de Giuliani, « maire républicain tombé en disgrâce », bloquant toute enquête sur les brutalités policières à New York. (*N.d.T.*)

de sa capacité de nuisance pour les dénigrer et remettre leur légitimité en cause. Rappelons que durant la campagne de 2016, le candidat Trump vilipenda le juge Gonzalo Curiel pour un jugement rendu dans une procédure contre la Trump University et prétendit que l'ascendance mexicaine de ce magistrat de Californie ne pouvait que biaiser son jugement. À l'époque, Jake Tapper, journaliste de CNN, l'affronta : « Je ne vois pas d'inconvénient à ce que vous le critiquiez. Pourquoi pas. Vous avez le droit de critiquer une décision. Ce que je veux dire, c'est que si vous invoquez ses origines ethniques au motif qu'elles l'empêcheraient d'exercer son métier… – Je pense que c'est précisément ce qui le pousse à agir de la sorte », l'interrompit Trump, en réitérant ses accusations et en arguant que le magistrat devrait se récuser. Un magistrat qui n'était d'ailleurs nullement originaire du Mexique, mais de l'Indiana. Paul Ryan, le *speaker* de la Chambre des représentants, qualifia cette saillie d'« archétype de commentaire raciste ».

Après un jugement rendu contre les politiques migratoires de l'administration, le président Trump fustigea la décision de la cour, « une honte », et attaqua le juge qui la présidait, « un juge d'Obama », en ajoutant qu'« il faut vraiment qu'on examine de près [le tribunal où siégeait ce magistrat] parce que c'est une décision injuste ». Le président de la Cour suprême, John Roberts, rejeta ces attaques en écrivant que les États-Unis n'ont pas « de juges Obama ou de juges Trump, de juges Bush ou de juges Clinton… L'indépendance de la justice est un atout dont nous devrions tous nous féliciter ».

Le président ne laissa pas passer ce commentaire. Il déclencha une tempête de tweets, se moquant de « l'indépendance de la justice » (encadrant la formule de guillemets) et suggérant qu'afin d'obtenir des arrêts plus favorables à l'administration Trump, l'État fédéral devrait dissoudre la Cour d'appel du Neuvième Circuit*, « un désastre complet & total ». Ses commentaires récoltèrent plus de 100 000 « likes ». Un autre de ses débordements le conduisit à assaillir un juge pour une injonction visant son décret présidentiel qui suspend le programme d'admission des réfugiés : « L'arrêt de ce soi-disant juge, qui au fond prive notre pays de toute capacité de faire régner l'ordre, est ridicule et sera cassé ! » Il continua : « Si quelque chose lui arrive, ce sera sa faute et celle du système judiciaire. » C'était là une menace nullement voilée. Trump peut avoir sa propre conception pervertie de la justice, mais il exhorte les autres à partager l'idée que les tribunaux fédéraux seraient corrompus et feraient peser un danger potentiel sur la population, sapant un peu plus un pilier essentiel de notre démocratie.

Il a proposé de se défaire des juges en plus d'une circonstance. En effet, ses politiques se retrouvent trop souvent empêtrées dans les méandres judiciaires, se lamente-t-il.

« Pourrions-nous simplement nous débarrasser des juges ? Finissons-en avec ces putains de juges, tempêta-t-il

* Cour d'appel sise à San Francisco où sont interjetés les appels provenant de quinze cours de différents districts des États-Unis. (*N.d.T.*)

un matin. Franchement, on ferait mieux de totalement s'en passer. » Il alla un pas plus loin, pria son équipe de juristes de rédiger un projet de loi pour réduire le nombre de juges fédéraux et de l'envoyer devant le Congrès.

Le cabinet se contenta d'ignorer cette lubie et cette requête aberrante.

Il continua quand même de s'en plaindre. « Depuis que je suis président, je n'ai gagné que deux affaires devant les tribunaux. Et dans un de ces deux dossiers, vous savez contre qui j'ai eu le dessus ? Contre une strip-teaseuse. »

Face à cette allusion, tout le monde écarquilla les yeux. Il y revint encore par la suite, sans nul doute en suscitant la même réaction de son auditoire médusé, otage de ses divagations.

La conclusion inévitable à laquelle cela nous mène, c'est que le président se croit au-dessus des lois, un point de vue effrayant pour un individu qui a juré devant Dieu et la nation de « fidèlement appliquer » ces mêmes lois. C'est là une perception évidente au vu de sa fascination presque mystique pour le pouvoir de grâce présidentielle, qui lui permet d'absoudre des criminels condamnés. Pour Donald Trump, c'est comme puiser dans le sabot illimité de cartes « Vous êtes libéré de prison » d'une partie de Monopoly.

Il a déjà signifié à des responsables qu'il les gracierait s'ils commettaient des actes illégaux en son nom. Des organes de presse mentionnèrent le fait qu'il avait proposé cette grâce présidentielle aux responsables de la construction de son mur, en les incitant à ignorer les réglementations qui se dressaient en travers de sa précieuse barrière et de foncer, au mépris des conséquences. Ils pouvaient compter sur lui, s'ils étaient confrontés à des ennuis juridiques, il serait là, décret de grâce en main. On dépêcha immédiatement des porte-parole du gouvernement refroidir cet emballement médiatique. Signe éloquent, ils ne nièrent pas que le président ait tenu de tels propos, mais soulignèrent que c'était dit sur le ton de la plaisanterie. Une fois encore, que ce soit bien clair, quand Donald Trump envoie l'un de ses séides déclarer qu'il voulait rire, c'est le plus sûr indicateur de ce qu'il ne plaisantait pas.

Trump put aussi affirmer qu'il avait le pouvoir de se gracier lui-même, si nécessaire. En juin 2018, il tweeta : « ... J'ai le droit absolu de me GRACIER, mais pourquoi irais-je m'en servir puisque je n'ai rien fait de mal ? » Cette réflexion s'inscrivait dans un parallèle glaçant avec une déclaration de Nixon : « Si c'est un acte du président, ce n'est pas illégal. » Interrogez-vous : ces propos sont-ils ceux d'un homme qui entend respecter la loi ? C'est triste à dire, mais lorsque Trump profère ce genre de déclarations, c'est presque un soulagement : cela a le mérite de révéler à l'opinion ce que ses conseillers vivent tous les jours, dans l'ombre, sans qu'il puisse taxer cette vérité de « *fake news* » diffusées par des sources anonymes.

Il réserve une place toute particulière dans son cœur à une dernière catégorie d'acteurs du système judiciaire : les enquêteurs. En démocratie, il est essentiel que ceux qui enquêtent sur les crimes soient impartiaux, que leurs investigations ne soient pas entachées d'influences extérieures. Pourtant, rien ne fait plus sortir le président de ses gonds que la perspective d'être soumis à enquête, ainsi que l'Amérique a pu le découvrir avec son obsession brûlante, qui le tint éveillé toute la nuit durant de longs mois, pour ce qu'il appelait d'une formule devenue célèbre, « LA CHASSE AUX SORCIÈRES ». Le rapport Mueller révéla jusqu'où il était prêt à aller pour interférer avec une procédure d'enquête. Avant même de se plonger dans ce rapport, il suffit d'en lire la synthèse analytique : les auteurs soulignent que sa conduite comportait des « attaques publiques contre la procédure d'enquête, des tentatives en sous-main de la contrôler et des tentatives publiques et privées pour dissuader des témoins de coopérer avec les investigations en cours ».

On pourrait arguer que le président ne se serait jamais exposé au supplice de l'enquête Mueller s'il s'était abstenu de tenter d'orienter l'enquête sur l'ingérence russe. Le 9 mai 2017, il révoqua le directeur du FBI James Comey. Il lui envoya une lettre mettant fin à ses fonctions, dans laquelle il soutenait que le ministre de la Justice et son ministre adjoint lui avaient recommandé de le révoquer. « J'ai accepté leurs recommandations et mets fin par la présente à vos fonctions, avec effet immédiat, écrivait le président. Si j'ai grandement apprécié d'avoir été informé par vous à trois reprises que je ne suis sous le coup d'aucune enquête, je rejoins néanmoins le jugement du département de la Justice en considérant que vous n'êtes pas apte à diriger efficacement le Bureau. » Il achevait sur ces mots : « Je vous souhaite de réussir dans vos entreprises futures. »

Ce serait un euphémisme de dire que son entourage

était à la fois exaspéré et effaré de ce qui ressemblait de la part de Trump à une tentative de se protéger contre toute enquête le visant. En pareilles circonstances, les fanatiques du chef de l'exécutif agitent le drapeau rouge. « Allons, diront-ils, le président a viré Comey parce qu'à force de faire l'intéressant, ce type avait perdu toute la confiance de l'opinion. Même Hillary Clinton était contente. » Cependant, ce que ces supporters de Trump ne voyaient pas, c'était la vitesse à laquelle les standards téléphoniques de Washington avaient fondu cet après-midi-là, sous le feu roulant des appels de conseillers présidentiels qui se répandirent en conjectures inquiètes sur le sens de ses actes. Aucun de nous ne croyait qu'il s'efforçait de « faire ce qui était juste ».

Peu après, ses justifications commencèrent à se détricoter. Il prétendait avoir pris cette décision sur le conseil de deux hauts responsables du département de la Justice, mais les jours suivants, ses propres explications contredirent cette version. Dans une interview à NBC News, il invoqua l'enquête sur l'ingérence russe, l'une des véritables raisons pour lesquelles il s'était défait de Comey. « J'ai réfléchi, je me suis dit “bon, cette histoire de la Russie avec Trump et la Russie c'est de l'invention totale” », déclara-t-il à la chaîne. Ce même mois, lors d'une réunion avec des émissaires russes à la Maison-Blanche, il leur avoua que la révocation de James Comey l'avait soulagé d'une « grande pression ». Il fut bientôt révélé que le président avait en réalité demandé au département de la Justice de rédiger la recommandation de limogeage qui lui avait été adressée, et les hauts fonctionnaires s'étaient certes exécutés, mais à contrecœur. Tout cela n'avait été que mise en scène.

Le soudain limogeage du directeur du FBI, suivi de ces explications changeantes, fut perçu au sein même de la Maison-Blanche comme une initiative dangereuse risquant de déclencher une cascade d'événements susceptibles d'entraîner la chute de son administration. Un ministre au moins de son gouvernement envisagea de démissionner. « Je m'inquiète sincèrement pour le pays », avoua ce dernier. Apparemment, son inquiétude n'allait pas jusqu'à le pousser à rendre ses états d'âme publics. De hauts dirigeants retinrent leur souffle, et l'atmosphère n'en était que plus sinistre.

Trump perdit ce qui lui restait d'équilibre le 19 mai 2017 quand Rod Rosenstein, le numéro deux du département de la Justice, prit la décision de lancer une enquête indépendante sur l'ingérence russe. Il nomma l'ancien directeur du FBI, Robert Mueller, « procureur spécial » à la tête de cette investigation. Envahis par la sensation d'une catastrophe imminente, nous avons tous observé Trump qui se mit à rechercher des moyens de se débarrasser de Mueller. Quelques jours après avoir flanqué Comey à la porte du FBI, il prétendit que le procureur spécial était sujet à des « conflits d'intérêts », puisque c'était un « Never-Trumper », qu'il voulait se faire à nouveau nommer à la direction du Bureau et détenait une carte de membre du club de golf de Trump. Des collaborateurs avertirent le président que ces « conflits d'intérêts » étaient imaginaires, et ils craignaient que sa demande ne soit simplement destinée à entraver le cours de l'enquête.

Un jour de juin, je reçus un message d'un collègue de l'administration qui était en train de regarder un supplétif du deuxième cercle trumpien faire la tournée des plateaux de télé en laissant entendre que le président pourrait bien s'apprêter à renvoyer Mueller. Le supplétif n'aurait pas tenu de tels propos si le principal intéressé ne lui en avait pas touché un mot.

« Mais enfin, quoi, qu'est-ce qu'il fout ? se lamenta mon collègue.

— Tu m'as compris », répondis-je. Si virer Comey n'avait pas fait tomber cette administration, virer Robert Mueller scellerait définitivement son sort. Comment une telle évidence pouvait-elle échapper à Trump ? Je l'imaginai dans une colère si noire qu'elle l'aveuglait : il ne voyait pas qu'il mettait sa présidence dans la balance.

Lors d'une entrevue en tête à tête, il confia à Don McGahn qu'il fallait que Rod Rosenstein le débarrasse du procureur spécial. Pas question, l'avertit McGahn. « Dégommer Mueller », lui expliqua-t-il, serait un « autre élément que certains utiliseront pour affirmer » que Trump s'était rendu coupable d'obstruction à la justice, ainsi que le mentionnerait le rapport final de l'enquête. Le président refit une tentative le 17 juin 2017, en téléphonant à McGahn de Camp David. « Il faut y aller, insista-t-il. Il faut appeler Rod [Rosenstein]. » Il réitéra cet ordre le lendemain. McGahn ignora ces deux requêtes et menaça de démissionner. Quand cet épisode devint public, le président le pria de démentir et de « rédiger une notification stipulant qu'il n'avait jamais reçu l'ordre de priver le procureur spécial de sa fonction ». McGahn refusa de mentir et le président le convoqua dans le Bureau ovale afin de faire pression sur lui, une nouvelle sollicitation que son principal conseiller juridique rejeta.

Après la publication du rapport Mueller, des centaines d'anciens procureurs fédéraux signèrent une lettre déclarant que les tentatives de Trump d'enrayer cette enquête constituaient autant de manœuvres d'obstruction à la justice. S'il n'avait pas été président des États-Unis, il aurait été poursuivi sur la base de « plusieurs chefs d'inculpation ». Certains des signataires étaient des experts de gauche, comme il fallait s'y attendre, mais d'autres avaient servi des administrations républicaines, comme Jeffrey Harris, ancien conseiller juridique du ministre de la Justice sous Ronald Reagan et ami de Rudy Giuliani. « Pour un procureur, que ce type de conduite soit ou non passible de poursuites ne souffrait aucun doute, déclara Harris à un journal quand on l'invita à signer cette déclaration. Cela tombait sous le sens. » Je laisserai la paternité de cette conclusion à d'autres, mais des épisodes comme celui impliquant McGahn sont à tout le moins totalement inexcusables de la part d'un dirigeant américain.

L'une des plus grandes victimes de la saga Mueller fut le FBI. Les agents qui travaillent dans le Hoover Building, quartier général de l'organisation, n'ont pas d'autre motivation que de servir leur pays et d'établir la vérité. Je les ai vus à l'œuvre de près. Pourtant, le président n'a cessé de les rabaisser de la façon la plus impitoyable. En dehors de leur profession, nombre de ces enquêteurs étaient silencieusement favorables au candidat Trump, mais ils ne peuvent désormais croire que l'homme qui raconte aux forces de l'ordre qu'il les « couvre quoi qu'il arrive » les poignarde régulièrement dans le dos. Le directeur du FBI a essayé de prendre la défense de ses services, déclarant en réponse aux critiques du président : « Les opinions qui m'importent sont celles des gens qui savent quel travail nous accomplissons. » Voilà qui ne suffit malheureusement pas face à l'allonge médiatique de Trump.

Le président affirme que le Bureau est un rejeton des conspirateurs de l'État profond, indigne de confiance. Il n'arrête pas de juger le FBI « véreux » et dénigre ses agents. « Fuites effarantes, mensonge et corruption au plus haut niveau », « un instrument des acteurs politiques anti-Trump », « politisation des procédures d'enquête les plus sacrées », « pollué », « totalement malhonnête », « le pire de son histoire », « la réputation du Bureau est en ruines ». Jamais un président américain n'aura aussi fréquemment pris pour cible un tel nombre d'acteurs de la vie publique pour des motifs aussi injustifiables. Trop peu de protagonistes autour de lui ont résisté et lui ont demandé d'arrêter de débiter ces sornettes, de sorte qu'il continue sans relâche de frapper à coups redoublés sur une institution démocratique.

Cela a pour résultat de fournir à des millions d'Américains un prétexte à douter des conclusions de la principale agence de maintien de l'ordre de la nation. Les attaques cinglantes de Trump contre le FBI incitent les commentateurs à faire croire à la politisation des activités du Bureau et à inventer des théories du complot, comme le fit récemment Tucker Carlson, présentateur de Fox News, qui tourna en ridicule les avertissements du FBI sur la montée en puissance de la violence nationaliste blanche : « De l'intox », selon lui. Qu'il aille raconter cela aux familles qui ont perdu des êtres chers à cause de ces attentats à motivation raciste.

Perte de vigilance

Les attaques de Donald Trump contre les branches exécutive et judiciaire ne laissent plus qu'une institution pour tenir son pouvoir en respect – le Congrès des États-Unis. Les instruments de la branche législative sont énumérés dans la Constitution avant tous les autres, dès l'article I. Cette hiérarchisation était intentionnelle. Les Pères fondateurs considéraient le Congrès comme l'institution la plus proche du peuple. C'était l'organe qui réunissait ses représentants, dont il choisissait les élus plus fréquemment que ceux des deux autres branches du gouvernement, et bien que les trois instances soient censées être sur un pied d'égalité, si une branche devait avoir la primauté, il fallait que ce soit celle du pouvoir législatif.

Pour le chef de l'exécutif, le Congrès est depuis le début de son mandat un sujet d'irritation persistant, même quand les deux assemblées – la Chambre des représentants et le Sénat – étaient contrôlées par les

Républicains. Pour quiconque a pu avoir une discussion sérieuse avec le président au sujet du processus législatif, il est clair qu'il n'a pas la moindre idée de son fonctionnement ou de son déroulement supposé. Les traditions du Sénat, comme le *filibustering*, les procédés légitimes d'obstruction législative, ne revêtent aucun sens à ses yeux, et il juge grotesque que des commissions parlementaires exercent un pouvoir de supervision sur ses agences gouvernementales. Il est forcé de réapprendre tous les jours qu'avant de réussir à réaliser quoi que ce soit de concret, il est nécessaire de bâtir un consensus bipartisan, ce qu'il s'empresse aussitôt d'oublier.

L'heure est plus appropriée que jamais pour que le Congrès joue son rôle d'organe de contrôle et de supervision. Le président le sait, et c'est pourquoi il a cherché à rogner encore un peu plus sur le soutien de l'opinion aux instances législatives en détournant vers les parlementaires et les sénateurs les critiques adressées à ses propres échecs, en traitant par le mépris les décrets de la branche législative et en faisant activement barrage à tout contrôle parlementaire de son administration.

Le président a bien de la chance d'avoir sous la main d'autres responsables politiques à incriminer. Lorsqu'il ne put faire voter le premier accord budgétaire qu'il désirait obtenir ? La faute en incombait au Congrès contrôlé par les Républicains. Quand il ne put conclure le second accord budgétaire qu'il appelait de ses vœux ? C'était encore la faute du Congrès contrôlé par les Républicains. Et la troisième fois ? Le Congrès, cette fois dirigé par les Démocrates.

Des usines ferment en Amérique ? « Encore les génies du Congrès ! » L'immigration ? « Congrès, finance-nous ce MUR ! » Le soutien aux vétérans de l'armée ? « C'est au Congrès de régler ça. » L'incapacité de réformer le système de santé ? « Le Congrès doit voter une loi FORTE. » Des enfants meurent en garde à vue dans les centres de détention dépendant du ministère de la Sécurité intérieure ? « Les morts d'enfants ou d'autres personnes à la Frontière sont strictement la faute des Démocrates. »

Vous avez saisi le tableau.

Le Congrès est une cible facile parce qu'il n'avance jamais très vite. C'est dû en partie aux principes de la Constitution. Les architectes de la nation américaine voulaient que toutes les parties se rejoignent lorsqu'elles avaient à défendre des intérêts communs, et entendaient aussi éviter qu'une étroite majorité ne mette certains en position d'écraser les autres. C'est bien pour cela que Trump nous a demandé de l'engager au poste suprême, n'est-ce pas ? Il avait promis de conclure des accords mesurés avec le Parlement : sur ce plan, il n'avait pas son pareil dans le monde. Or, pour un homme qui a bâti sa réputation sur la négociation, il s'est révélé assez médiocre à cet exercice. Ses états de service de rassembleur du Capitole sont atterrants. C'est ce qui le contraint à déclarer des situations d'urgence sur les sujets les plus divers, de la frontière avec le Mexique à la politique étrangère, afin de prendre des décisions dont il n'ignore pas qu'elles ne seraient jamais soutenues par des majorités bipartisanes. Il consacre davantage de temps à poster des messages assassins sur des parlementaires qu'à essayer de rallier des soutiens à son programme d'action, préférant un bon pugilat digne d'une cour d'école à l'opiniâtreté du travail législatif. Par conséquent, vous verrez ses conseillers chargés des relations avec le Parlement dans un état de perpétuelle consternation.

Trump est de plus en plus décidé à ignorer complètement le Congrès. Il a demandé à ses conseillers d'en faire autant en les incitant à braver de façon flagrante et sans vergogne toute forme de restriction parlementaire. Un jour, un directeur d'une agence de sécurité nationale lui demanda son soutien pour convaincre le Congrès d'adopter un projet de loi de défense au dépôt imminent. Il pouvait se servir de sa force de conviction pour inciter des assemblées hésitantes à soutenir ce texte.

« Ne vous inquiétez pas pour le Congrès, lui répondit le chef de l'exécutif. Faites ce que vous avez à faire, un point c'est tout. »

Ce haut fonctionnaire lui expliqua que ce n'était pas la procédure. Il fallait faire adopter cette loi afin de pouvoir lever certaines restrictions en matière de défense. Tant que ce ne serait pas le cas, cette agence serait incapable de remplir ses missions de protection du peuple américain. C'est pourquoi ils avaient besoin du président pour défendre l'adoption de ce projet de loi.

« Non, non. Aucune importance. Vous avez ma permission pour faire tout ce que vous avez besoin de faire, d'accord ? Les parlementaires, oubliez-les. »

Le haut fonctionnaire resta silencieux, éberlué, avant de renoncer et de passer au sujet suivant.

Donald Trump ne voit aucun inconvénient non plus à bafouer le Congrès alors que la loi stipule explicitement que les chambres haute et basse ne doivent pas être ignorées, qu'elles doivent être consultées ou approuver un texte avant tout passage à l'action.

Il suscita la colère au Capitole en procédant sans l'aval parlementaire à la vente controversée d'armements à l'Arabie saoudite et aux Émirats arabes unis. De par la loi, le président a obligation d'informer le Congrès trente jours avant de procéder à la passation d'un tel marché, laissant ainsi aux parlementaires la possibilité de bloquer la transaction. Il savait qu'il existait une opposition bipartisane à cette vente, aussi invoqua-t-il une clause d'« urgence » mentionnée dans la législation, transmit l'information aux parlementaires à la dernière minute et procéda à la livraison de ces armements. Pour être clair, cela n'avait aucun caractère d'« urgence », mais il créait ainsi un nouveau précédent néfaste qui permettrait aux futurs chefs de l'exécutif d'agir sans faire aucun cas de la branche législative.

Le président n'a jamais tenté de masquer le fait qu'il esquive et dédaigne activement le rôle crucial du Congrès et son apport en « ressources humaines ». La Constitution requiert que le président choisisse et propose à l'investiture les candidats aux principaux postes dirigeants des services gouvernementaux et les nomme seulement « avec le conseil et le consentement du Sénat ». Or, il a déjà ouvertement admis qu'il préfère maintenir à ces postes clés des individus qui n'ont jamais été proposés à l'investiture et jamais confirmés par le Sénat. Il est déconcertant de voir des directeurs d'agences gouvernementales obligés de solliciter constamment ses faveurs et obéir à ses quatre volontés s'ils veulent espérer une nomination, ce qui les rend d'autant plus loyaux à sa personne et d'autant moins comptables devant le Congrès. Au total, au milieu de sa troisième année de mandat, Trump cumulait dans son administration l'équivalent de 1 400 journées de vacances de postes, des agences de première importance étant privées d'un directeur confirmé par le Sénat. À titre de comparaison, au même stade, Barack Obama cumulait 288 journées de vacances de postes, et George W. Bush seulement 34.

Ces carences ne permettent au Congrès de demander des comptes qu'à des responsables temporaires. Ces directeurs « par intérim » sont plus des concierges que des chefs d'administration investis d'un réel pouvoir, et ils hésitent souvent à s'aventurer dans les eaux parlementaires tant qu'un haut fonctionnaire à part entière n'est pas nommé et confirmé. Les requêtes parlementaires sont mises « en attente ». Les auditions sont retardées. La transparence s'en trouve d'autant plus affaiblie. Quand des organes étatiques n'avancent pendant des mois que par à-coups, privés de gouvernail et d'une ferme supervision parlementaire, les fonctions gouvernementales s'atrophient. Le risque d'abus potentiels augmente et le résultat final est aussi néfaste au plan de la gestion organisationnelle que pour les institutions démocratiques.

Pour couronner le tout, le président s'est démené pour faire activement obstruction à toutes les enquêtes de la Chambre des représentants. C'est devenu chez lui un réflexe récurrent de traiter par le mépris les requêtes ou même les convocations officielles, qui sont censées être les armes les plus puissantes du Capitole pour obtenir des informations de la branche exécutive. Trump traite maintenant ces demandes officielles comme des prospectus publicitaires bons à finir à la poubelle. Il impose à ses juristes de les rejeter en invoquant le « privilège de l'exécutif », la prérogative d'un président pour empêcher la divulgation de certaines informations et avis confidentiels. Ce refus va au-delà des pratiques ordinaires et s'est transformé en un barrage en règle contre les enquêtes parlementaires relatives à tout un ensemble de controverses impliquant l'administration Trump. Le président en personne admet qu'il se livre à ce contournement de tout contrôle parlementaire normal, puisqu'il a catégoriquement déclaré que l'administration « luttera contre toutes les convocations officielles » du Congrès et mis la branche législative au défi de riposter à ces manœuvres.

À vrai dire, cela complique singulièrement la défense des politiques du président lorsque nous nous rendons au Capitole. Les parlementaires n'ont aucune envie de nous écouter, puisque nous ne les écoutons pas. Désormais, chacune de ces rencontres débute par une longue liste de griefs. À huis clos, les sénateurs et les représentants énumèrent tous les moyens dont a usé notre administration pour vider de leur substance les mandats du Congrès ou n'en tenir aucun compte – et je ne parle pas que des Démocrates. J'ai reçu le même accueil de la part de Républicains. Nous sommes obligés de faire un aveu à ces représentants : tant que le président n'a pas changé d'avis ou qu'ils n'ont pas une monnaie d'échange à lui proposer, nous restons pieds et poings liés.

Ces manœuvres d'obstruction s'inscrivent dans une campagne délibérée et coordonnée. Avant les élections législatives de mi-mandat, le bureau du conseiller juridique de la Maison-Blanche mit au point un plan de secours afin de protéger la branche exécutive au cas où les Démocrates reprendraient le pouvoir. On recruta de nouveaux juristes et de nouvelles procédures furent mises en place. L'objectif n'était pas seulement de se préparer à un feu roulant de requêtes parlementaires. C'était une tentative concertée de contrer toute forme de contrôle de l'assemblée. Quand les Démocrates retrouvèrent la majorité à la Chambre, la politique implicite de l'administration vis-à-vis du Capitole devint celle-ci : en lâcher le moins possible, jouer la montre le plus possible. De banales demandes de renseignements sont désormais réorientées vers les juristes qui ont inventé toutes sortes de formulations singulières pour répondre que « dans l'immédiat nous ne pouvons pas », « donnez-nous quelques mois », « nous allons devoir vous faire patienter », « probablement pas », « non », et « jamais de la vie ».

Certes, il faut admettre qu'en l'occurrence, personne n'est irréprochable. Les Démocrates ont repris le pouvoir parlementaire animés d'une fureur inexpiable envers Donald Trump. Leur attitude est claire : la fin justifie les moyens, pourvu que cela permette de l'abattre. Ils annoncèrent à leur base qu'ils allaient investiguer sur tout ce qui bougeait, un langage particulièrement mal choisi quand vous espérez convaincre la branche exécutive de coopérer à une enquête, fût-ce au tout début. Un certain nombre d'investigations menées par la Chambre des représentants sont à l'évidence à caractère politique et manquent de substance. En revanche, d'autres relèvent des devoirs légitimes du Congrès, que ce soit l'examen des violations des règles éthiques commises par la branche exécutive ou l'analyse des actions gouvernementales et de leur éventuelle instrumentalisation politique.

Ce n'est pas la mission de la Maison-Blanche de décider de ce que le Congrès doit ou non contrôler. Cette répartition des prérogatives a été arrêtée voici deux siècles et expressément prévue par la Constitution. Le Congrès est une branche du gouvernement à parité avec les deux autres, et le contrôle de l'exécutif constitue l'une de ses nombreuses fonctions de plein droit. Plus le président tente avec véhémence d'entraver cette fonction, plus il prépare le terrain aux administrations futures qui tenteront probablement aussi d'éviter de rendre des comptes, créant ainsi de nouvelles possibilités d'abus gouvernementaux.

*

Chaque fois qu'il se lance dans l'une de ses manœuvres inopportunes, on entend régulièrement ce refrain au sein de l'administration Trump : « Nous allons immédiatement recevoir des injonctions des tribunaux. » Ses idées dévient si souvent vers l'irrégularité et l'illégalité que la quasi-totalité des hauts responsables ont déjà entendu, prononcé ou redouté cette phrase. C'est le canari au fond de la mine de charbon – le signal qu'une mauvaise idée est encore sur le point de provoquer un coup de grisou. Le mineur, c'est Donald Trump, il a des écouteurs sur les oreilles, la musique à fond, et il n'entend aucun avertissement. Il donne parfois véritablement l'impression de prendre un malin plaisir à lancer des actions qui vaudront à l'administration d'être poursuivie en justice.

Un jour que nous étions en déplacement, un de mes homologues conseillers de la présidence s'épancha sur une requête émise par le Bureau ovale. Trump voulait se servir d'un de ses pouvoirs présidentiels en politique intérieure pour commettre quelque part à l'étranger un acte absurde (dont je ne peux révéler la teneur pour des raisons de sécurité).

« Ça n'a aucun sens. Alors je lui ai dit qu'il ne comprenait pas. C'était comme si on mélangeait des pommes et des frigos, me fit remarquer ce haut fonctionnaire. Il ne saisit pas. Il ne saisit vraiment pas. Et puis, si on se lance là-dedans, on recevra une injonction des tribunaux dans l'heure. »

Cette formule m'est restée en tête. Des pommes et des frigos. Quand le président mélange certains termes, le résultat est toujours surprenant, mais quand il mélange certains concepts juridiques, le résultat peut tout simplement enfreindre les lois. Il déclara ainsi à George Stephanopoulos, dans son émission sur la chaîne ABC, qu'il pourrait envisager de recevoir des informations compromettantes concernant un adversaire politique de la part d'un gouvernement étranger comme la Chine ou la Russie. Le président admit qu'il accepterait volontiers de telles informations, en les réduisant à ce qu'il appelait des « investigations sur le camp d'en face ». Pour lui, c'était de la politique pure et simple. Pour certains experts, on serait dans « un cas typique d'illégalité ». Le procureur spécial Mueller ne venait-il pas d'enquêter sur d'éventuels agissements similaires lors de l'élection de 2016 ? Après ce cauchemar d'ampleur nationale, comment le président Trump pouvait-il persister à ne pas comprendre la différence entre l'action politique banale et la corruption brute ? Cela lui était-il égal ? L'interview d'ABC laissait présager de la réponse. Cela lui était égal.

Quelques mois plus tard, il décida de se servir du pouvoir d'influence de la présidence pour faire pression sur le gouvernement ukrainien afin que Kiev enquête sur l'un de ses rivaux potentiels dans l'élection de 2020. Il pressa le président Zelensky d'ouvrir une enquête sur Joe Biden et son fils, dont le travail lucratif pour une compagnie gazière ukrainienne avait attiré l'attention, surtout à la lumière de l'engagement de son père en Ukraine quand il était vice-président. Que ces allégations d'opérations douteuses soient ou non fondées, le système n'était pas supposé fonctionner de la sorte. Il revient au département de la Justice d'investiguer sur des délits potentiels. Les présidents américains ne sollicitent pas de dirigeants étrangers qu'ils lancent des enquêtes sur des opposants politiques. La campagne électorale consommant toutes ses capacités mentales au quotidien, Trump ne pouvait résister à la tentation d'empocher un tel avantage sur ses adversaires.

Ceux d'entre nous qui ont été plus d'une fois les témoins de ce type d'actions inconsidérées avaient envie de se taper la tête contre les murs. Pour les membres de son entourage, l'explication selon laquelle il voulait aider à combattre la « corruption » en Ukraine n'était guère crédible. À l'évidence, si corruption il y avait, c'était dans le Bureau ovale. Le président n'avait apparemment retenu aucune leçon de la saga Mueller. Nous étions les seuls à en avoir tiré quelques enseignements. Nous avions appris que si on lui laissait assez de temps et d'espace, Donald J. Trump chercherait à abuser de tous les pouvoirs qu'on lui confie. C'est une réalité que maints exemples à l'intérieur de cette administration nous avaient apprise. Aucune force extérieure ne peut l'affranchir de son besoin compulsif de commettre des actes délictueux. Sa présidence en est constamment menacée, et les institutions de l'Amérique avec elle.

Si l'assaut du président contre la démocratie semble trop éloigné des préoccupations de la majorité des Américains, que mes compatriotes se rassurent. Ils peuvent assister aux mêmes dérives à leur porte, car le président a aussi cherché à abuser de ses pouvoirs pour les cibler directement. À plusieurs reprises, il a tenté d'exploiter sa fonction pour punir ce qu'il appelle les « États des Démocrates » – ceux dont la majorité des citoyens ont voté pour Hillary Clinton en 2016, sans tenir compte de ce que bon nombre de ses électeurs résident eux aussi dans ces États. Il sait prendre son équipe à contre-pied en imaginant les moyens les plus horribles de compliquer la vie de ces régions d'Amérique.

La Californie en offre le parfait exemple. Trump déteste la Californie. Il ne peut pas croire qu'une star de la téléréalité comme lui soit incapable de conquérir la terre d'Hollywood. Il vitupère contre le gouverneur Gavin Newsom, décidément agacé par les critiques du premier magistrat de cet État contre les politiques de son administration. Et puis il croit résolument qu'on lui a « volé » les voix de ses grands électeurs en bourrant les urnes de masses de prétendus bulletins « clandestins ». Après les feux de forêts qui dévastèrent des maisons individuelles et toutes sortes de sites de la côte Ouest, il insista pour que l'on supprime les fonds fédéraux dévolus à cet État. Pas un dollar de ces plans de secours ne devait être versé aux Californiens, signifia-t-il à son équipe. La nouvelle de ces mesures de pure vindicte se répandit dans toute la Maison-Blanche, notamment parce qu'il soulevait cette idée avec toutes sortes d'interlocuteurs au gré de ses humeurs, comme cela lui arrivait souvent. C'était atterrant, surtout quand des reportages sur des maisons incendiées et des Américains contraints de vivre dans des abris temporaires repassaient en boucle sur nos écrans de télévision.

Pour le protéger contre lui-même, des membres de son cabinet tentèrent d'empêcher que la presse ne s'empare de l'affaire. L'orage semblait passé et les conseillers du service communication poussèrent un soupir de soulagement. Et puis quelques semaines plus tard, il lâcha tout de même quelques tweets, déclarant qu'il avait ordonné la suspension de l'aide fédérale à la Californie, probablement agacé que cela n'ait pas déjà été fait. À ma connaissance, aucun haut fonctionnaire n'appliqua cette demande tweetée en public. La question fut reléguée au second plan. Malgré tout, cette requête trahissait sa vraie nature : celle d'un politicien cherchant sans vergogne à nuire aux populations dont il ne croit pouvoir tirer aucun avantage électoral.

Il a d'ailleurs trouvé d'autres moyens de s'en prendre à la Californie. Il annonça que l'administration annulait la dérogation obtenue par cette dernière sur les émissions de gaz d'échappement, qui depuis des décennies permettait au Golden State de fixer des normes plus strictes pour réduire la pollution automobile. Il prit ensuite la décision de supprimer tout financement fédéral pour les projets de train à grande vitesse et menaça de canaliser davantage de migrants vers son territoire, une mesure de rétorsion contre les politiques californiennes de protection des immigrants en situation illégale. Ce ne sont là que quelques échantillons d'une longue liste. Si le Congrès doit se pencher sur les activités de l'exécutif motivées par de strictes considérations politiciennes, qu'on me permette de suggérer que certaines de ces menaces et décisions soient soumises à plus ample examen.

La guerre de ce président contre nos institutions démocratiques a pour effet de reléguer le gouvernement des États-Unis au niveau d'une des sociétés de la Trump Organization : une entreprise mal gérée, pilotée par un sociopathe endossant un costume de chef de l'exécutif, traversée de luttes intestines, aux prises avec des procédures judiciaires, s'enfonçant dans la dette, allergique à toute critique interne ou externe, ouverte aux combines les plus douteuses, se soumettant à des contrôles sommaires, uniquement au service de son unique propriétaire, lui-même surtout soucieux de sa propre personne, le tout aux dépens de ses clients. Nous aurions dû nous y attendre. Et ce ne sont là que les actes commis par le président Trump sur le territoire des États-Unis. Rappelons que cet homme est aussi *de facto* le leader du monde libre.

5

Un faible pour les hommes forts

> « Que chaque nation, bienfaitrice ou mal-intentionnée, sache que nous paierons n'importe quel prix, que nous supporterons n'importe quel fardeau, que nous surmonterons n'importe quelle épreuve, que nous soutiendrons n'importe quel ami et que nous combattrons n'importe quel ennemi pour assurer la survie et la victoire de la liberté. »
>
> John F. KENNEDY

« LGBT… Q… I… ZXW ? et puis quoi encore ? » s'amusa un jour un haut responsable de l'entourage de Trump, en s'efforçant de décliner cet acronyme si répandu qui définit aujourd'hui certains aspects de la sexualité et des rapports entre les sexes. « Je viens juste d'apprendre ce que signifiait le "I".

— Interracial ? intervint un autre.

— Non. *Intersexe*, clarifia le premier. Mais je ne sais toujours pas ce que ça peut bien vouloir dire. »

Et de rire de plus belle.

C'était un groupe de hauts responsables qui discutaient de la participation du président à un sommet du G7. Le Groupe des Sept (ou G7) se compose des nations les plus riches du monde, les États-Unis, le Canada, la France, l'Allemagne, l'Italie, le Japon et le Royaume-Uni, qui se réunissent à intervalles réguliers pour discuter de questions d'économie et de sécurité. En juin 2018, le Canada devait accueillir cette rencontre annuelle de chefs d'État. Les Canadiens annoncèrent que l'égalité des sexes et l'émancipation des femmes seraient des sujets majeurs à côté d'autres questions, et plusieurs responsables de l'administration Trump se demandaient à haute voix si l'orientation sexuelle de certains serait elle aussi abordée. Ils se sentaient très loin de l'ordre du jour qu'ils avaient escompté.

Certains collaborateurs de la Maison-Blanche ne prenaient pas cette réunion très au sérieux, imitant en cela leur président qui n'y accordait pas davantage d'intérêt. Trump n'aime pas ces forums où il n'est pas sûr de bénéficier d'un traitement de star, où il sera seul face à d'autres dirigeants défendant tous des points de vue différents du sien. Il n'a jamais apprécié de siéger à d'interminables tables rondes et se désintéressait de la plupart des sujets qui préoccupaient nos alliés. Qui plus est, en amont du sommet, il s'aliéna ou était sur le point de s'aliéner une majorité de nos alliés du G7. Il venait récemment d'appliquer des surtaxes douanières aux produits importés d'un certain nombre de ces pays et, de ce fait, avait essuyé les critiques de ce groupe de chefs d'État et de gouvernement qui, tout au long de son histoire, avait œuvré pour supprimer les barrières commerciales et non pour en ériger de nouvelles. Le président envisagea de se défausser, mais à l'arrivée il avait été impossible d'inventer un prétexte recevable pour snober les alliés les plus importants de l'Amérique.

Il disposait de deux options. Il pouvait tolérer les critiques et orienter les entretiens du G7 vers des sujets susceptibles de mettre nos alliés d'accord. Ou il pouvait endosser le rôle du mauvais perdant et creuser les divisions. Aucun de nous ne fut surpris de le voir s'engager dans la seconde voie. Avant même qu'Air Force One ait quitté Washington, ses conseillers se préparaient déjà à voir le sommet se solder par un échec.

Chacun prédisait que l'événement allait mal tourner et tout laissait en effet présager un tel dénouement. L'arrivée tardive du président suffit déjà à froisser les autres participants. Il sermonna ses homologues sur leurs « pratiques commerciales injustes ». Il s'irrita contre le Premier ministre Shinzō Abe, en lui lançant apparemment lors d'une réunion : « Shinzō, tu n'as pas ce problème [de l'immigration clandestine], mais si tu veux je peux t'envoyer vingt-cinq millions de Mexicains et tu perdras vite ta place. » Il lança une poignée de Starburst, des bonbons mous, à la chancelière allemande Angela Merkel, en lui disant : « Tiens, Angela. Comme ça, tu ne te plaindras plus que je ne te donne jamais rien. » Ensuite, il quitta le sommet avant la fin en clôturant sa visite par une tempête de tweets assassins contre le

Premier ministre canadien Justin Trudeau, « si poli et si mielleux... totalement malhonnête & faible », et en annonçant que les États-Unis se désolidariseraient de la déclaration commune adoptée seulement quelques heures plus tôt avec les autres chefs d'État et de gouvernement.

Quelle épouvantable gabegie, me dis-je. Jamais nous n'oserions nous conduire de la sorte avec nos ennemis dans le cadre d'un sommet international, et en l'occurrence, le G7 réunissait nos plus proches amis. En outre, nous avions gâché une occasion de leur manifester notre solidarité sur des questions importantes où nous partagions des intérêts communs. Et, ce qui était peut-être pire que le reste, le président avait inquiété tous les participants du sommet en appelant publiquement à ce qu'on réintègre un État-nation rival, la Russie, à ces réunions du G7. Moscou avait été écarté du groupe après l'invasion de la Crimée. Depuis lors, Vladimir Poutine en avait peu fait pour se montrer en partenaire fiable sur la scène mondiale. Le président des États-Unis n'en avait cure : si le Kremlin n'était pas convié, il allait jusqu'à remettre en cause le bien-fondé d'une rencontre entre alliés. On eût dit que Poutine en personne avait couché par écrit les arguments de Trump.

En tout état de cause, ce dernier se moquait du petit monceau de ruines qu'il avait laissées derrière lui en repartant du Canada. Il avait la tête ailleurs. Il s'envolait vers l'autre bout du monde où il allait se créer de nouveaux amis. Le G7 n'était pour lui qu'un contretemps sur sa route vers l'événement majeur du mois : sa rencontre avec Kim Jong-un, l'impitoyable dictateur de la Corée du Nord. Ne révélerait-il pas plus tard que c'est lors de cette rencontre que Kim et lui « avaient eu le coup de foudre » ?

*

La sécurité nationale est la responsabilité la plus importante du commandant en chef, ainsi que l'on appelle le chef de l'État. Il doit protéger le peuple américain contre les menaces extérieures et assurer la sécurité et la sûreté de la nation. Par rapport à cette fonction première, tout le reste est secondaire. Le domaine primordial où il se doit d'assurer une sécurité durable est celui de la politique étrangère. C'est là que le président a l'obligation d'avoir une stratégie claire et de sécuriser notre environnement élargi en travaillant en étroite collaboration avec des alliés partageant des vues identiques et en tenant en respect les adversaires susceptibles d'exposer la nation américaine au danger.

Le président Trump ne voit pas le monde de cet œil. La raison ne m'est jamais apparue clairement, mais il n'a eu de cesse de brouiller les cartes en se distançant des amis de l'Amérique et en courtisant ses ennemis. Il rejette régulièrement les conseils de professionnels chevronnés de son administration en matière de politique étrangère. Il a eu la plus grande difficulté à élaborer une politique cohérente de sécurité nationale, livrant ainsi son slogan de l'« America First » à toutes les interprétations et changeant d'avis sans autre forme d'avertissement sur quantité de décisions lourdes de conséquences. Pire encore, il a apparemment jeté aux oubliettes un consensus vieux d'un siècle sur le rôle de l'Amérique, chef de file du monde libre.

L'empire de la liberté

Pour resituer la politique étrangère du président Trump dans son contexte, il importe de connaître notre histoire. Avant le XXe siècle, les États-Unis étaient un pays isolationniste. Dans son discours d'adieu, George Washington déclara que la politique de l'Amérique consistait à se « tenir à l'écart » des affaires extérieures. John Quincy Adams renchérit vingt-cinq ans plus tard en affirmant que les États-Unis n'étaient pas une nation qui s'aventurait « hors de ses frontières, en quête de monstres à anéantir ». L'Histoire voudrait que l'Amérique ne soit devenue un acteur affirmé qu'en intervenant avec audace dans la Première Guerre mondiale puis en renversant le cours des événements contre le fascisme. C'est là une lecture d'un simplisme excessif.

Depuis les premiers temps, les États-Unis ont été une nation expansionniste, fermement décidée à façonner les rapports de force internationaux. Les Pères fondateurs avaient prédit que leur jeune république deviendrait un pays puissant, si ce n'est même le plus fort du monde.

Dans le discours cité plus haut, le président Washington définissait sa vision d'une Amérique assez dominatrice pour « défier n'importe quel pouvoir sur cette terre ». Les autres Pères fondateurs partageaient son objectif et croyaient que les États-Unis étaient un « Hercule au berceau » destiné à user un jour de sa force sur la scène mondiale et à créer un « empire de liberté ». À court terme, ces ambitions furent tempérées par la nécessité de reconstruire les institutions du pays et de leur redonner du poids, mais dès qu'elles eurent acquis la solidité nécessaire, les États-Unis entreprirent de propager leurs idéaux vers des territoires lointains.

Cet effort constant pour façonner un monde plus démocratique devint un thème unificateur, même lorsque la Maison-Blanche changeait de mains. Les historiens soulignent qu'au cours des cent dernières années, chaque président ou presque adhéra à ce consensus de politique étrangère. Le Démocrate Woodrow Wilson jura que l'Amérique défendrait « les principes d'une humanité libre… tant dans la guerre que dans la paix ». Le Républicain Dwight Eisenhower affirma que le pays lutterait pour renforcer les « liens particuliers » qui unissaient les peuples libres « du monde entier ». Pour renforcer la démocratie d'un continent à l'autre, certains présidents se voulaient plus faucons que d'autres, mais de Kennedy à Obama, chacun d'eux reprit et déclina ce même thème.

Donald Trump représente manifestement une anomalie. Après sa prestation de serment, il s'en prit à « l'aventurisme à l'étranger » de ses prédécesseurs. « Pendant de nombreuses décennies, déclara-t-il, nous avons enrichi des industries étrangères aux dépens de la nôtre, subventionné les armées d'autres pays alors que nous assistons à la déperdition de la nôtre. Nous avons défendu les frontières d'autres pays tout en refusant de protéger les nôtres. Et nous avons dépensé des milliers de milliards de dollars à l'étranger alors que l'infrastructure américaine est tombée dans le délabrement et le déclin. Nous avons enrichi d'autres pays tandis que la richesse, la force et l'assurance de notre pays se sont dissipées au fil du temps*. » C'était un appel au retrait et au repli sur soi.

Chacune de ses affirmations est fausse et son argumentation tortueuse se fonde sur une vision myope de l'Histoire. Nous serions en bien plus mauvaise posture aujourd'hui si les États-Unis n'avaient pas investi dans la réussite de leurs amis. L'Amérique serait plus pauvre et moins sûre, elle aurait du mal à parer les attaques de nations hostiles dans un environnement mondial plus menaçant. Au contraire, nous avons joué un rôle actif sur une planète qui, presque entièrement composée par le passé de dictatures et de monarchies, est à l'heure actuelle devenue en majorité démocratique, grâce à nos efforts. Tout ceci a ouvert des marchés à nos produits, facilité la diffusion du savoir et nous a valu de nouveaux partenaires qui nous ont soutenus dans les périodes troublées.

* https://share.america.gov/fr/texte-integral-du-discours-dinvestiture-de-donald-trump/ (*N.d.T.*)

Le rôle dominant de l'Amérique sur la scène internationale est aujourd'hui en péril. Des nations émergentes tentent de rivaliser avec Washington. Henry Kissinger projetait déjà cette évolution voici un quart de siècle, en prédisant que de notre vivant nous verrions l'Amérique « rester la plus grande et la plus puissante des nations, mais qu'elle aurait des égaux ». Il soutenait que l'émergence de rivaux ne devait pas être perçue comme un « symptôme de déclin national ». Cela ne prouve nullement que nous ayons atteint nos limites, comme le prétend Trump. La compétition est une réalité de l'existence. Kissinger relevait que depuis leur naissance ou presque, les États-Unis n'avaient jamais été la seule et unique superpuissance, de sorte que « l'ascension d'autres pôles de pouvoir » ne doit pas nous surprendre. Nous devrions en revanche nous inquiéter de ce que ces rivaux ne partagent pas nos valeurs et tentent de déconstruire le monde qu'a construit l'Amérique.

En un moment aussi crucial, notre réponse doit consister à renforcer notre position. Nous aurions intérêt à approfondir nos relations avec nos alliés. Il nous faut continuer de nous battre pour nos principes. En effet, chaque fois que nous reculons d'un pas, nos adversaires avancent d'un pas sur la scène mondiale, ce qui leur laisse toute latitude de travailler à leurs priorités puisque nous ne travaillons pas aux nôtres. Malheureusement, mon expérience au service de ce président m'a convaincu que Trump a fait régresser l'Amérique. Il ne nous permet pas de nous positionner pour renforcer notre « empire de liberté ». Au contraire, il l'a rendu vulnérable en exposant ses flancs aux manœuvres de nos rivaux assoiffés de pouvoir.

« Plus imprévisibles »

Le candidat Donald Trump définit ses conceptions en politique étrangère une première fois le 27 avril 2016. Ce jour-là, il apposa un autocollant, « America First », ou l'Amérique d'abord, sur ses projets d'engagements internationaux, déclarant que ce serait « le thème majeur et omniprésent de mon administration ». Que ce fût intentionnel ou non, il recyclait là un vieux mot d'ordre de l'isolationnisme, utilisé par des personnalités opposées à toute implication des États-Unis dans la Seconde Guerre mondiale. La formule était appropriée, puisque son plan de « l'Amérique d'abord » était d'esprit isolationniste.

Un peu plus loin dans ce même discours, il eut des réflexions tout à fait révélatrices. « En tant que nation, nous devons nous montrer plus imprévisibles, déclara-t-il à son auditoire. On leur en dit trop. On envoie des troupes. Et on le leur annonce. Ensuite on envoie je ne sais quoi d'autre. Et on tient une conférence de presse. Nous devons nous montrer imprévisibles. Et nous devons nous rendre imprévisibles, en commençant dès maintenant. » Cette exhortation s'avéra la meilleure synthèse de la politique étrangère de Trump :

l'imprévisibilité. C'était un sous-produit de sa méthode de gouvernement, caractérisée, nous l'avons déjà vu, par un mélange d'improvisation et de désinvolture. Ce président aime bien dérouter son monde, y compris parfois lui-même, mais en politique étrangère, les enjeux sont d'une autre dimension que sur un plateau de télévision ou sur Twitter.

Après sa prestation de serment, son équipe de sécurité nationale mit plus de temps que les précédentes à trouver son homogénéité. La plupart des responsables entrants ne faisaient pas partie de son équipe de campagne, ne connaissaient pas le nouvel élu et dans bien des cas, ne savaient rien les uns des autres. Au poste de secrétaire d'État, il nomma Rex Tillerson, l'ancien président d'Exxon, et le général James Mattis secrétaire à la Défense. Ces choix étaient remarquables, car les deux hommes, tous deux dotés d'une vaste expérience internationale, ne partageaient pas l'attitude isolationniste de Trump et son obsession majeure (« Qu'est-ce que j'y gagne ? ») qui caractérisait son attitude envers le reste du monde. Il devenait évident qu'il avait choisi Tillerson et Mattis non pas tant pour avoir des interlocuteurs qui lui tiennent tête, mais parce qu'il estimait que leurs pedigrees le mettraient en valeur. Il ferait travailler pour lui le patron de la plus grande entreprise mondiale et l'un des généraux les plus réputés d'Amérique ! C'était en ces termes qu'il les présentait à ses confidents.

Le conseiller à la Sécurité nationale est censé occuper une place centrale. Il n'est pas l'égal des autres membres du conseil, car il en est l'arbitre impartial. Il doit incarner ce système nerveux central, en reliant le président, qui est la tête, aux bras et aux jambes qui lui fournissent des informations en retour et exécutent ses ordres. Le premier conseiller à la Sécurité nationale, Michael Flynn, ne correspondait pas tout à fait à ce profil. Il ne tint que quelques semaines avant d'être mis à la porte pour avoir fait des déclarations mensongères concernant ses contacts avec les Russes. Quiconque avait passé un peu de temps en la présence de ce personnage savait qu'il entretenait des conceptions bizarres en matière de politique étrangère et possédait un piètre jugement : en soi, son départ et son remplacement étaient donc une bonne chose.

Suite à ces débuts chaotiques – une équipe qui ne se connaissait pas vraiment et des conseillers aussitôt révoqués –, personne n'était réellement « aux commandes ». Le président n'amenait pas de solide équipage de sécurité nationale dans ses bagages de campagne parce qu'il ne croyait pas en avoir besoin. Il était à lui seul son meilleur conseiller. À ceci près que tout à coup, il devenait aussi responsable de la nation la plus puissante de la planète. Et si une crise réelle survenait ? Un Républicain de premier plan, au Capitole, m'aborda pour me faire part de son inquiétude. « On dirait que personne n'a encore posé les mains sur le volant, me fit-il. L'administration doit se ressaisir, et vite. »

J'acquiesçai.

Flynn fut remplacé par le général H. R. McMaster, un autre chef militaire renommé, qui sut promptement cerner l'incohérence de l'équipe en charge des politiques de sécurité du président. Il était résolu à y mettre bon ordre. McMaster avait une vision claire de son mandat. Il était censé réunir les protagonistes autour de la table et mettre en œuvre la vision présidentielle. Il ne tarda pas à organiser une téléconférence hebdomadaire avec les services de la Maison-Blanche et les directeurs des grandes agences. En politique étrangère, l'objectif était de mettre tout le monde sur la même longueur d'onde, mais un problème récurrent se présentait. Personne ne savait quelle était la longueur d'onde du président. Ou s'il participait à la même émission.

Tout le monde l'aura compris, il avait tenu parole : il faisait bien de l'« imprévisibilité » son principe directeur. Après un coup de téléphone avec le chef de l'État canadien, il pouvait s'évertuer à saborder un accord de libre-échange en vigueur de longue date, et à la minute suivante proposer de couper les vivres à un allié indéfectible des États-Unis parce qu'il estimait que cela coûtait trop cher. En matière de politique étrangère, tout le monde était exposé à en subir le contrecoup, depuis les conseillers qui travaillaient à un jet de pierre du Bureau ovale jusqu'aux ambassadeurs en poste à l'étranger. Que se passait-il à l'intérieur de son crâne ? Nous n'avions aucune idée de ce qu'il ferait le lendemain, et rien n'indiquait qu'il en savait lui-même davantage. Il prenait toutes ses décisions à l'instinct. Ceux qui étaient dans le secret de ses coups de téléphone avec des dirigeants étrangers en rougissaient de honte. À nos yeux, il passait pour un complet amateur, profitant d'appels importants pour se vanter sur sa personne et lâcher toutes sortes de commentaires déplacés.

Les alliés des États-Unis partageaient ce sentiment. Ses déclarations bizarres et son irascibilité les choquaient. En coulisses, ils nous suppliaient – en vain – de le convaincre de s'abstenir de ses tweets compulsifs. « Je vous en prie, nous implora un chef d'État d'étranger, éloignez-le de Twitter. Cela nuit à nos relations. » Le pays de ce chef d'État était dans le collimateur d'un récent message trumpien, et il nous certifiait que son peuple ne pourrait accepter qu'il travaille avec les États-Unis si le président les étrillait tous constamment. Nous étions d'accord, mais nous lui avons assuré que c'était une cause perdue. L'addiction de Trump aux réseaux sociaux était ingérable.

Le volume de tweets fauteurs de crises diplomatiques croissait de semaine en semaine. Plus d'un an après le début de son mandat, des membres de son équipe de politique étrangère étaient justement en conciliabule à propos de l'un de ces débordements, suite à un incident survenu à l'étranger, dont les détails complets ne seraient pas rendus publics avant plusieurs années. Les messages de Trump sur les réseaux sociaux bridaient les possibilités de réaction des États-Unis. Un nouvel arrivant de l'équipe était visiblement atterré. « Le président doit s'arrêter de tweeter ! » s'exclama-t-il exaspéré, insinuant que nous aurions déjà tous dû nous confronter à lui sur cette sale manie bien plus tôt. « Ah ! c'est vrai qu'on n'y a jamais pensé », ironisa un directeur d'agence expérimenté. Ce nouveau haut fonctionnaire faisait l'apprentissage en direct de ce que le reste d'entre nous savait depuis longtemps – nous étions à la merci du hasard et de l'aléatoire.

Nous avions vite constaté que le chef de l'exécutif était incapable de formuler ses priorités et ses objectifs en politique étrangère. Le Conseil de sécurité nationale s'efforçait de remédier à son absence de stratégie en lui en fournissant une. De par la loi, le président doit produire une « stratégie » de sécurité pour l'Amérique. McMaster espérait pouvoir travailler avec Trump à l'élaboration d'un plan d'engagement international en l'éloignant de toute prise de décision purement réactive. Son équipe rédigea une note stratégique prônant l'importance des alliances de l'Amérique, vantant les institutions issues de l'après-guerre comme l'OTAN et appelant à une action plus ferme contre des rivaux comme la Russie et la Corée du Nord. C'était là faire preuve à la fois de présomption et de naïveté. Le président n'y prêta aucun intérêt et ne lut pas le long document rendu public. Le guide de politique étrangère finit à la corbeille comme la rédaction trop scolaire d'un élève studieux.

À partir du moment où les plus proches conseillers du président ne peuvent anticiper ce que sera sa prochaine initiative, tout le monde se retrouve plongé dans l'obscurité. Les agences sur lesquelles le commandant en chef s'appuie pour mettre en œuvre ses politiques sont désorientées et les alliés sont eux aussi incapables de se coordonner efficacement avec nous. À l'évidence, l'incertitude peut aussi déstabiliser nos ennemis, mais au bout d'un certain temps, ils cessent de vous prendre au sérieux, et c'est ce qui arrive à Trump. Il est l'équivalent international du « garçon qui criait au loup » de la fable d'Ésope : amis et ennemis finissent par ne plus lui accorder aucun crédit. S'il y a bien une réaction que vous n'avez aucune envie d'entendre au sujet de votre président, c'est celle-ci : « Oui, on tâche de ne plus trop faire attention. » Malheureusement, c'est très exactement ce qu'ils nous disent.

Pendant la campagne présidentielle, Trump accabla Barack Obama, lui imputant le déclin de la prédominance mondiale des États-Unis. Sous son autorité, cela n'arriverait plus, affirmait-il. Dans son discours de « l'Amérique d'abord », le candidat lança à son auditoire que « nos amis commencent à se dire qu'ils ne peuvent plus compter sur nous » à cause des reculades du président sortant. « Nous avons un président qui n'apprécie pas nos amis et qui s'incline devant nos ennemis, du jamais vu dans l'histoire de notre pays. [...] La vérité, c'est qu'ils ne nous respectent pas. » Il promit de changer d'orientation, mais si la tendance qu'il dénonçait avait jamais existé sous l'administration Obama, il semble avoir à son tour persisté et signé.

Donald Trump a souvent raillé la main tendue par le président Obama aux dictateurs. En 2011, il le tourna en ridicule parce qu'il avait servi au régime autoritaire de Pékin une diplomatie de « courbettes ». En 2012, il le vilipenda pour « s'être incliné devant le roi saoudien ». En 2013, il se moqua du voyage présidentiel dans l'île de Cuba, au régime répressif notoire, où Obama rencontra Raul Castro. En 2014, il affirma que le même Obama était un sot d'avoir qualifié la Russie de « puissance régionale », d'avoir promis aux Russes qu'il aurait davantage de flexibilité une fois réélu et d'avoir laissé Poutine reprendre pied sur la scène mondiale.

Élu président, le successeur d'Obama a manifesté pour les « hommes forts » une affinité sans commune mesure avec celle de son prédécesseur. Historiquement, nos chefs d'État ont veillé à soigneusement choisir leur vocabulaire lorsqu'ils parlaient de dirigeants étrangers aux tendances dictatoriales, afin d'éviter de leur prêter plus de crédibilité qu'ils n'en méritaient. Pour sa part, Trump les couvre d'éloges. Qu'il applaudisse le président philippin Rodrigo Duterte pour son « travail incroyable » de répression du trafic de drogue (répression menée en partie en assassinant les suspects sans autre forme de procès) ou qu'il salue le président du régime autoritaire turc Recep Erdoğan en « ami » dont il se dit « très proche » (Erdoğan avait lancé une vaste campagne d'emprisonnement de ses opposants et de ses détracteurs), Trump a un faible pour les durs.

L'Arabie saoudite en offre une parfaite illustration. Après le meurtre odieux de Jamal Khashoggi, chroniqueur du *Washington Post*, commis par des hommes de main saoudiens en octobre 2018, le président eut le plus grand mal à se résoudre à critiquer le régime. Même après que des évaluations des services de renseignement eurent finalement établi la responsabilité du prince héritier Mohammed ben Salmane dans cet assassinat commandité par l'État du Golfe, Trump refusa de condamner un homme auquel il avait précédemment témoigné sa « grande confiance ». « Je tiens à rester fidèle à un allié qui à bien des égards a été très fiable », déclara-t-il à des journalistes, ajoutant que le dirigeant saoudien avait nié toute implication dans le meurtre de Khashoggi, ce qui semblait lui suffire.

Le président admettait que c'était clairement la « pire opération de camouflage de tous les temps », mais il appréciait le prince héritier. Il l'appréciait beaucoup. Et il n'avait pas envie de s'attaquer au mauvais côté des Saoudiens. « Je ne vais plus parler de cette affaire ! s'emporta-t-il devant certains de ses lieutenants. Le pétrole est à cinquante dollars le baril. Vous vous rendez compte de la stupidité que ce serait de provoquer une bagarre sur cette affaire ? Le pétrole monterait à cent cinquante dollars le baril. Bon Dieu. Ce ne serait pas stupide, ça, bordel ? » Nous espérions vraiment qu'il s'abstiendrait de rendre publique pareille motivation de son silence. Et pourtant, il la rendit publique. Au lieu de critiquer son ami le prince héritier, il le remercia ouvertement d'avoir maintenu des cours du pétrole bas, puis déclara plus tard à des journalistes que c'était l'une des raisons qui l'empêcheraient de rompre avec Riyad.

Il avait pu aussi être influencé par son gendre, Jared Kushner, qui s'était lié d'amitié avec le prince héritier. Suite à ce meurtre, Kushner avait envoyé un message à Mohammed ben Salmane et enjoint à tous ceux qui voulaient bien l'écouter de réserver leur jugement. « Il faut remettre cela en perspective, soutint-il à ses collègues de l'administration. "Mon environnement est plus dangereux que le vôtre. J'ai le Yémen. J'ai l'Iran. J'ai la Syrie." C'est ce qu'il nous rappelle tout le temps et il n'a pas tort. Il a raison ! » Et Jared d'ajouter en riant : « Vous vous rendez compte, si nous avions un pays comme le Yémen à notre frontière sud, au lieu du Mexique ? Nous nous comporterions différemment. » Son interlocuteur dans cette conversation n'était autre qu'un collaborateur atterré de la Maison-Blanche, qui en rapporta la teneur à d'autres collègues de l'aile Ouest. Face à cette insinuation de Jared Kushner laissant entendre que si nous étions à la place des Saoudiens, nous mettrions nous aussi des journalistes à mort, les dirigeants du Conseil de sécurité nationale demeurèrent interloqués.

L'épisode Khashoggi, aggravé par des semaines d'atermoiements présidentiels, porta atteinte à la crédibilité de l'Amérique. Ce ne fut pourtant pas le pire cas de soumission de Trump aux autocrates. Cet honneur revient à Vladimir Poutine. Sous la présidence Poutine, la Russie s'est réaffirmée sur la scène internationale, défiant les États-Unis à la moindre occasion et cherchant à se placer en rivale et en égale. Apparemment indifférent à l'hostilité du régime du Kremlin envers les Américains, Trump a régulièrement applaudi le maître du Kremlin.

Au sein de l'administration, presque tout le monde tenait à punir les Russes sévèrement après leur ingérence de 2016. Trump était d'un autre avis. S'il n'avait peut-être pas fait collusion avec la Russie en tant que candidat, il avait au minimum encouragé Moscou en ce sens. « La Russie, si vous écoutez, avait-il clamé au micro lors d'un meeting en juillet 2016, j'espère que vous réussirez à retrouver les trente mille emails [de Clinton] qui ont disparu. À mon avis, la presse vous récompenserait sans doute joliment. » De mémoire d'homme, c'était la première fois qu'un candidat américain à la présidentielle pressait instamment une puissance étrangère de se livrer à une opération d'espionnage contre son adversaire. Le jour même, des hackers russes tentaient de faire effraction dans les réseaux du bureau privé de l'ancienne secrétaire d'État Clinton, et au cours des semaines suivantes, Trump ne se tint plus de joie devant le tumulte que provoquait la divulgation orchestrée par Moscou d'autres emails volés.

Après qu'il était devenu clair que le Kremlin travaillait activement à manipuler l'élection, il ne fut pas moins démonstratif dans ses éloges de l'autocrate Poutine. « S'il dit le plus grand bien de moi, je dirai le plus grand bien de lui, confessa le candidat à des journalistes. Je l'ai déjà déclaré, c'est vraiment un grand chef. Je veux dire, vous pouvez toujours déplorer ceci ou cela… *oh, mais n'est-ce pas terrible*… cet homme tient très fermement son pays… En tout cas, dans ce système-là, il sait agir en chef, bien plus que notre président. » Après l'élection, il se délecta des propos moqueurs de Poutine sur son adversaire vaincue, en tweetant : « Vladimir Poutine a dit aujourd'hui de Hillary et des Démocrates : "À mon sens, c'est une humiliation. Il faut savoir perdre avec dignité." Tellement vrai ! »

Après l'élection, le déni du président envers les agissements de Moscou confinait à l'apathie. C'est l'une des raisons pour lesquelles l'Amérique réagit à l'un des plus graves affronts infligés à notre démocratie en se limitant à l'équivalent diplomatique d'un soupir. De tous les manquements de la politique étrangère de Trump, laisser la Russie s'en tirer ainsi à si bon compte est sans doute le plus exaspérant. L'administration Obama sortante avait imposé à Moscou de modestes sanctions, notamment en expulsant des États-Unis des dizaines d'agents russes supposés, mais elle avait laissé la suite des initiatives à l'administration entrante. Trump répugnait à prendre des mesures qui risquaient d'offenser Poutine, avec lequel il espérait développer une relation de travail étroite. Il hésita même à soulever le sujet lors de ses conversations avec le président russe, et les initiés en furent interloqués.

Je me souviens du jour où le Congrès sanctionna la

Russie, à l'été 2017. Face à une réaction si faible de l'administration républicaine pour mettre la Russie en face de ses responsabilités, des députés laissèrent libre cours à leur colère. Ils prirent l'affaire en main et adoptèrent une législation punissant la Fédération de Russie. Alors qu'il s'attribuerait par la suite tout le mérite de ces sanctions en prétendant que notre administration avait fait preuve d'une sévérité sans précédent avec Moscou, Trump était en réalité furieux. Il estimait que le Congrès faisait obstacle à son objectif de nouer de chaleureuses relations d'amitié avec le Kremlin. Le Kremlin riposta aux sanctions en expulsant des centaines de ressortissants de l'ambassade des États-Unis et en saisissant les locaux diplomatiques. La réaction du président Trump fut stupéfiante.

« Je veux le remercier, parce que nous essayons nous-mêmes de dégraisser nos personnels, déclara-t-il à des journalistes à propos du geste de Poutine, et c'était dit sans la moindre ironie. En ce qui me concerne, je lui suis très reconnaissant de nous alléger d'autant de monde, parce que nous aurons maintenant moins de personnels à payer. Il n'y a aucune raison pour que ces gens retournent là-bas. J'apprécie donc grandement la chance qui nous est offerte de réduire les effectifs des employés du gouvernement des États-Unis. Nous allons épargner beaucoup d'argent. »

Cette admiration évidente pour Vladimir Poutine (« un type formidable », « une personnalité incroyable ») continue de nous dérouter, y compris les membres de son équipe qui font mine de prendre ses aberrations à la légère. D'où vient cette adoration pour Vladimir, son héros ? Trump évoquerait presque un petit bonhomme maigrichon qui voudrait faire de la lèche à la grosse brute dans une cour d'école. Certains commentateurs ont avancé, sans la moindre preuve, que Moscou devait « avoir quelque chose » sur le compte du président. J'aimerais pouvoir dire quoi. Tout ce que je sais, et peu importe la raison de cet amour pour Poutine, c'est qu'il est nocif pour les États-Unis car le président russe n'est pas dans notre camp, et aucun président américain ne devrait s'employer à renforcer sa position.

Il nous faut une stratégie d'ensemble pour contrer les Russes, non pour les courtiser. Mais Trump vit sur une autre planète, où Poutine et lui sont deux camarades et où la Russie veut aider l'Amérique à réussir. En conséquence, les hauts responsables américains craignent d'être livrés à eux-mêmes dans leur riposte à Moscou. Ils ont raison. Ils sont livrés à eux-mêmes. Si une agence veut réagir contre les menées anti-américaines du Kremlin dans le monde, elle ne peut compter sur le soutien sans faille du président. En fait, ces hauts responsables n'ignorent pas que s'ils abordent le sujet lors d'entretiens avec la presse ou d'auditions parlementaires, ils s'exposent à l'ire présidentielle. « Cela m'est égal », répliqua sèchement l'un de mes collègues directeur d'un service quand son équipe lui rappela qu'il avait intérêt à surveiller son langage lors des réunions au Sénat. « Il peut me virer quand il veut. Je dirai la vérité. Les Russes ne sont pas nos amis. »

Trump s'entendit un jour demander lors d'une réunion avec Poutine s'il avait soulevé le sujet de l'ingérence russe. En réponse à cette question, le président se tourna vers son homologue et fit mine de le gronder, en agitant l'index. « Ne vous mêlez pas de nos élections, si vous voulez bien. » Loin des caméras, ses conseillers maugréèrent. Nous ne fûmes pas moins déconcertés à Helsinki, quand il insista pour organiser un tête-à-tête de deux heures avec le président russe, sans qu'aucun conseiller ne soit présent. Cela ne se produit pour ainsi dire jamais. Ce qui se communique entre dirigeants, surtout quand ils sont adversaires, risque facilement d'être mal compris ou déformé si aucun témoin des deux parties n'assiste à la conversation. Rencontrer Poutine en privé était une initiative risquée, surtout à la lumière des allégations de collusion, et ce qui a motivé cette exigence de sa part reste pour nous un mystère.

Je veux faire ici une parenthèse. De manière générale, toute relation secrète du président avec des dirigeants étrangers peut devenir un sujet de préoccupation. Si les négociations internationales sont souvent confidentielles, ce n'est pas sans raisons, mais les efforts de Trump en ce sens s'écartent de la norme. Quand il en dissimule la teneur aux membres de sa propre administration, cela devrait faire retentir des signaux d'alarme. Quels arrangements conclut-il avec la Russie à huis clos ? Pourquoi refuse-t-il que quiconque en sache quoi que ce soit ? Le scandale ukrainien démontre qu'il n'hésite pas à réclamer des services personnels à des dirigeants étrangers et à leur soumettre des requêtes encore plus contestables. Même si l'enquête ukrainienne conclut que Trump n'a commis aucun crime fédéral ou si le Sénat républicain refuse de le condamner, les électeurs doivent sérieusement mesurer tout le poids de ces épisodes lors de l'élection de 2020. Que le Congrès en conclue ou non que les actes de ce président relèvent de l'*impeachment*, nous devrions les considérer comme des délits rédhibitoires. S'il est réélu, il soumettra d'autres requêtes infâmantes à des puissances étrangères sans que ses conseillers n'en sachent rien. Pour ma part, je me refuse à l'idée que ce président passe des accords secrets avec Vladimir Poutine.

Son attitude cavalière face aux menaces russes sur la sécurité des États-Unis a eu des conséquences prévisibles qui n'en sont pas moins dévastatrices. Rien n'a été fait pour dissuader Moscou de s'attaquer aux intérêts américains. Tout ceci n'a pu qu'enhardir le Kremlin. Les Russes continuent de tirer parti des États-Unis, dans le monde et sur notre propre sol. L'ancien directeur du Renseignement national, Dan Coats, indiqua en janvier 2019 dans une déposition que la Russie continuait de semer la discorde aux États-Unis sur le plan social, ethnique et politique en menant des campagnes d'influence, et plusieurs mois après, Robert Mueller abonda en ce sens. « Ce n'était pas une tentative isolée, attesta-t-il devant le Congrès. Pendant que nous siégeons ici, les Russes continuent. Et ils comptent en faire autant lors de la prochaine campagne électorale. »

Cela devrait provoquer un scandale national, constituer un motif d'indignation et d'action contre le gouvernement russe. Au lieu de quoi, à l'endroit où ces avertissements devraient être le plus entendus, il n'en est tenu aucun compte – dans le Bureau ovale. Des journalistes questionnèrent Trump quelques jours plus tard au sujet de l'analyse de Mueller et le pressèrent à nouveau de questions pour savoir s'il avait poussé Poutine dans ses retranchements à ce sujet.

« Franchement, vous n'y croyez quand même pas, non ? rétorqua-t-il. Vous y croyez ? Ah bon, d'accord. Eh bien, on n'en a pas parlé. »

Puis il embarqua à bord de Marine One.

En revanche, s'il est un personnage qu'il croit, c'est Poutine. Selon un ancien membre de la hiérarchie du FBI, à un certain stade, Trump rejeta des informations qu'il avait reçues concernant les capacités d'un État voyou de faire fonctionner des missiles. Il invoqua le fait que le président russe lui avait fourni des informations différentes. Dès lors, peu importait ce que les agences d'espionnage américaines racontaient. « Je m'en moque. Je crois Poutine », telle fut sa réponse, d'après ce haut fonctionnaire.

L'ignorance délibérée, telle est la manière la plus juste de définir l'attitude du président envers nos ennemis. Il voit ce qu'il a envie de voir. S'il apprécie un chef d'État étranger, il refuse de tenir compte du danger que celui-ci risque de faire planer ou de ses motivations ultérieures. C'est ce qui lui permet d'écarter avec autant de désinvolture les évaluations des menaces émanant de certains États ou les signaux d'alerte de nos alliés les plus proches.

La Corée du Nord en constitue un autre exemple troublant, encore plus singulier que l'engouement présidentiel pour la Russie.

Trump est fasciné par le jeune dictateur coréen, Kim Jong-un. « Combien de types… à la mort de son père il avait autour de vingt-six ou vingt-sept ans… sont capables d'en imposer à ces généraux coriaces et tout d'un coup… il débarque, il prend le pouvoir, il devient le patron », fit-il, très impressionné, lors d'une manifestation où il était amené à parler de l'ascension du Coréen. « Il est incroyable. Il a dégagé son oncle, il les a tous dégagés l'un après l'autre. Je veux dire, ce gars-là ne plaisante pas. » Dès sa campagne, il avait proposé de le rencontrer, proposition rejetée par Pyongyang qui la considérait comme un stratagème de propagande.

Une fois entré à la Maison-Blanche, le président alla dans la direction opposée. Il annonça une politique de « pressions maximales » sur le régime nord-coréen qu'il punissait en raison de son comportement agressif. Ses conseillers sillonnèrent le monde pour rallier des soutiens au principe de sanctions supplémentaires afin d'isoler encore davantage Pyongyang. Sincèrement, nous étions soulagés, nous pensions que le président considérait la situation d'un œil lucide en s'opposant à un régime épouvantable qui non seulement produisait des armes nucléaires mais qui affamait et torturait son peuple. Cela semblait une cause juste, et nous étions fiers de durcir le ton dans un domaine où d'autres présidents étaient restés prostrés.

Il fut incapable de maintenir longtemps cette ligne de conduite. Il voulait absolument conclure un marché avec Kim Jong-un, qu'il qualifiait de « type assez finaud », alors que ses principaux conseillers l'avaient mis en garde, l'avertissant de n'en rien faire. Plusieurs administrations s'étaient laissé piéger par des négociations manquées avec la Corée du Nord, discussions que le régime avait exploitées pour gagner du temps et fabriquer de nouveaux armements. Tomber une fois de plus dans ce panneau serait une mauvaise idée, à moins que la situation ne change radicalement.

Ensuite, un jour, la doctrine de l'imprévisibilité trumpienne entra en action. Des émissaires sud-coréens se rendirent en visite à Washington pour remettre un message signalant l'envie du Nord de négocier sur son programme nucléaire. Le président reçut ces messagers dans le Bureau ovale, où ils lui signifièrent que Kim Jong-un voulait le rencontrer personnellement. Trump qui, quelques mois plus tôt, avait menacé la Corée du Nord du « feu et de la fureur », accepta sur-le-champ. Ses conseillers, parmi lesquels des directeurs des départements d'État et de la Défense, furent pris à revers. Il leur annonça qu'il aurait une entrevue avec Kim en tête à tête, la première rencontre d'un président américain avec son homologue de Corée du Nord.

Pour l'extérieur, la Maison-Blanche présenta cette annonce comme une remarquable avancée. Cela offrait la possibilité de réduire les tensions dans la péninsule coréenne et créait l'espoir d'un accord de dénucléarisation. À l'intérieur, nous pensions que c'était profondément stupide. Quelques heures plus tard, le secrétaire d'État Rex Tillerson déclara à des journalistes qu'il était très prématuré de songer à des négociations entre les États-Unis et des responsables nord-coréens, et encore plus hasardeux d'envisager une rencontre entre les dirigeants des deux pays. Avant d'asseoir Trump et Kim dans la même pièce, estimions-nous, il faudrait des concessions majeures de la part des Nord-Coréens. Tillerson était d'avis que nous n'avions pas à leur accorder d'audience avec l'homme le plus puissant de la planète sans les contraindre à en payer le prix. Enfin, à moins que Trump n'en décide autrement.

Les « pressions maximales » cédèrent le pas à la conciliation chaleureuse. Presque aussitôt, le président s'emballa pour les apparences davantage que sur la substance. Des préparatifs s'engagèrent pour un sommet à Singapour, comme si c'était le bal des débutantes de Trump. Ce serait un numéro mémorable, la preuve qu'il était un véritable homme d'État en pleine possession de ses moyens. Un commentateur d'une chaîne de télévision suggéra que ses bons offices avec Pyongyang pourraient lui valoir le prix Nobel de la paix, une perspective qui l'enchantait. Le grand négociateur voulait conclure un accord presque à tout prix, et Kim Jong-un, le « type finaud », n'en ignorait rien.

Les observateurs ne comprenaient pas au juste comment les États-Unis allaient convaincre la Corée du Nord de renoncer à ses bombes atomiques alors que d'autres administrations avaient échoué à en obtenir autant. Pour le président Trump, la stratégie et les détails n'importaient guère. Il avait une telle confiance dans son aptitude à établir un lien personnel avec Kim Jong-un qu'il n'allait pas s'encombrer de telles vétilles. Tout serait affaire d'alchimie personnelle. Sans surprise, le sommet de Singapour fut un fiasco. Il n'en sortit aucun résultat significatif et ses conseillers y virent une confirmation de leur point de vue : l'alchimie personnelle ne saurait se substituer à la diplomatie pure et dure.

Trump s'obstina. Pour jauger du succès, il avait son propre mètre étalon. « Je l'apprécie, il m'apprécie, s'exclama-t-il lors d'un meeting quelques mois après sa rencontre avec le Nord-Coréen. Cela ne pose aucun problème, j'imagine ? J'ai le droit de le dire, non ? » Il évoqua sur un ton ému les échanges entre les deux dirigeants. « Nous avons eu quelques contacts, et puis on a eu le coup de foudre. Il m'a écrit des lettres sublimes, des lettres vraiment formidables. On est tombés amoureux. » De toute ma carrière au service de l'État, jamais je n'aurais cru voir un homme, un adulte, dans le Bureau ovale, se pâmer devant un autocrate brutal comme un teenager en adoration. Nous sommes ici très au-delà de la naïveté. Pas un seul membre de l'administration, ni

Rex Tillerson, ni James Mattis, ni Dan Coats, ni Mike Pompeo (le secrétaire d'État), ni Nikki Haley, ni Mike Pence, n'aurait tenu un tel langage. Si n'importe qui d'autre que Trump avait eu de tels propos, il aurait été mis à la porte de la Maison-Blanche sous les quolibets. Il semble en tout cas qu'en Corée du Nord, on ait bien ri.

Les négociations en vue d'un désarmement ayant peu progressé, notre administration accrut les pressions sur Pyongyang. Cela suscita la colère du président. Fin 2018, le département du Trésor sanctionna trois dirigeants du régime pour violations des droits de l'homme. Trump était furieux. « Qui a décidé ça ? pesta-t-il devant ses conseillers. Kim est mon ami ! »

Je déplorai auprès d'une autre responsable que le président perde toute notion de la réalité. Le gouvernement nord-coréen était violent, indigne de confiance et peu enclin au compromis. Mon interlocutrice l'admit, et peu après, les directeurs du renseignement réitérèrent leurs mises en garde en audition publique. La Corée du Nord renouait avec le même numéro qu'elle avait sempiternellement joué pour ne plus avoir l'Occident sur le dos, en tendant une fausse branche d'olivier pour alléger la pression jusqu'à l'arrivée au pouvoir d'une nouvelle administration américaine.

*

Lorsque nous tâchions de voir clair dans les prises de position de Donald Trump ou quand l'un de nous tentait d'argumenter à rebours, nous devions d'abord nous poser cette question : pourquoi ce président est-il tant attiré par les autocrates ? Après une réunion houleuse au sujet de ses relations avec un dictateur étranger, un haut conseiller à la Sécurité nationale me soumit cette interprétation. « Le président voit chez ces types tout ce qu'il aimerait avoir : un pouvoir total, aucune limite au nombre de mandats, une popularité factice et la capacité de réduire ses détracteurs au silence pour de bon. » C'était parfaitement résumé. C'était l'explication la plus simple.

Par exemple, il n'avait vu aucun inconvénient à la purge violente à laquelle s'était livré le prince héritier d'Arabie saoudite dans ses propres rangs. Trump soutint que les dirigeants du pays « savent exactement ce qu'ils font » et ajouta que « certains de ceux qu'il traite avec dureté "suçaient la moelle" de leur pays depuis des années ! » Il y avait parmi eux des interlocuteurs de longue date de Washington qui furent détenus contre leur volonté, frappés, emprisonnés ou assignés à résidence.

Il salua l'initiative du président chinois Xi Jinping, qui venait de se déclarer président à vie, qualifiant cette décision d'« extraordinaire ascension » et lui confiant en privé qu'en ayant ce geste audacieux, il s'était conduit en « roi ».

Il s'enthousiasma devant des journalistes sur l'aptitude de Kim Jong-un à contrôler son peuple : « C'est le chef d'un pays, et je veux dire, c'est un chef à poigne. Il ne laisse personne penser autrement que lui. Il parle et son peuple l'écoute au garde-à-vous. J'aimerais que mon peuple en fasse autant. »

Et devant Poutine, il s'apitoya sur son sort en se plaignant de la liberté de la presse aux États-Unis, déclarant au maître du Kremlin, lui-même une brute notoire : « En Russie, vous n'avez pas ce problème, mais nous, si. »

Le penchant de Trump pour les autocrates nous impose une gestion en aveugle des affaires mondiales. Dans le cockpit, la boussole morale qui depuis des décennies fixait le cap de l'Amérique est cassée. Le président ne possède pas de programme valable pour traiter avec ces rivaux parce qu'il ne perçoit pas en eux des menaces à long terme. Il ne voit que des passations de marché à court terme. « À certains égards, la Russie est un ennemi. La Chine est un ennemi au plan économique… mais cela ne signifie pas que l'une ou l'autre soient maléfiques, déclara-t-il dans une interview. Cela ne veut rien dire. Cela veut dire qu'ils savent être compétitifs. Ils veulent bien faire, et nous voulons bien faire. » Pour lui, ces adversaires sont de simples partenaires commerciaux qu'il faut harceler jusqu'à ce qu'on obtienne d'être traité équitablement. Dès qu'on y parvient, c'est une solution gagnante pour tout le monde.

Ce que Trump ne perçoit pas, surtout avec la Chine, la Russie, l'Iran et la Corée du Nord, c'est que leurs gouvernements sont programmés pour s'opposer à nous. Ils représentent l'opposé de nos valeurs. Aucun

« marché » n'y changera rien. Tant que leur système politique ne mutera pas fondamentalement ou qu'ils n'auront pas perdu le pouvoir, ils résisteront à l'ordre bâti par l'Amérique, fait de liberté et d'ouverture internationale. Comme nous, ils tenteront de façonner le monde à leur image. À l'inverse de nous, leurs dirigeants se moquent des droits de l'homme et se préparent à une confrontation durable.

La Chine reste sans doute notre principal motif d'inquiétude. Dans son tout premier discours au Sénat, Mitt Romney comparait Pékin au « cuisinier qui plonge la grenouille dans une casserole d'eau bouillante, avec des sourires et des caresses, tout en augmentant la température tant militaire qu'économique ». Il a raison. Face à la Chine, les États-Unis baissent la garde, et sous le président Trump, nos réactions ont été marquées par le flottement et l'improvisation. Nous n'avons pas de plan fermement arrêté pour sauvegarder notre « empire de liberté » contre l'essor de la Chine. Nous n'avons que les postures de négociations constamment changeantes de notre magouilleur en chef, qui ne suffiront pas à remporter ce qui se transforme rapidement en une nouvelle guerre froide.

Dans sa myopie, le président Trump se focalise sur le commerce avec la Chine, qui n'est qu'une partie du tableau d'ensemble. Il y a quantité d'autres domaines où ses conseillers s'accordent à penser que nous devrions mettre Pékin au pied du mur. Pourtant, son équipe de politique étrangère n'arrive pas réellement à le convaincre de se concentrer sur autre chose que cette guerre commerciale. Les Américains auraient intérêt à se poser cette question : qu'en est-il de sa politique des droits de l'homme par rapport à la Chine ? Pourquoi reste-t-il aussi silencieux sur les plus importantes manifestations en faveur de la démocratie qui aient jamais eu lieu depuis vingt ans, alors que toutes sortes de gens autour de lui le poussent à agir ? Où est sa politique de défense ? Où sont ses propositions pour contrer l'influence de la Chine, région du monde par région du monde ? Il y a de hauts responsables gouvernementaux qui se soucient de ces questions et qui ont leurs propres conceptions en la matière. Nous avons débattu entre nous de certaines idées, mais si cela ne s'inscrit pas dans un plan d'envergure, cela n'a aucun poids. Le président peut affirmer qu'il veut laisser ses ennemis dans l'incertitude, mais nous savons tous que ce sont les propos d'un homme qui n'a aucun plan.

Nos ennemis et nos adversaires comprennent que ce président est un personnage falot et un esprit simpliste. Ses menaces belliqueuses sur Twitter les laissent de marbre car ils le savent manipulable. Le président Trump se laisse aisément influencer par leur rhétorique. Nous le constatons tous. Il est visiblement sensible à la flatterie. Dans les négociations, il plie, et dès qu'il entrevoit ce qui lui semble être un accord fructueux, que ce soit le cas ou non, il est prêt à lâcher la proie pour l'ombre. Ils le croient faible, et ils profitent de lui. Et quand ils n'y arrivent pas, ils l'ignorent purement et simplement.

S'aliéner nos alliés

L'attirance du président pour les dictateurs serait moins inquiétante si elle allait de pair avec une égale affinité pour nos amis. Or, c'est l'inverse. Il s'aliène fréquemment les partenaires les plus importants des États-Unis et dénigre personnellement leurs dirigeants. Sa sortie du sommet du G7 au Canada, où il démolit nos amis occidentaux, incendiant en quelque sorte sa propre maison avant de partir rejoindre l'un de nos ennemis de l'Est, n'était qu'un exemple de plus du renversement de l'ordre de ses priorités au plan international.

Rappelons que le président avait désavoué ce genre de conduite quelques mois seulement avant sa prise de fonction. « Nous avons provoqué des affrontements avec nos plus anciens amis, regrettait-il, critiquant la politique étrangère d'Obama. Et maintenant ils préfèrent aller chercher de l'aide ailleurs. Souvenez-vous de ça. C'est pas bon. » Nos alliés espéraient alors que le président Trump tiendrait parole, et certains admirent volontiers devant nous que selon eux l'administration Obama les avait pris de haut. Nous avions une occasion de regagner leur soutien.

Cet espoir fut de courte durée. Juste après sa cérémonie d'investiture, le président Trump passa quelques coups de fil pour se présenter à des chefs d'État étrangers. Sa conversation avec le Premier ministre australien Malcolm Turnbull, proche allié de Washington, fut un premier signe avant-coureur. Le Premier ministre pressa le président de lui préciser s'il allait donner suite à un accord sur les réfugiés négocié précédemment entre les deux pays. « Cet accord me fera très mal voir, aurait-il répondu à son interlocuteur. Je trouve que c'est un accord épouvantable, un accord infect que je n'aurais jamais accepté. » Malgré les tentatives de l'Australien pour le raisonner, il coupa court à l'entretien. « J'en ai assez. Depuis ce matin, je n'arrête pas de passer des coups de fil et cet appel est le plus désagréable de toute ma journée. » Là-dessus, il raccrocha.

En règle générale, les comptes rendus des appels téléphoniques avec les dirigeants étrangers, rédigés après coup, sont distribués dans la Maison-Blanche et aux responsables qui possèdent les habilitations nécessaires. C'est la norme. Ces transcriptions aident les lieutenants du président à rester au diapason de leur patron quand ils entrent en relation avec des représentants de ces pays. Après que des détails eurent transpiré sur ses premiers appels, ces résumés furent mis sous embargo. Leur diffusion fut limitée, essentiellement pour des raisons de sécurité, mais aussi parce que leur contenu est régulièrement extrêmement gênant.

Aucun grand allié des États-Unis ne s'est vu épargner ces écarts de langage présidentiels. En privé, il cloue au pilori des nations partenaires et leurs dirigeants et n'hésite pas en faire autant au vu et au su de tous, comme lorsqu'il lâcha ce commentaire sur le Premier ministre canadien « totalement malhonnête & faible » quelques heures après avoir été reçu chez notre voisin du Nord. Il a fait de même avec la France, en se moquant d'Emmanuel Macron sur Twitter pour sa cote médiocre dans les sondages et son taux de chômage élevé, et avec l'Allemagne, en critiquant l'incapacité du gouvernement d'Angela Merkel à réduire la criminalité et en accusant tous les dirigeants de la RFA d'avoir été des pique-assiettes ayant profité de la générosité américaine.

Le Royaume-Uni, pays avec lequel Washington entretient une « relation particulière », n'y fait pas exception. Après plusieurs attentats terroristes qui secouèrent la Grande-Bretagne en 2017, il sermonna les Britanniques, incapables selon lui de contenir l'extrémisme. « Encore un attentat à Londres à cause d'un terroriste minable », tweeta-t-il après l'explosion d'une bombe dans un train en septembre 2017. « Ces gens sont des malades, des fous, qui étaient dans le collimateur de Scotland Yard. Faut être plus énergique ! » Cette accusation hérissa la Première ministre Theresa May. « Je pense qu'il n'est jamais utile de se livrer à des spéculations sur une enquête en cours », déclara-t-elle à des journalistes. Lors des mois suivants, son cabinet serait de plus en plus ulcéré par notre administration, à cause des critiques du président Trump sur la gestion par Mme May de la sortie de l'Union européenne.

Quand des messages internes confidentiels transpirèrent, détaillant les reproches de l'ambassadeur de Grande-Bretagne à l'administration Trump (notamment des observations tout à fait pertinentes sur un président

« imprévisible » et une Maison-Blanche « dysfonctionnelle »), la réaction totalement caractérielle du président confirma toutes les inquiétudes du diplomate. Au lieu de faire preuve de mesure, il tapa à bras raccourcis, en tweetant que l'ambassadeur était « un abruti complet », « un cinglé » et « un crétin prétentieux ». Sans aucun dessein stratégique clair, mû par le seul dépit, il décocha aussi quelques flèches à Mme May qui était sur le point de quitter ses fonctions, en jugeant sa politique désastreuse. « Quelle pagaille ils ont provoquée, ses représentants et elle », déclara-t-il en juillet 2019, en visant tout particulièrement le Brexit. « Je lui ai expliqué comment il faudrait faire, mais elle a voulu s'y prendre autrement… La bonne nouvelle pour le merveilleux Royaume-Uni, c'est qu'il aura bientôt un nouveau Premier ministre. »

Nous avons effectivement renoncé à l'empêcher de critiquer nos amis. C'est impossible. Comme sur le reste, il tient à dire tout ce qui lui passe par la tête. D'ailleurs, quand on lui demande de s'en abstenir, par exemple d'éviter de critiquer nommément un dirigeant étranger ou de se retenir de rompre une promesse qu'il a faite, il le clame encore plus fort. Après ces débordements, cela devient très délicat pour ses lieutenants de demander de l'aide dans un dossier à ces mêmes partenaires étrangers, que ce soit pour arrêter un criminel recherché ou pour soutenir les États-Unis dans un vote important aux Nations unies. Imaginez quelqu'un qui annonce devant une assemblée que vous êtes un « crétin prétentieux » avant de vous contacter pour vous demander un service. C'est le genre d'accueil glacial que les responsables américains reçoivent chaque fois dans les réunions internationales.

Le président Trump fait pire qu'humilier les amis de l'Amérique. Il agit ou menace d'agir pour leur causer du tort à long terme. Par exemple, il a frappé nos partenaires occidentaux de pénalités commerciales, invoquant les dispositions de « sécurité nationale » des lois fédérales pour contrer ce qu'il estime être des pratiques économiques déloyales de la part de régions du monde comme l'Europe. Il était au bord de se retirer d'un accord commercial avec la Corée du Sud au milieu de discussions tendues sur la Corée du Nord, plaçant ainsi un allié de Washington dans une position délicate. Il a menacé d'annuler un traité de défense avec le Japon, en vigueur depuis plusieurs décennies, en arguant que si l'Amérique était attaquée, les Japonais ne viendraient pas à notre aide mais se contenteraient de « regarder les images sur leurs télés Sony ». Et il menace régulièrement de mettre au rancart des accords internationaux en instance de signature avec nos amis pour les forcer à faire ce qu'il veut, notamment lui prêter personnellement allégeance.

On ne saurait trop insister sur les dégâts que les lubies présidentielles causent à la sécurité des États-Unis. Cela a-t-il profondément entamé notre crédibilité hors de nos frontières ? C'est une certitude ! Nous le constatons sans cesse. Nos plus proches partenaires sont sur leurs gardes comme jamais, et cela fait naître des dissensions au sein de nos propres équipes. Chaque fois qu'il commet une traîtrise envers un allié, de hauts responsables se plaignent de ce que ce n'est plus la peine d'aborder des questions de politique étrangère en sa présence, de crainte qu'il n'envoie balader d'un coup de pied les savantes structures en Lego que les diplomates ont patiemment assemblées avec nos partenaires. « Il n'est pas question que j'aborde ce sujet avec lui dans le Bureau ovale, dira quelqu'un. On sait que ça va le rendre fou furieux. » Ce qui n'arrange rien. Le président ne devrait pas être tenu dans l'ignorance, et pourtant son entourage redoute que l'informer ne fasse plus de mal que de bien. D'autres ont simplement décidé de démissionner, se refusant à prendre part à la dissolution des alliances de l'Amérique.

À maintes reprises, le président Trump a stupéfié ses conseillers en leur affirmant vouloir sortir de notre principale alliance : l'Organisation du traité de l'Atlantique Nord (l'OTAN). Ce serait un immense cadeau à la Russie, qui s'oppose depuis longtemps à ce groupe de vingt-neuf nations. Depuis plus d'un demi-siècle, l'OTAN est l'épine dorsale de la sécurité internationale, mais le président nous dit qu'« on se fait étriper » parce que d'autres pays dépensent beaucoup moins que les États-Unis pour en être membres, ajoutant que l'organisation est « obsolète ». Il a raison de souligner qu'un certain nombre de nations ne dépensent pas assez dans leur défense et que l'Amérique a supporté une charge militaire écrasante. Mais les États-Unis sont aussi la nation la plus puissante de la terre et nos investissements dans l'alliance de l'OTAN nous permettent de projeter notre influence à l'échelle planétaire et de barrer la route au danger avant qu'il ne nous atteigne. Quitter l'alliance serait non seulement insensé, mais ce serait aussi suicidaire – un signal lancé à nos ennemis que la chasse contre les pays occidentaux est ouverte, chacun d'eux étant contraint de se défendre tout seul.

Ses ultimatums s'avérèrent inacceptables pour certains ministres. Rex Tillerson et James Mattis, par exemple, adaptèrent leurs visites à l'étranger précisément pour rassurer les alliés de l'Amérique sur la valeur de nos engagements, malgré les déclarations contre-productives de Trump affirmant le contraire. Certains pourraient trouver que cela confine à l'insubordination. En aucun cas. Laisser passivement nos partenariats de sécurité s'atrophier eût été un manquement à nos obligations et j'ai du mal à imaginer les partisans de Trump, qui tendent à être de farouches soutiens de nos armées, heureux de voir le président sortir leur pays du pacte militaire le plus puissant de l'histoire du monde. Ils devraient se montrer reconnaissants qu'il y ait eu des gens capables de l'en dissuader et de tendre une main rassurante à nos alliés.

Une poignée de partenaires clairvoyants de l'Amérique ont décidé qu'ils ne voulaient plus attendre de se laisser attaquer et ostraciser par ce président. Ils ont appris à le manier pour maintenir de bonnes relations et piloter leur partenariat à leur avantage. Nos amis israéliens, qui ont vu des dictateurs couvrir Trump d'éloges, ont ainsi appris à flatter sa vanité afin d'obtenir de lui ce qu'ils veulent. Ils ont donné son nom à des colonies de peuplement et trouvé d'autres moyens extravagants de lui signifier à quel point il est grand, en exploitant sa fierté pour lui soutirer des concessions. Il n'est sans doute pas nécessaire que je le souligne, mais nous n'avons aucune envie de voir ces pratiques devenir la norme.

Je suppose que certains Américains se moquent de la politique étrangère, tant qu'aucune menace ne touche notre territoire. Ils devraient pourtant s'en soucier, parce que notre action hors de nos frontières, ou notre inaction, détermine la sécurité des États-Unis sur le long terme. Nos amis comptent parmi nos meilleures fortifications contre les menées hostiles de l'étranger. Nous parlons là de pays qui viennent à notre aide quand frappe le désastre, qui nous défendent dans les différends internationaux les plus épineux, qui protègent nos navires, nos avions et nos citoyens et qui acceptent de se battre et de mourir aux côtés de nos troupes dans des déserts lointains. Ils ne sont pas là pour nous gruger, comme Trump veut le faire croire à qui veut bien l'écouter. *Nous avons besoin d'eux.* Le philosophe Will Durant affirmait que les lois de la nature, y compris celle de « la survie des plus forts », s'appliquent à la politique mondiale*. Dans la nature, la coopération est l'une des clefs de la victoire

* Auteur d'une *Histoire de la civilisation*, Will Durant (1885-1981), comme Oswald Spengler, mais égalitaire et progressiste, tenta d'unifier la pensée historique et considérait que l'affrontement du religieux et du séculier marquait le déclin de la civilisation. (*N.d.T.*)

dans toute compétition. Dans le cadre de nos familles, de nos quartiers et de nos sociétés, nous coopérons afin de surmonter les menaces. Nous devons faire de même sur la scène mondiale, en serrant les rangs avec nos alliés pour que les États-Unis ne se contentent pas de survivre, mais qu'ils prospèrent.

Et pourtant, ils n'ont plus confiance en nous. Comment le pourraient-ils ? Comme tout le monde, ils sont incapables de prédire le comportement erratique de ce président et trouvent son attitude envers eux avilissante. Je sais qu'il leur ment en face (ou au téléphone) en leur offrant de fausses assurances de son soutien. Il révèle des conversations confidentielles qu'il a eues avec eux et tente de les amener à se soumettre. En conséquence, nombre d'entre eux planifient désormais une vie sans les États-Unis ou, pire encore, prévoient de traiter avec nos rivaux. En mai 2018, le président du Conseil européen tweeta un point de vue partagé par plusieurs de ses collègues : « En voyant les dernières décisions de @realDonaldTrump, on en finirait même par penser : avec des amis comme lui, on n'a plus besoin d'ennemis. »

La manière qu'a le président de s'aliéner nos plus proches partenaires met les États-Unis en péril. Historiquement, nos partenariats nous ont conféré un avantage sur d'autres pays. Nos ennemis ont peu d'amis, alors que l'Amérique en a beaucoup. Nous ne pouvons nous permettre d'altérer cet équilibre.

Le monde dépend des États-Unis pour façonner son histoire. Personne n'a mieux cerné cette réalité que Winston Churchill : pendant la Seconde Guerre mondiale, le sort de la nation britannique dépendit de l'intervention américaine. À l'époque, il écrivit : « À quel point le destin de cette génération dépend fortement du gouvernement et du peuple des États-Unis... Les États-Unis pèseront-ils de tout leur poids pour faire pencher la balance vers la paix, le droit et la liberté tant qu'il en est encore temps, ou resteront-ils spectateurs jusqu'à ce que le désastre frappe ; et ensuite, moyennant un prix et un labeur infinis, devront-ils rebâtir ce qui n'aurait jamais dû être détruit ? »

Voulons-nous encore peser de tout notre poids pour faire pencher les plateaux de la balance de la liberté ? Serons-nous des spectateurs ? Ou le président Trump a-t-il décidé que nous jouons dans la mauvaise équipe – devons-nous former un petit club de malfrats ou un grand club de nations libres ?

Le monde ne sait pas quelle voie nous allons emprunter. Des enquêtes révèlent que sous Trump, l'image internationale de notre pays s'est dégradée et que les sondés croient les États-Unis incapables d'intervenir face aux défis internationaux. Selon une enquête du Pew Research Center, les opinions « favorables » sur les États-Unis sont à leur plus bas niveau historique dans quantité de nations, et depuis le début de son mandat, davantage de pays estiment que leurs relations avec Washington se sont dégradées, et non améliorées.

Cette réputation en chute libre découle de la confusion que le président a créée entre ses propos et ses actes. Sous son autorité, les États-Unis donnent l'impression de changer de camp dans la politique mondiale. Dans une interview de juillet 2018, on lui demandait de nommer le plus grand adversaire planétaire de l'Amérique. En tête de sa liste, il ne cita pas la Chine, qui vole les capacités d'innovation américaines à une échelle sans précédent dans l'Histoire, ou la Russie, qui s'emploie à déchirer notre pays. Il nomma d'abord l'un de nos alliés de longue date. « Eh bien, je pense que nous avons beaucoup d'ennemis, déclara-t-il au journaliste. Je pense que l'Union européenne est un ennemi… ce qu'ils nous font subir au plan du commerce. Maintenant, vous ne pensiez peut-être pas à l'Union européenne, mais c'est un ennemi. »

Aujourd'hui, l'avenir de la démocratie est incertain. D'autres nations menacent de prendre notre place à la tête de l'ordre international, et s'il n'est pas nécessairement mauvais d'avoir des égaux, il est néfaste qu'ils menacent notre mode de vie. Pour nous défendre de leurs visées hostiles, nous devons serrer les rangs et continuer de lutter pour ce que nous croyons. Nous ne pouvons miser sur le seul espoir. L'espoir n'arrêtera pas les missiles iraniens ou ne déjouera pas l'espionnage chinois. Ainsi que l'écrivit Kissinger, « il nous faudra poursuivre nos buts, inspirés par le passé de l'Amérique – la paix, la stabilité, le progrès et la liberté de l'humanité – et c'est un voyage qui n'a pas de fin. “Voyageur, dit un proverbe espagnol, il n'y a pas de routes. Les routes se tracent en marchant” ».

Les Américains doivent décider dans quelle direction ils vont avancer. Si nous voulons l'emporter sur nos agresseurs, nous devons être prêts à livrer une compétition permanente. Nous devons choisir sans hésiter entre le bien et le mal. Nous devons être très clairs – nos dirigeants doivent être très clairs – et dire qui sont nos amis et qui sont nos ennemis. À cet égard, le président Trump nous a trahis.

6

La nouvelle ligne Mason-Dixon

> « Si nous devons à nouveau combattre dans un proche avenir pour l'existence de notre nation, je prédis que la ligne de démarcation ne sera plus celle de Mason et Dixon, mais qu'elle opposera le patriotisme et l'intelligence dans un camp, et la superstition, l'ambition et l'ignorance dans l'autre. »
>
> Ulysses S. Grant

Lorsque les Pères fondateurs édifièrent la république américaine, l'histoire de la Grèce ancienne pesa fortement dans leur réflexion et cela permet de mesurer les répercussions de la présidence Trump. En effet, Athènes leur offrait un exemple édifiant de ce que peut entraîner la dérive de l'autogouvernement. La cité grecque était un exemple de « démocratie directe », une société gouvernée par la majorité, où les citoyens prenaient personnellement part à l'assemblée et votaient à main levée sur les sujets du jour. De prime abord, ce dispositif put paraître révolutionnaire, mais avec le temps, une mentalité grégaire s'empara du système. Dans le feu des débats, les passions du peuple pouvaient transformer les citoyens en masse furibonde, conduisant la majorité à des décisions destructrices qui finirent par entraîner sa perte.

L'expérience démocratique hellène connut un tournant mémorable en l'an 427 avant notre ère. Athènes était en guerre et les tensions à leur paroxysme. Les décisions auxquelles était confronté le peuple athénien ne concernaient pas les affaires courantes de la bureaucratie, mais des questions de vie et de mort. Les débats de l'assemblée étaient houleux et des orateurs au verbe puissant attisaient les craintes de l'opinion. Cette année-là, l'un des alliés de longue date de la cité athénienne, la ville-État de Mytilène, fit sécession et se rallia à l'ennemi d'Athènes, Sparte. Les Athéniens écrasèrent cette rébellion, mais redoutaient, s'ils ne châtiaient pas les Mytiléniens, que d'autres alliés ne les abandonnent à leur tour. L'Assemblée athénienne vota donc la mise à mort de tous les hommes de Mytilène et la réduction à l'esclavage des femmes et des enfants, afin de bien marquer les esprits. Le lendemain, des citoyens eurent des doutes, se ravisèrent et appelèrent à une nouvelle session de l'assemblée afin de revenir sur cette décision hâtive.

Cette fois, l'un des plus vigoureux orateurs du second débat fut Cléon, dont le nom ne vous est sans doute pas inconnu. Athénien éminent, il avait pu lancer sa carrière politique grâce à la fortune héritée de son père. Les historiens l'ont rangé parmi les populistes, l'un des

« nouveaux politiciens » de son époque. Cléon était un tribun grossier et brutal, un individu dénué de tout sens moral qui attaquait fréquemment ses adversaires en justice, un détracteur en chambre des hommes au pouvoir et un discoureur qui se repaissait des émotions du peuple pour rallier des soutiens à ses prises de position. Certaines chroniques le présentent comme un personnage charmant, mais son style oratoire était, disait-on, abject et hargneux. Aristote le décrivit plus tard en ces termes : « Cléon, [...] qui paraît avoir le plus corrompu le peuple par ses emportements, est aussi le premier à crier à la tribune, tout en tenant un langage injurieux alors que les autres orateurs gardaient une attitude correcte*. »

Cléon argumenta en faveur du massacre des rebelles mytiléniens. Il dénigra les intellectuels de l'assemblée, ces « sots » qui s'opposaient à cette décision et enjoignit aux Athéniens d'ignorer leurs avis. On ne pouvait se fier à la caste des politiciens expérimentés qui, laissa-t-il entendre, auraient pu être « soudoyés » afin de tromper le public. Il valait mieux confier le gouvernement à des « hommes ordinaires » qui parlaient vrai, comme lui-même. Il affirma que personne n'avait jamais causé autant de tort à Athènes que les Mytiléniens, dont la volonté de sécession était une « tentative de nous ruiner ». Il mit l'assemblée en garde : s'ils ne faisaient pas de ces rebelles un exemple, Athènes serait encore forcée de gaspiller des fortunes dans d'autres guerres étrangères,

* Aristote, *Constitution des Athéniens*, 28, 3. (*N.d.T.*)

pour combattre des peuples qui la défieraient. Cléon acheva son discours en invitant les membres de l'assemblée à ne pas « se trahir eux-mêmes », à ne manifester « ni clémence ni pitié », à écouter leur instinct initial et à « les punir comme ils méritent ».

Un dénommé Diodote lui répondit. Il avança que les décisions « prises dans la hâte et la colère » étaient ineptes. Avant tout passage à l'action, la délibération était nécessaire. Quiconque affirmait le contraire était un « insensé » ou tentait d'effrayer le peuple avec de fallacieuses déclarations, comme l'insinuation de Cléon prétendant que l'autre camp s'était laissé soudoyer. « Le bon citoyen, et c'est son devoir, n'a pas pour habitude d'effrayer ses contradicteurs ; il ne doit montrer sa supériorité qu'en luttant à armes égales », riposta encore Diodote. Il ajouta que le meurtre de masse serait à long terme contraire aux intérêts d'Athènes et qu'à l'opposé, la clémence permettrait à la cité de se gagner nombre de Mytiléniens dont le soutien lui était encore nécessaire.

L'assemblée soumit la décision au vote : tuer et asservir les Mytiléniens, ou faire preuve de miséricorde en ne confrontant que les chefs rebelles à leurs responsabilités ? Il n'y eut pas de consensus. Lors de ce vote à main levée, les Athéniens se partageaient presque à égalité. Selon les récits des historiens, quand le décompte des voix fut terminé, Diodote parvint à rallier juste assez de soutiens pour l'emporter. Et ainsi on évita de commettre d'horribles atrocités.

L'épisode ne connut pas de fin heureuse. Cette

répartition presque égale des voix démontrait à quel point la rhétorique de Cléon avait pu être persuasive, en révélant le point vulnérable de tout système majoritaire. C'était un présage du déclin d'Athènes. Moins de dix ans après, les Athéniens furent confrontés à une décision similaire. Cette fois, ils choisirent de jeter la pitié aux orties et anéantirent la population de l'île de Mélos. Moins de trente ans après, l'assemblée de la populace vota la mise à mort de Socrate, celui que l'on appelait « l'homme le plus sage » qui eût jamais vécu. Ce dernier événement scella en quelque sorte d'un point d'exclamation l'acte de décès de la démocratie athénienne, qui ne recouvra jamais son ancienne gloire et finit par sombrer dans la tyrannie.

*

Comme Athènes, l'Amérique est à un tournant. La tonalité des débats de la nation américaine s'est profondément dégradée. Nous sommes devenus intolérants envers nos services administratifs, notre Congrès, et les uns envers les autres. Nous avons adopté des positions de repli idéologiques. En outre, les décisions auxquelles nous sommes confrontés ne sont pas de simple routine : de l'explosion de la dette à des conflits militaires interminables, elles sont extrêmement lourdes de conséquences. Les résoudre imposerait de s'unir afin de fixer les priorités de la nation à travers le débat et le compromis. Pourtant, nous sommes plus divisés que jamais.

Les fondements de notre démocratie, qui étaient censés fixer des limites au pouvoir de la majorité, sont soumis à rude épreuve.

Et, à l'exemple d'Athènes, nous avons parmi nous un Cléon, un politicien populiste au langage vulgaire qui use de la rhétorique comme d'un pistolet chargé. Je ne suis pas le premier à déceler ces similarités. Le verbe de Donald Trump est puissant, et ce langage nous expose à trois conséquences principales. La première : les mots qu'il emploie durcissent le débat, et rendent plus difficile de préserver les règles de la civilité. Ensuite, ils minent nos perceptions de la vérité, et trouver un terrain d'entente devient un vrai défi. Enfin, ils attisent les flammes de cette mentalité de la foule que nos Pères fondateurs tentèrent de prévenir, ce qui amène les individus raisonnables à réfléchir une fois encore à ce qui reste la plus grande faiblesse de la démocratie, et à en déplorer les effets.

L'homme plein de fiel

Après chaque mandature, les mots des chefs d'État américains sont consignés, réunis dans des volumes que l'on appelle les Archives publiques des présidents. Ces recueils deviennent la mémoire officielle des écrits et des discours de chaque dirigeant, et sont publiés après qu'ils ont quitté leur fonction. Chaque fois que j'entre dans l'aile Ouest de la Maison-Blanche, ces Archives, rangées dans une élégante bibliothèque située juste après l'entrée officielle, sont l'une des premières choses qui retiennent mon regard. Ces volumes contiennent les mots qui ont façonné notre nation, secoué le monde, et retentissent d'un bout à l'autre de notre histoire.

En tournant ces pages, les lecteurs peuvent tomber sur les réflexions émouvantes du président Lincoln, qui s'employait à guider les États-Unis vers la réconciliation après une guerre civile inexpiable. « Sans malveillance envers quiconque, avec charité pour tous, avec fermeté dans la justice, pour autant que Dieu nous accorde de voir ce qui est juste, efforçons-nous d'achever l'ouvrage dans lequel nous sommes engagés, de panser les plaies de la nation, de veiller sur celui qui a combattu, sur sa veuve et sur son orphelin, de faire tout ce que nous pourrons accomplir et de chérir une paix juste et durable entre nous et avec toutes les nations. » Le visiteur pourra aussi trouver le discours prononcé au Capitole par Franklin Delano Roosevelt après l'attaque surprise contre Pearl Harbor. « Peu importe le temps qu'il nous faudra pour repousser cette invasion préméditée ; le peuple américain, fort de son droit, se fraiera un chemin jusqu'à la victoire totale. [...] Non seulement nous nous défendrons jusqu'à l'extrême limite de nos forces, mais nous nous assurerons aussi que la menace d'une trahison de ce genre ne pèsera plus jamais sur nous. »

Que nous diront les volumes futurs du président Trump sur sa personne et sur ce moment de notre vie politique ? Nous inspireront-ils et conserveront-ils la trace d'une renaissance de l'esprit d'unité dans notre pays ? Ou les lirons-nous dans des années comme s'ils sortaient tout droit du débat de l'assemblée athénienne à propos de Mytilène, des mots qui marquèrent un tournant et creusèrent les divisions de la Grèce antique ?

Nous ne savons pas encore comment ces Archives publiques s'achèveront, mais nous savons certainement par quoi elles débuteront. Elles s'ouvriront sur son discours d'investiture, qui était caractéristique du style sans nuances du président Trump. Ce jour-là, il dressa de notre pays un tableau lugubre : « Des mères et des enfants sont piégés par la pauvreté dans nos centres-villes, nos usines rouillées se dressent comme des pierres tombales partout dans le paysage de notre nation, notre système éducatif regorge d'argent, mais prive nos jeunes et magnifiques étudiants de l'accès au savoir, et la criminalité, les gangs et la drogue nous ont volé trop de vies et privé notre pays de son immense potentiel laissé en friche. » Il ajouta que notre argent a été « arraché » de nos foyers et « redistribué » au monde entier, alors que certains pays nous font subir des ravages, nous « volent nos entreprises et détruisent nos emplois ».

Son discours se voulait un tableau du « carnage américain », expliqua-t-il encore. Avec lui au pouvoir, les États-Unis allaient « vaincre à nouveau, vaincre comme ils n'ont jamais vaincu ». Personne ne pourrait nous arrêter. Sa présidence nous rendrait de nouveau « forts », « prospères », « fiers » et « sûrs ». Le carnage cesserait. Ceux d'entre nous qui suivirent l'événement depuis la façade Ouest du bâtiment du Capitole s'interrogeaient. Ce moment de l'investiture aurait dû servir à nous réunir et à nous inspirer. Or ses propos étaient pleins de ressentiment et de mauvais pressentiments. En y repensant, je trouve étrangement évocateur qu'au moment même où il prit la parole, il se mît à pleuvoir.

L'ironie du sort voudra que ce sombre tableau de l'Amérique reste parmi les déclarations du président Trump les plus éloquentes de ses Archives publiques, car pour une fois il lisait ce qu'on lui avait donné à lire. Comme nous le savons, il s'exprime d'ordinaire de façon moins intelligible. Il s'écarte de son sujet, ne réussit à se concentrer sur une idée centrale que par bribes, se complaît dans les digressions et surtout dans les diatribes contre ses détracteurs. C'est un motif constant de contrariété pour ses collaborateurs qui consacrent du temps à peaufiner ses discours afin que ses propos soient mieux pesés et moins offensants. Il lui arrive souvent, à la dernière minute, de biffer ces discours préparés, ce qui nous permet d'entendre le vrai Donald Trump – un homme au style oratoire naturellement vulgaire et venimeux.

Pourquoi cela compte-t-il tant ? C'est que les mots comptent. Historien de formation, j'ai toujours cru le langage d'un président particulièrement important, parce que cet homme (ou, un jour futur, cette femme) s'exprime en notre nom à tous. Ses mots façonnent notre manière d'entrer en relation les uns avec les autres et de répondre aux besoins du pays. Ils influencent notre manière d'affronter les épreuves et de coopérer au sein d'un même gouvernement. Les mots d'un dirigeant deviennent le cri de ralliement des causes que nous partageons, de ce contre quoi nous nous élevons (« Pas de taxation sans représentation ! ») ou ce que nous défendons (« Nous choisissons d'aller sur la lune avant la fin de cette décennie ! »)*. Malheureusement, les mots de Trump n'encouragent guère la civilité de la nation. Ils la rongent.

Ses mots évoquent plus le tenancier minable d'un bar décrépit du Far-West qu'un président. En meeting, Trump fera l'éloge d'un individu qui aura agressé un journaliste : « Le type qui est capable de plaquer un gars au sol, ce type-là me plaît. » Il fustigera ses adversaires « en manque de testostérone » ou leur « QI à zéro ». Ou il tournera en ridicule le témoignage d'une femme qui l'accuse d'agression sexuelle, en mimant tour à tour la voix de la victime et celle de l'avocat qui l'interroge : « *J'ai bu une bière.* Comment êtes-vous rentrée chez vous ? *Je ne me souviens pas.* Comment êtes-vous arrivée là-bas ? *Je ne me souviens pas.* Où se trouve cet endroit ? *Je ne me souviens pas.* C'était il y a combien d'années ? *Je ne sais pas. Je ne sais pas. Je ne sais pas. Je ne sais pas...*

* La première formule incarnait le refus des treize colonies de payer l'impôt si elles n'étaient pas représentées au parlement britannique. La seconde fut prononcée par le président Kennedy dans un discours sur la conquête spatiale à la Rice University, à Houston au Texas, le 12 septembre 1962. (*N.d.T.*)

Mais j'avais bu une bière. C'est la seule chose dont je me souvienne. » Il vide ainsi de son sens l'accusation qu'il prétend inventée de toutes pièces.

Surtout, les Archives du président Trump seront remplies de ses embardées pugilistiques sur les réseaux sociaux, qui ont dominé nos débats publics. Pour exhumer ces piques au vitriol, il suffira aux historiens futurs de lancer une fléchette sur telle ou telle case du calendrier. Prenons le 1er avril 2018. Cette semaine-là, les Archives auront retenu que le président s'en est pris à ABC News, CBS, CNN, MSNBC, NBC et au *Washington Post* (tous séparément) et à leurs « *fake news* », qu'il aura rendu Amazon, le site de vente en ligne, responsable de la fermeture de magasins « partout dans le pays », ridiculisé l'US Postal Service, les services postaux, « qui perdent de l'argent » à cause de leur « bêtise ou de leur incompétence », dénoncé le Mexique au sujet de l'immigration et menacé de priver Mexico de sa « vache à lait, l'ALENA » (l'Accord de libre-échange nord-américain associant Mexico, Washington et Ottawa), se sera lamenté sur le département de la Justice et le FBI, « une honte pour notre pays », avant de couronner le tout en dénigrant son prédécesseur, « Obama le menteur ».

Cette semaine tout à fait digne d'un poisson d'avril n'avait rien de spécial. C'était une semaine comme toutes les autres. Au total, la rhétorique tapageuse de ce président constitue une somme vertigineuse qui sera archivée pour la postérité. Elle attestera que Donald Trump aura été le président le plus incohérent de notre histoire. Ce n'est pas simplement lié à un style de communication décousu ou batailleur. Lors des débats de la campagne présidentielle, Trump déconseilla aux Américains d'élire Hillary Clinton – « une femme si fielleuse », décrétait-il. Il a obtenu ce qu'il voulait, et à la place, nous avons hérité d'un homme plein de fiel.

Il ne se passe pas une journée sans que les déclarations indignes du président Trump ne sèment la confusion chez certains membres de son équipe, ou même pour nous tous. Je sais que d'autres administrations ont eu quelquefois à affronter ce genre de difficultés. Des ministres du gouvernement d'Obama se plaignaient discrètement que leur patron pouvait discuter jusqu'à plus soif d'un sujet sans réussir à trancher. Des collaborateurs de Bush étaient choqués par ses gaffes. Toutefois, je sais aussi qu'aucun d'eux n'eut à supporter ces frustrations au quotidien.

Les collaborateurs des présidents précédents n'étaient pas tenus de se réveiller tous les matins en découvrant, totalement paniqués, que le président s'était levé avant eux et qu'il avait déjà arrosé le monde de ses déclarations aussi délirantes que vulgaires. À Washington, lorsque dans le cadre de vos fonctions vous croisez d'anciens hauts responsables gouvernementaux, ils vous demandent quel effet cela fait d'évoluer dans ce type d'environnement. Je vais vous le dire. C'est comme de se pointer de bon matin dans une maison pour personnes âgées et de découvrir votre vieil oncle cavalant cul nu dans le jardin en vociférant contre la nourriture de la cafétéria, poursuivi par des soignants inquiets qui tentent de le maîtriser. Vous êtes tout à la fois abasourdi, amusé et gêné. Sauf que votre vieil oncle ne se lancera sûrement pas dans ce numéro tous les jours, ses paroles ne seront pas diffusées en public et, après avoir renfilé son pantalon, il n'aura pas à diriger le gouvernement des États-Unis.

Les mots de Donald Trump font plus que rendre son entourage fou. Ils divisent les Américains. Les bagarres qu'il déclenche sur Twitter ou devant les micros se répercutent au domicile de chacun de nous. Les divergences politiques entre Américains atteignent aujourd'hui des sommets. Des études montrent que les Républicains sont de jour en jour plus partisans, refusent de plus en plus de s'écarter de la ligne du parti, et les Démocrates en font autant. La seule chose sur laquelle les deux camps réussissent à s'accorder, c'est la réalité tangible de ce phénomène. Une enquête de l'institut de sondage Pew Research Center publiée en 2019 constatait que 85 pour cent des adultes américains estimaient que « le débat politique dans le pays est devenu plus négatif et moins respectueux », un total d'autant plus écrasant que les deux tiers des sondés considèrent aussi que ce débat est de moins en moins axé sur les questions concrètes. À qui en imputaient-ils la faute ? Une majorité croyaient que le président Trump n'avait « fait que dégrader le ton et le contenu du débat politique ».

Ce langage acrimonieux entraîne des conséquences

bien réelles. Nos divisions nous amènent à moins coopérer les uns avec les autres, à moins nous fier à notre gouvernement et nous rendent moins optimistes quant à l'avenir du pays. Selon une autre étude qui les invitait à se projeter en l'an 2050, les Américains se révélaient profondément pessimistes. Une majorité de sondés prédisaient que les États-Unis seraient en déclin, écrasés sous les inégalités économiques et politiquement plus polarisés. Et c'était à peu près le même pourcentage de Démocrates et de Républicains qui s'accordaient sur ce dernier point.

Dans la capitale, le langage du président, celui d'un taureau dans un magasin de porcelaine, vient entraver son propre programme d'action. À cause de sa façon de procéder qui lui a aliéné des partenaires potentiels dans les deux camps, il ne parvient pas à dégager de consensus au Capitole, même sur des questions qui n'étaient précédemment jamais sujettes à controverse. Les Démocrates ne tentent pas véritablement de restaurer un esprit bipartisan, mais il pourrait y avoir davantage d'espoir en ce sens si, au lieu de les traiter comme ses ennemis mortels, la figure de proue du Parti républicain les abordait comme de simples adversaires politiques. Au contraire, dès qu'il est rendu public, tout grand dessein devient radioactif. La moindre ligne budgétaire se transforme en tranchée sur le champ de bataille politique. Nous avons invariablement le plus grand mal à faire approuver les priorités du président parce qu'il est lui-même son pire ennemi. Juste au moment où dans la coulisse un progrès semble en vue sur une question épineuse, le président fera voler ces travaux en éclats en agressant verbalement notre interlocuteur dans la négociation ou en changeant de position.

Par exemple, il y eut la période où nous avions laborieusement ébauché avec les Démocrates les grandes lignes d'un accord de 2 trillions de dollars pour moderniser les infrastructures vieillissantes de l'Amérique. Remettre en état les routes et les ponts constitue une politique populaire, bipartisane, et aurait pu représenter un coup gagnant pour le président, lui-même un professionnel du bâtiment, un sujet qu'il connaît. Nombre d'entre nous, dans l'administration, tenaient à cet accord. Trump faisait mine d'y tenir aussi. Et puis, très en colère après ce qu'il avait vu sur une chaîne d'infos, il était arrivé à une réunion à la Maison-Blanche avec le *speaker* de la Chambre, Nancy Pelosi, et Chuck Schumer, le président du groupe démocrate (ou minorité) au Sénat, préféra oublier les points qu'il devait aborder et les avertit qu'il ne pouvait travailler avec eux tant qu'ils ne cesseraient pas d'enquêter sur son administration. Ses visiteurs ne purent placer un mot. Au bout de quelques minutes il se rua dans la roseraie et déclara en fulminant aux journalistes présents que les Démocrates ne pouvaient « simultanément investiguer et légiférer » et avant qu'il n'engage le moindre dialogue avec eux, ils « devaient en finir avec ces enquêtes bidons ». Les perspectives d'un accord sur les infrastructures s'évaporèrent dans l'instant. La prochaine fois que mes compatriotes seront bloqués dans un embouteillage ou qu'ils rouleront sur une route fédérale criblée de nids-de-poule, qu'ils se remémorent cet épisode.

L'incapacité à tenir sa langue n'est jamais que le second travers incurable qui peut affecter un président investi de la mission de conclure un accord au nom du peuple américain. Le premier, et le pire, c'est la malhonnêteté.

Les petits mensonges dans les grands

À la Maison-Blanche, pour tout président, la vérification des faits est une fonction importante. Avant que des ébauches de déclarations ne soient couchées sur le papier, les idées sont débattues et validées en réunion de cabinet. Il peut s'agir d'un discours sur le voyage spatial. Nous demandons à différents bureaux et agences de nous fournir des données factuelles afin d'obtenir une ligne directrice. Ensuite, une « plume » s'attelle à écrire un premier jet. Ce texte est soumis à quelques spécialistes des politiques publiques afin de s'assurer de sa cohérence avec la politique de l'administration. Un deuxième jet est rédigé avant d'être transmis à un vérificateur interne qui confirmera chaque élément en toute indépendance. Ensuite, des conseillers le relisent, y compris le cas échéant le chef de cabinet, avant que le document ne remonte jusqu'au président ou au vice-président pour un dernier examen.

C'est ce qui se produisit en mars 2019 quand le

vice-président Mike Pence prononça un vibrant discours sur le programme spatial à Huntsville, dans l'Alabama. La NASA lui avait fourni des informations lui permettant de procéder à une grande annonce. « Sur instruction du président des États-Unis, déclara Pence, notre administration affiche sa volonté officielle d'envoyer à nouveau des astronautes américains sur la lune dans les cinq prochaines années. La première femme et le prochain homme sur la lune seront tous deux des astronautes américains, lancés à bord de fusées américaines depuis le sol américain ! » La foule était euphorique.

Vous devinez ce qui se passa ensuite. Dans tout événement trumpien, c'est le rebondissement inattendu que nous redoutons toujours, celui qui se produit invariablement. Le président s'en mêla, fit une déclaration que personne n'avait vérifiée en amont et sema la confusion. Quelques semaines après le discours de Pence, il tweeta : « Avec tout l'argent que nous dépensons, la NASA ne devrait PLUS parler d'aller sur la Lune – C'est déjà fait, depuis 50 ans. La NASA doit se consacrer à nos autres projets, tous bien plus importants, notamment Mars (dont la Lune fait partie), la Défense et la Science ! » Tout d'abord, ce tweet était trompeur. Le président en personne avait approuvé les projets lunaires de la NASA, et il se conduisait comme s'il n'avait rien décidé de tel. Certains d'entre nous en conclurent que la lune, pour lui, ce n'était pas assez grand. Ensuite, il y avait cette bourde d'un strict point de vue scientifique : la lune ne fait pas « partie » de Mars, puisque près de quatre-vingts millions de kilomètres les séparent. Un peu abasourdi, le cabinet de Pence signala ce tweet pour veiller à ce que quelqu'un se charge de détromper Trump en interne. « Ce n'est pas la peine d'aller sur Mars, fit un collaborateur dans un message. On y est déjà ! »

Nous avons déjà brièvement abordé le problème du rapport précaire de Trump avec la vérité. Il lance des affirmations extravagantes, il est attiré par les théories du complot et répand régulièrement des demi-vérités et des informations évidemment fausses. Lorsqu'il s'était lancé dans la course à la présidence, ce n'était une surprise pour personne. Depuis qu'il était devenu un personnage public, Trump avait tendance à faire des fausses déclarations. Les membres de sa famille en rient comme s'il s'agissait d'un travers inoffensif. Tout le monde sait que c'est son « style », expliquent-ils, alors où est le problème ? Quand cela se limite à des données erronées sur le système solaire, ils n'ont pas tort, c'est inoffensif et même comique. En revanche, s'il s'agit d'une affirmation déjà réfutée sur les « millions » de gens qui auraient voté illégalement lors d'un scrutin national, c'est bien pire.

Le problème, c'est que les gens croient ce qu'il dit parce qu'il est le président : il propage régulièrement, fréquemment, de fausses informations que de vastes couches de la population s'imaginent véridiques. Je serai le premier à admettre qu'à force de réagir de façon épidermique à tout ce qu'il dit, nos opposants politiques ont brouillé notre capacité de juger en toute équité les déclarations du président. Pour eux, tout cela n'est que mensonge. Ce n'est pas exact. Tout ce que dit le président n'est pas que mensonge – une bonne partie seulement.

Dans un article de fond, le *Washington Post* constatait qu'après neuf cents jours à la Maison-Blanche, le président avait proféré un total vertigineux de onze mille affirmations mensongères. Certains Américains doutent certes de plus en plus des médias qui semblent l'attaquer sans relâche, et pourtant ce chiffre se fondait sur une analyse objective de ses propos, dont on peut prouver l'inexactitude ou le caractère totalement mensonger.

Rien ne vous empêche de fouiller dans diverses bases de données, et vous y trouverez de tout, depuis les petits mensonges sans importance faciles à démonter (« Je pilote la meilleure conjoncture économique de notre Histoire ») jusqu'aux énormités les plus évidentes (« J'ai remporté le vote populaire* »). Le président a répété plusieurs fois qu'il avait convaincu les pays de l'OTAN de dépenser 100 milliards de dollars de plus dans la défense de l'alliance. C'est faux. Ces pays augmentaient déjà leurs dépenses militaires avant son arrivée au pouvoir, et les augmentations sont en fait inférieures de moitié à ce qu'il avance. Il a aussi déclaré que les crimes de sang avaient fortement augmenté au cours des deux années précédant son entrée en fonction, les meurtres étant en hausse « de plus de 20 pour cent », et qu'il avait réduit

* En 2016, Trump a recueilli 2, 9 millions de voix de moins que Hillary Clinton. (*N.d.T.*)

cette criminalité, alors que deux ans avant son investiture le chiffre des crimes de sang se situait à l'un de ses plus bas niveaux depuis quarante-cinq ans. Et la liste ne s'arrête pas là.

Les fabulations présidentielles sont particulièrement problématiques quand elles influent sur les attitudes de l'opinion. Présenter de faux chiffres sur les budgets de la défense et des statistiques purement inventées sur la criminalité est une chose. Tous les présidents ont la langue qui fourche. Mais persuader les masses de partager les notions absurdes que nous venons d'évoquer – que ses adversaires sont en réalité des criminels, que le FBI est corrompu et que le système judiciaire est truqué – est bien plus lourd de conséquences, avec des implications sociales dans le monde réel. Vous, lecteur, vous vous sentez peut-être assez éclairé pour rejeter ces déclarations dès que vous y êtes confronté, mais des millions de gens les prennent pour argent comptant, ce qui altère leur rapport à la politique.

Le président s'est fait traiter de menteur pathologique. Cela m'a longtemps hérissé d'entendre des gens le traiter de la sorte à seule fin de marquer des points au plan politique, ce que je trouvais injuste. Je sais maintenant que c'est la vérité. Il propage les mensonges qu'il entend. Il invente de nouveaux mensonges qu'il répand. Des gens qui le connaissent depuis des années le savent, et c'est de notoriété publique. Pour notre part, nous sommes incapables de nous y faire. Songez à tout ce que nous devons accorder de confiance à un président, qui est le chef de notre nation. C'est pourquoi nous avons consacré le début de ce livre à jauger son caractère : il est en effet crucial qu'un chef d'État en possède.

Les responsables dont il s'est entouré doivent se charger d'une humiliante corvée : le défendre quand il a tort. S'il dit quelque chose de faux, il nous demande de rapprocher ses propos de la vérité. Ses conseillers tentent d'éviter d'admettre qu'il avait « tort », ce qui, dérive hilarante, génère une seconde salve de déclarations trompeuses, puisqu'ils sont tenus de forger de nouveaux mensonges qui viennent habiller les anciens, afin de les faire concorder avec la vérité. L'effet en cascade de ces faux-fuyants ne peut que déformer la réalité. Le tout étant trop confus à suivre, il finit par être plus simple de souscrire à sa première déclaration, ou de la refuser en bloc. Dans l'intervalle, la vérité gît dans le coma, dans une mare de sang au creux d'un fossé sur le bord de la route.

Fondamentalement, le président Trump mine nos perceptions de la « vérité ». Il nous a menés dans le sombre trou sans fond de son subjectivisme. Pour lui, il n'existe pas de vérité fondée dans la réalité. Si les gens croient à une chose, cette chose est vraie, car cela suffit à la rendre vraie. Un scientifique vous dira qu'un arbre est un arbre. Un arbre ne peut être à la fois un arbre et un mouton. Pas pour le président. Un arbre n'est un arbre que si nous l'acceptons tous comme tel. S'il réussit à nous convaincre que c'est un mouton, alors c'est un mouton !

Kellyanne Conway résuma un jour cette philosophie, de manière à la fois involontaire et magnifique. Elle était reçue à l'émission *Meet the Press* et fut contrainte de défendre la ridicule fanfaronnade trumpienne sur sa cérémonie d'investiture qui aurait attiré la foule la plus nombreuse jamais vue en pareille occasion. Pour être clair, rappelons que cette prétention fut vite démentie par les faits, les photos, les chiffres, l'historique de ces cérémonies et la simple raison. Pourtant, Chuck Todd, le présentateur de l'émission, poussa Mme Conway dans ses retranchements, à quoi elle répliqua : « Vous dites que c'est faux… [mais] Sean Spicer, le chef de notre service de presse, dispose de faits alternatifs.

— Attendez un peu, l'interrompit Todd. Des faits alternatifs ?… Les faits alternatifs ne sont pas des faits. Ce sont des mensonges. »

Elle morigéna le présentateur :

« Votre travail n'est pas de taxer de ridicule ce que disent notre chef de service de presse et notre président. Ce n'est pas votre travail. »

En d'autres termes : si nous le disons, c'est donc vrai.

Kellyanne n'est pas une sotte. Elle est intelligente, instruite et c'est en temps normal une femme réfléchie, mais comme tous ceux qui gravitent depuis trop longtemps autour de Donald Trump, elle s'est trouvée forcée de se muer en contorsionniste de la réalité. C'est ce qu'il lui demande, à elle et à tous les autres, s'ils tiennent à rester dans ses bonnes grâces. Il se délecte de voir les gens compromettre leur intégrité pour mieux le servir.

Les boniments du président font mouche avec ses supporters à cause de leur « biais de confirmation ». Les êtres humains tendent à interpréter toute nouvelle information comme une preuve à l'appui de leurs convictions préexistantes. Par exemple, si vous pensez que les chiens sont des animaux dangereux et si quelqu'un vous apprend qu'un chien enragé rôde dans le quartier, vous adhérerez plus facilement à cette idée, vous serez moins enclin à considérer cela comme une rumeur, puisque vous considérez déjà que les chiens sont des bêtes malfaisantes. L'ère des réseaux sociaux dope cette carence cognitive en y injectant son cocktail survitaminé. Nous pouvons désormais instantanément renforcer nos opinions en les appuyant sur des « faits » dénichés dans des tweets, des blogs, sur des sites progressistes ou conservateurs, et ailleurs.

Donald Trump exacerbe ce phénomène en flattant les préjugés ordinaires qu'il nourrit de fausses informations. Ce faisant, il permet à ses partisans d'ignorer la partie « fausse » de la formule, grâce à leur biais de confirmation. Quant à la partie « informations », elle est noyée. Si ce qu'il dit valide ce qu'ils croient déjà, ils se calquent sur lui. Ce phénomène se produit aux deux extrémités du spectre politique, mais il sait l'exploiter à un niveau encore jamais vu. Vous croyez le gouvernement corrompu ? Donald Trump est d'accord avec vous, il colporte des rumeurs de conspirations ourdies par un État profond sans visage qui manie secrètement les leviers du gouvernement. Vous vous inquiétez de ces immigrants clandestins qui viennent voler des millions d'emplois aux Américains ? Vous avez raison, leur assure-t-il, parce qu'ils envahissent l'Amérique et vont sans doute vous chasser de votre bureau dès lundi.

Cette crise épistémologique empêche les Américains de trouver un terrain d'entente puisqu'ils ne peuvent s'accorder sur le même ensemble de faits. Le président falsifie si souvent la vérité sur tant de sujets que, lorsque nous engageons le débat, nous avons du mal à trouver une base de départ commune. En conséquence, les Américains sont incapables de passer de la question à l'action – des éléments d'un problème à un mode d'action pour le résoudre. Même les petits mensonges sans importance que distille le président, à force d'être répétés, exercent un grand impact en modifiant graduellement les perceptions qu'a l'opinion de ce qui est vrai et de ce qui compte.

Nous vivons désormais dans des réalités différentes. Pour preuve, citons une enquête de 2019 qui montrait que, sur les questions qui devraient selon eux constituer les principales priorités du gouvernement, Républicains et Démocrates sont plus éloignés que jamais. La plus récente de ces études établissait qu'entre les deux camps « il n'existait pratiquement aucun terrain d'entente sur les priorités qui viennent en tête de liste ». Côté démocrate, les sondés estiment que les plus grands défis de notre nation concernent la santé, l'éducation, l'environnement, l'assurance sociale Medicare et la pauvreté. Les Républicains soutiennent que ce sont le terrorisme, l'économie, la Sécurité sociale, l'immigration et l'armée. C'est le dénominateur commun le plus étroit que l'institut de sondage Pew Research Center ait constaté depuis le début de ce type d'enquête voici plus de vingt ans. La rhétorique de Trump creuse ces divisions.

Pour une société libre, le peu de cas que fait le président de la vérité comporte de terribles implications. Il est écrit dans l'Évangile selon Jean : « Vous connaîtrez la vérité et la vérité vous rendra libres. » Notre capacité de raisonner, à voir au travers du mensonge, est l'un des remparts les plus robustes face aux menaces qui pèsent sur la démocratie. Sans elle, notre république est vulnérable à l'invasion rampante de l'autoritarisme. Les paroles de Trump ont déjà sapé l'indépendance de l'appareil judiciaire, justifié les abus de pouvoir de l'exécutif et entamé la confiance de l'opinion dans le gouvernement. Elles servent aussi à attaquer notre dernier espoir de vérité : la liberté de la presse.

Trump s'est engagé dans une offensive verbale à outrance en faisant feu à volonté sur les journalistes. Je sais que beaucoup de ses partisans n'ont aucun remords à voir les médias recevoir leur juste châtiment du fait de leurs très anciens préjugés contre le Grand Old Party. C'est un sentiment qui est aussi présent à l'intérieur de l'administration Trump. Son équipe de communication est ravie quand le président lance une grenade sur la presse, et pourtant ce n'est pas sans raison qu'il existe des médias en démocratie, en dépit de tous leurs défauts. Ils constituent notre moyen de défense contre le gouvernement, une source de pouvoir qui ne peut être censurée. Comme il ne peut leur imposer la censure, le président Trump se rabat sur ce qui s'en rapproche le plus : le discrédit.

Il a attaqué les médias sur Twitter plus de mille fois depuis sa prise de fonction et tweeté la formule « *fake news* » plus de cinq cents fois. Sa définition des « *fake news* » a évolué : elle a d'abord visé les sources qui diffusent des informations inexactes, puis celles qui le critiquent. En privé et en public, il a souvent fulminé contre la couverture que lui réserve la presse et cherché des moyens de lancer des représailles contre les médias, en privant des journalistes de leur habilitation à la Maison-Blanche et en suggérant que le gouvernement devrait ouvrir des enquêtes sur leurs articles ou leurs reportages.

Pour être charitable, on se contentera de qualifier sa vision de la liberté d'expression de pervertie. Il dit un jour : « Vous voyez, je ne pense pas que les grands médias soient une forme de liberté d'expression non plus, parce qu'ils sont trop tordus. Ils sont si malhonnêtes. Donc pour moi, voir les gens faire quelque chose de bien pour ensuite en écrire du mal exprès, ce n'est pas ça, la liberté d'expression. Pour moi, c'est une forme d'expression très dangereuse, et ça finit par me mettre en colère. Mais ce n'est pas de la liberté d'expression. » C'est naturellement la définition même de la liberté d'expression – avoir la latitude de critiquer un président même si cela lui déplaît.

Son attitude a des retombées sur son entourage. Je me souviens d'une conférence de presse totalement décousue de quatre-vingt-dix minutes, à l'automne 2018, quand le président s'en prit à Jim Acosta, journaliste de CNN, qui s'était mis à lui poser des questions gênantes sur la Russie. Le président lui ordonna de s'asseoir et le traita de « grossier, d'épouvantable personnage ». Plus tard ce jour-là, Bill Shine, l'un des nombreux directeurs de la communication que nous avons eus, vint passer une tête dans une réunion. « Devinez ce que je viens de faire, fit-il, suscitant la curiosité des collaborateurs présents. – Quoi ? lui demandèrent-ils. – Je viens d'interdire Acosta d'accès à la Maison-Blanche. Il est censé intervenir ce soir à l'antenne d'ici, mais il ne va pas tarder à découvrir que le Secret Service ne le laissera pas entrer ! » L'équipe s'esclaffa, le pouce levé. Acosta pouvait parfois jouer les têtes de lard, mais je n'ai pas souvenir dans nos manuels d'éducation civique du chapitre expliquant qu'être une tête de lard constituait un motif suffisant pour restreindre la liberté de la presse.

Par la suite, Trump adopta un point de vue encore plus incendiaire sur les médias : « l'ennemi du peuple », une formule qu'employait régulièrement l'Union soviétique quand le Kremlin emprisonnait ou torturait des journalistes qui osaient dire la vérité sur l'État totalitaire. Après la première fois que Trump en usa, le Sénat des États-Unis adopta une résolution désapprouvant ces propos, à l'unanimité (autrement dit, la totalité des élus démocrates et républicains). « Dans sa résolution, le Sénat rappelle que la presse n'est pas l'ennemi du peuple, réaffirme le rôle vital et indispensable que joue une presse libre », « condamne les attaques contre l'institution de la presse libre et considère les tentatives de miner systématiquement la crédibilité de la presse comme une attaque contre les institutions démocratiques des États-Unis ».

La haine des médias qui habite Trump est contagieuse. Au printemps 2018, dans un sondage, plus de la moitié des électeurs républicains disaient être d'accord avec lui pour considérer que les médias étaient l'ennemi du peuple, alors que seuls 37 pour cent croyaient qu'une presse libre constituait « une partie importante de la démocratie ». Ces positions auront des répercussions à long terme, parfois violentes, sur notre faculté de renouer avec la vérité. Quelques mois après ce sondage, des bombes-tuyaux furent envoyées à treize médias et personnalités. C'étaient des individus que Trump avait attaqués nommément, exemple glaçant de la manière dont ses paroles peuvent dériver de la rhétorique hasardeuse vers des dangers bien réels.

Des fourches de pixels

La mentalité de la populace constituait l'une des craintes les plus profondes des Pères fondateurs. C'est ce qui conduisit la démocratie directe athénienne à devenir l'opposé de ce qu'elle était censée être. « La loi de la foule est pour le navire de l'État comme une mer démontée, écrivait le philosophe et historien américain Will Durant dans son *Histoire de la philosophie*. Tous les vents du discours agitent les flots et en altèrent sa course. Le produit d'une telle démocratie ne peut être que la tyrannie ou l'autocratie ; la foule aime tant la flatterie, elle a tant "faim de miel", qu'à la fin c'est l'être flatteur le plus roué et le moins scrupuleux qui, en se proclamant le "protecteur du peuple", accède au pouvoir suprême. » C'est alors que l'autogouvernement implose. Les Pères fondateurs s'employèrent à y remédier. Au lieu d'une démocratie directe, ils créèrent un gouvernement représentatif, arrêtèrent la tenue d'élections tous les deux ans afin de mieux parer aux pulsions spontanées des masses et comptèrent sur les grandes dimensions du pays pour freiner la propagation d'État en État des revendications de factions uniquement animées par le ressentiment et la colère.

À notre époque moderne, notre système s'expose à toutes sortes de menaces que les Pères fondateurs n'auraient pu imaginer. Le gouvernement représentatif ne prémunit plus ses dirigeants élus contre les soudaines convulsions populaires. Aujourd'hui, des membres du Congrès sont harcelés vingt-quatre heures sur vingt-quatre en ligne. Chaque mot, chaque vote étant passés au crible, ils se détournent de toute forme de coopération et adoptent le langage de ceux qui exercent toutes ces pressions sur eux. Les réseaux sociaux ont permis la formation soudaine de factions qui, malgré la grande superficie de notre pays, franchissent virtuellement les frontières et font boule de neige. Dès lors que rien ne vous empêche de réduire l'opposition au silence en recourant à l'intimidation virtuelle, il n'y a plus aucune nécessité de compromis.

Notre président exploite cette mentalité de la populace, qui devient l'aspect le plus lourd de conséquences de sa rhétorique chargée.

Il se repaît du comportement grégaire de ses partisans. Il se sert de sa présence sur les réseaux sociaux pour enflammer les débats publics et envoyer ses partisans à l'attaque des politiciens qui l'ont critiqué ou rallier ses soutiens pour sa défense. Nous savons tous que les individus sont plus stupides et plus cruels quand ils se fondent dans de grands groupes. Trump en joue à son avantage en redirigeant cette énergie violente vers tel ou tel de ses buts, aussi irréfléchis soient-ils. Quand les fourches de pixels se dressent, c'est la vérité qui en est la première victime. L'irrationalité prend le dessus. C'est ainsi que le président transforme ses propres *fake news* en réalité instantanée. Ses mensonges sont retweetés par des dizaines de milliers de *followers* avant même que les vérificateurs de faits ne s'interposent. Aujourd'hui, il n'y a pas de limites au nombre de fourches qu'il peut mettre entre les mains de la populace virtuelle car les réseaux sociaux lui permettent de grossir démesurément, de propager ses mots partout, gratuitement.

Son entourage n'est pas moins à blâmer. Certains d'entre nous ont trop facilement souscrit aux appels du président à lancer des guerres sur Twitter à seule fin de dénigrer ses détracteurs, qui s'opposent aux politiques de son administration. Et d'autres ne se privent pas de le solliciter et de l'inciter à envoyer des décharges à haute tension dans les fils d'actualité de ses *followers* pour y allumer sans cesse de nouvelles controverses. Il sait qu'il est capable de mettre les gens en colère à propos de tout et n'importe quoi. Tous les membres de son équipe ont assisté à de tels épisodes, et d'aucuns tentent d'en tirer parti.

La véritable menace survient quand la folie déborde du monde digital dans le monde réel, comme c'est le cas lors de ses manifestations publiques. Il faut être présent dans l'aile Ouest avant l'un de ses meetings. On s'y agite comme dans un vestiaire d'avant-match. Il ne se rend pas à ces manifestations publiques pour parler de sa politique devant un stade entier. Il y va pour agiter la foule et la pousser à des attaques effrénées contre ses ennemis. Pendant que l'hélicoptère Marine One l'attend sur la pelouse Sud, des collaborateurs pourront lui parler de l'évolution des marchés boursiers, mais il n'entend plus rien. Il est dans un monde à part et ne songe qu'aux propos provocateurs qu'il va tenir sur l'estrade ce soir-là. En revanche, il pourra interrompre la réunion le temps de tester une petite phrase incendiaire en téléphonant à l'un de ses confidents pour vérifier si telle ou telle saillie est assez cinglante.

Suivez l'un de ses meetings. Que ce soit avec des slogans comme « Enfermez-la » ou « Renvoyez-la d'où elle vient », notre président tend à son auditoire un langage qu'il transforme en arme. Lors d'une de ces réunions publiques en Floride, il demanda à la foule de régler le sort des immigrants clandestins. « Comme arrête-t-on ces gens ? » s'interrogea-t-il, visiblement de plus en plus exaspéré, en évoquant les défis qui se posaient à la frontière. « Tirez-leur dessus ! » hurla quelqu'un dans la foule. Au lieu de tempérer pareille suggestion, le président sourit, eut un petit gloussement. « Il n'y a que dans le Panhandle [de Floride] qu'on peut déclarer ce genre de chose sans rien craindre. »

Ses défenseurs se sont moqués de l'idée que le président incite à la haine clanique. Lors du meeting mentionné plus haut, rappellent-ils, en préambule à sa question, il avait en réalité clairement précisé que les États-Unis ne pouvaient se servir d'armes pour repousser les caravanes de migrants. « On ne peut pas. Je ne ferais jamais ça », avait-il concédé, mais c'est le type d'apartés ironiques dont il ponctue son discours quand il n'a en réalité qu'une envie : celle de passer à l'action.

En fait, c'était bel et bien lui qui, l'année précédente, avait suggéré de tirer sur les immigrants pris en train de traverser la frontière. Oui, d'abattre des êtres humains sous les balles des fusils braqués par des membres de nos forces armées. « Ils jettent des pierres, ils sont agressifs et violents », s'était-il indigné en évoquant une caravane de migrants qui s'était mise en route, des gens qui pour la plupart fuyaient la pauvreté. Ils étaient en marche depuis des semaines, et les autorités mexicaines les avaient laissés passer. « Il n'est pas question de supporter ça. S'ils comptent lancer des pierres sur nos militaires, nos militaires riposteront. Je leur ai dit de riposter comme si c'était des coups de fusil. Quand ces gens-là lancent des cailloux comme ils l'ont fait sur l'armée et la police du Mexique, je leur ai dit de considérer ça comme des coups de fusil. »

Certains de ceux qui entendirent de tels propos les prirent pour une tirade de plus à laquelle il s'était laissé aller sur le moment, mais ce n'était pourtant pas qu'un discours. Ce n'était pas dit sur le ton de la facétie. Il avait envie que l'on passe à l'acte. Il avait fait déployer des troupes américaines à la frontière parce qu'il voulait afficher un type de réaction plus « dur ». Il ne voulait pas tuer des innocents, mais il pensait que des blessures infligées à quelques migrants serviraient d'avertissement aux autres. « Et pourquoi pas ? » lâcha-t-il à ses conseillers. Des responsables du département de la Défense, en proie à la panique, décrochèrent leur téléphone pour rappeler avec force à la Maison-Blanche les règles d'engagement de nos troupes, qui ne prévoyaient pas d'ouvrir le feu sur des civils désarmés.

Le langage de Trump est à tout le moins une cause d'égarement puisqu'il alimente la haine entre les communautés. Mes homologues républicains ont du mal à le reconnaître, du fait de la tendance des médias à l'exagération. Les commentateurs des chaînes de télévision partent toujours du principe que les actes du président entretiennent l'intolérance, et tout ce qu'il fait les met en transe. Croyez-moi, je suis moi aussi tenté de rejeter leurs critiques, mais on ne peut échapper à l'impression que ses propos à tonalité raciste provoquent l'animosité. Est-ce si difficile à admettre ?

Au cours de la campagne présidentielle, l'un de mes homologues républicains qualifia le candidat Trump de « xénophobe intolérant qui incite à la discrimination raciale* ». Ces Républicains désormais silencieux croient-ils que la magie du Bureau ovale ait en un sens transformé notre homme en un champion de la tolérance raciale ? Rien n'a changé. Quoi que vous pensiez de Donald Trump, ses opinions, profondément enracinées, sont une source de névrose collective. Quand le président parle de gens qu'il veut empêcher d'entrer en Amérique, il tend à mentionner des nations d'Amérique latine, d'Afrique ou du Moyen-Orient. Quand il parle en public de régions du monde qu'il apprécie, des pays dont il accueillerait volontiers les citoyens en grand nombre, il a tendance à parler des nations européennes, en particulier des pays nordiques riches à dominante blanche. Je continue de penser qu'il n'est pas un raciste pur et dur, mais c'est à vous d'en tirer vos propres conclusions.

Les extrémistes s'emparent de la rhétorique du président et la détournent pour promouvoir leurs

* Propos du sénateur Lindsey Graham, devenu depuis lors l'un des thuriféraires de Trump. (*N.d.T.*)

mouvements. Le tireur responsable de la tuerie d'un supermarché Walmart à El Paso évoqua par exemple son intention de « défendre mon pays contre le remplacement culturel et ethnique provoqué par une invasion [hispanique] » – une « invasion » dont Trump parle presque tous les jours. Le président est-il coupable d'actes aussi odieux ? Absolument pas, mais face à ces questions conflictuelles, il est responsable d'avoir donné le ton, de ne pas avoir su choisir ses mots avec soin et d'avoir entretenu un climat d'intimidation susceptible de cultiver la violence.

Les tenants de l'État stable en avaient bien conscience. Avant un discours ou un meeting importants, certains tentaient de modérer le ton présidentiel du mieux qu'ils le pouvaient en amendant ses déclarations publiques. L'effet de leur intervention se heurtait à une réalité : Trump s'écarte constamment de ce qui est écrit. Après coup, ses conseillers pouvaient suggérer au président d'éviter une phrase ou une idée qui pourraient être perçues comme autant de messages subliminaux aux groupements extrémistes, ou jugés particulièrement offensants pour une minorité ethnique ou religieuse. Cela n'arrive plus très souvent, et sa rhétorique enflammée n'en devient que plus détestable.

Près des trois quarts des Américains sondés admettaient que « les élus devaient éviter d'employer un langage aussi tranché parce que cela pourrait encourager la violence ». Tel a été et tel est encore le cas, en effet. Ils doivent aussi se demander si cela ne pourrait entraîner ce que les Pères fondateurs redoutaient : que les fondements de notre démocratie ne finissent disloqués sous les coups de boutoir de la foule.

*

S'exprimant devant un groupe d'anciens combattants de la guerre de Sécession, en 1875, Ulysses S. Grant, alors 18e président des États-Unis, s'interrogeait : si jamais la nation américaine devait encore se déchirer, elle ne se scinderait pas entre Nord et Sud le long de la tristement célèbre ligne Mason-Dixon, la frontière géographique qui séparait les États libres des États esclavagistes. Il présumait qu'à l'avenir la ligne de partage traverserait la raison même, avec l'intelligence d'un côté et l'ignorance de l'autre. Grant avait étudié l'Histoire. Il savait que dans les sociétés où la vérité était attaquée, le sol fertile n'est plus semé que de conflits violents. Le philosophe autrichien Karl Popper alla plus loin en écrivant : « Plus on s'efforcera de revenir à ces temps héroïques, plus sûrement on se livrera à l'inquisition, à la police secrète, au gangstérisme romantique », une horrible dégénérescence qui commence avec la bascule du premier domino, « par la suppression de la raison et de la vérité ».

Le constat de la résurgence du tribalisme politique en Amérique ne surprendra personne. Nos communautés, qui se choisissent entre elles, deviennent plus partisanes et moins inclusives que jamais. Aujourd'hui, nous sommes traversés d'une ligne Mason-Dixon digitale. Elle scinde le pays très exactement par le milieu, jusqu'à chaque foyer. Donald Trump n'en est pas l'unique cause. Cette ligne a été tracée par les effets disruptifs de la technologie et par les fondements de la psychologie humaine, mais la démagogie présidentielle n'a fait qu'envenimer le problème. Les mots trumpiens refondent ce que nous sommes.

En 1630, John Winthrop, l'un des premiers colons, fondateur de la colonie de la baie du Massachusetts, qualifia l'Amérique de « cité lumineuse sur la colline », une image qui a défini notre pays depuis près de quatre siècles. Dans son discours de fin de mandat, Ronald Reagan proposa sa propre variante, plus haute en couleur, de cette analogie en présentant les États-Unis comme « une cité haute et fière bâtie sur des rochers plus forts que les océans, balayés par les vents. Bénie de Dieu, et fécondée par des gens de toutes origines vivant dans l'harmonie et la paix [...] et s'il fallait que la cité ait des murs, ces murs avaient des portes et ces portes étaient ouvertes à quiconque avait la volonté et le cœur d'arriver jusque-là ». Malheureusement, si nous continuons dans la direction actuelle, l'Amérique finira par ressembler davantage à la scène de « carnage américain » décrite par le président Trump le jour de son entrée en fonction. C'est en effet à ce niveau qu'il abaisse le débat de la nation, et il nous incombe de décider si c'est acceptable.

Si les actes de Trump ont transformé le gouvernement des États-Unis à l'image de ses entreprises en faillite, sa rhétorique transforme la scène nationale à l'image de ses émissions de téléréalité. Ce n'est plus le cadre privilégié où nous débattons de questions de la plus haute importance. Cette scène se mue rapidement en feuilleton ponctué de rebondissements où l'on suit les mésaventures d'un brasseur d'affaires en quête de pouvoir et de popularité qui écume Washington en suscitant sans cesse de nouvelles controverses rien que pour attirer l'attention d'une foule de spectateurs lobotomisés, à la capacité d'attention limitée. Ils meurent d'envie qu'on les divertisse, qu'on les abuse et se laissent facilement entraîner par ses pitreries indécentes dans toutes sortes de querelles intestines. Si ce spectacle vous donne la nausée, imaginez ce que c'est d'en être l'un des acteurs.

7

Les Apologistes

> « Le Président entend cent voix lui répéter qu'il est le plus grand homme de la terre. Et il doit vraiment faire l'effort de dresser l'oreille s'il veut entendre la seule voix qui lui souffle qu'il n'est pas cet homme-là. »
>
> Harry TRUMAN

Le candidat Donald Trump était indésirable. Demandez à n'importe quel responsable de son administration s'il ou elle soutenait le magnat de l'immobilier quand il s'était jeté dans la mêlée. S'il baisse un instant la garde, il y a des chances pour qu'il vous avoue que non. Beaucoup admettront que, dans le groupe des dix-sept candidats aux primaires républicaines de la campagne de 2016, Donald Trump était leur dix-septième choix, soit le bon dernier. Pour eux, sa candidature n'était qu'un coup publicitaire.

Quand nos semblables ne prennent pas une chose au sérieux, ils la tournent en ridicule. Quand ils sont obligés de prendre cette chose au sérieux, ils la critiquent. En tant que candidat, Trump fut d'emblée tourné en ridicule. Ses déclarations étaient aberrantes, il était donc facile de plaisanter sur son compte. La moquerie se mua en critique fiévreuse dès que les spectateurs se rendirent compte qu'il risquait d'avoir une chance de décrocher l'investiture de son parti. C'était un clown au volant d'une auto-tamponneuse, qui finissait par provoquer un carambolage au ralenti – amusant au début, puis assez vite terrifiant.

Comme nous l'avons évoqué, les commentateurs conservateurs furent aussi généralement ses détracteurs les plus farouches. Ils ne croyaient pas qu'il soit l'un des leurs. Les élus du Parti républicain se montrèrent encore plus sévères.

Le gouverneur du New Jersey, Chris Christie, déclara que le candidat ne possédait pas les qualifications pour exercer la plus haute fonction de la nation. « Pour l'heure, nous n'avons aucun besoin de téléréalité dans le Bureau ovale, déplora-t-il. Président des États-Unis, ce n'est pas un poste pour un amuseur public. »

Le sénateur Ted Cruz fustigea un « personnage narcissique » et « totalement amoral ». Il affirma que les électeurs ne pouvaient se permettre d'élire un individu aussi dispersé et aussi obsédé par les réseaux sociaux. « Pour ce qui est de notre futur commandant en chef, à mon sens, il ne nous faut surtout pas quelqu'un qui ne peut se retenir de réagir au saut du lit d'un tweet épidermique aux derniers sondages. »

Jim Jordan, représentant républicain, chef de file conservateur et l'un des fondateurs du Freedom Caucus de la Chambre (un groupe libertarien issu du Tea Party), aurait aimé voir les Républicains du Congrès agir plus tôt pour « éviter de créer cet environnement » qui avait permis à la candidature d'un individu comme Trump d'exister.

Le gouverneur du Texas Rick Perry le qualifia de « cancer du conservatisme » et de menace pour l'avenir de la nation américaine. « La Maison-Blanche a été occupée par des géants, remarquait-il. Mais de temps à autre ce poste est convoité par des personnages mesquins, animés par la colère, qui sèment la discorde en faisant appel aux plus bas instincts de la condition humaine. » Il ajoutait que l'homme d'affaires vendait « un numéro de cirque qu'on appellera le trumpisme : un mélange nocif de démagogie, de méchanceté et d'aberration » et qu'il faisait campagne en exploitant « la division et le ressentiment ».

Le sénateur Lindsey Graham déclara aux électeurs américains : « En tant que Républicains, il n'est plus tant question de savoir à quel candidat nous accordons notre investiture, mais de savoir qui nous sommes. » Il déplorait que le parti n'ait pas pris cet outsider plus au sérieux. « Chaque fois que vous laissez une mauvaise idée ou une idée dangereuse grandir, chaque fois que vous ignorez ce qui pourrait se transformer en force maléfique, vous finissez par le regretter. » Le sénateur annonça qu'il ne voterait pas pour cet homme, qu'au passage il traitait d'« imbécile » et de « déséquilibré ». Ceux qui connaissent Lindsey savent qu'il ne prononçait pas ces mots à la légère. Il les pensait très sérieusement.

John Thune, l'un des chefs de file républicains au Sénat,

exprima des réserves tout au long de la campagne, mais après le scandale *Access Hollywood*, il déclara que le parti n'avait plus à soutenir ce candidat. « Donald Trump devrait se retirer et Mike Pence devenir notre candidat investi de facto, avec effet immédiat », tweeta-t-il au lendemain de cet épisode, quelques semaines seulement avant le scrutin.

Du début à la fin de la campagne, beaucoup d'autres élus conservateurs se firent entendre, traitant le candidat d'« intolérant », « misogyne », « menteur », « inepte », « obtus », « dangereux », « imposteur », « brute » et « indigne » de la présidence.

Dans la dernière ligne droite avant l'élection, un Républicain eut des mots particulièrement virulents. Il avouait ne soutenir Trump que par antipathie envers Hillary Clinton. « Je le soutiens, quand bien même je le considère comme un être humain épouvantable. » Donald Trump n'est « absolument pas » un modèle, déclara plus tard ce dirigeant conservateur. En fait, de toute l'histoire de notre pays, c'est « [l'un des] êtres humains les plus médiocres qui se soient jamais portés candidat à la présidence ».

L'auteur de ces propos était un parlementaire de la Caroline du Sud, Mick Mulvaney. Quelque deux ans plus tard, il deviendrait le troisième directeur de cabinet du président Donald Trump.

*

L'empereur romain Marc-Aurèle écrivit ce que l'on pourrait appeler l'un des tout premiers livres de développement personnel de tous les temps, et l'un des plus incisifs. Le livre II de ses *Pensées pour moi-même* s'ouvre sur ce conseil :

> Dès l'aurore, dis-toi par avance : « Je rencontrerai un indiscret, un ingrat, un insolent, un fourbe, un envieux, un insociable. Tous ces défauts sont arrivés à ces hommes par leur ignorance des biens et des maux. » Pour moi, ayant jugé que la nature du bien est le beau, que celle du mal est le laid, et que la nature du coupable lui-même est d'être mon parent, [...] je ne puis éprouver du dommage de la part d'aucun d'eux, car aucun d'eux ne peut me couvrir de laideur.

Les gens que Trump a nommés feraient bien de scotcher cette page des écrits de l'empereur à leur table de chevet, car la vie à l'intérieur de cette administration n'a cessé de devenir de plus en plus pénible. Autour de nous, nous constatons que les tenants de l'État stable s'en sont presque tous allés. Parmi les conseillers politiques, ceux qui restent sont davantage des défenseurs acharnés que des âmes charitables ; les esprits complaisants et obséquieux sont plus nombreux que les véritables serviteurs de l'État. L'incapacité de l'entourage à lui résister constitue l'un des signes les plus visibles de cette dégénérescence.

Il importe que les conseillers parlent vrai aux détenteurs du pouvoir. Les présidents ont suffisamment de flatteurs autour d'eux. Ce qu'il leur faut plus que tout, ce sont des personnes disposées à leur exposer les faits sans fard et à contester leurs mauvaises décisions. C'est essentiellement ce que les partisans de l'État stable ont tenté de faire. Au lieu de cela, si ses conseillers vont dans le sens des manipulations présidentielles, cela devient une posture triplement perdante. Le collaborateur faillit à son devoir, le commandant en chef est mal servi et tout cela intervient au détriment du pays. Qui plus est, prendre des décisions fondées sur la fiction et non sur les faits peut créer à un président des problèmes inédits en produisant un cercle vicieux de désinformation génératrice d'erreurs.

Le scénario trumpien s'oriente rapidement vers cet univers fictif. Parfois, des collaborateurs redoutent de dire au président ce qui se passe réellement ou le renforcent dans sa conviction qu'il peut faire des choix qui, en réalité, ne sont pas à sa portée. La résultante, c'est qu'il renchérit dans les fausses déclarations et prend des mesures malavisées, dommageables pour l'Amérique. Les conseillers de cabinet ne cherchent pas délibérément à le tromper. Le plus souvent, ils commettent ces erreurs parce qu'ils veulent donner l'impression de soutenir le programme d'action du président, même quand cela ne coïncide pas avec la réalité. Je ne saurais trop insister sur les risques qu'encourent les conseillers d'un président à se transformer en une brigade de serviteurs.

Songeons à la réaction présidentielle face à l'ouragan Dorian, quand le chef de l'exécutif déclara à tort que l'Alabama était sur la trajectoire de la tempête, ce qui n'était pas le cas. Il refusa d'admettre qu'il s'était trompé et que ses informations étaient périmées. Il passa des jours à se répandre sur le sujet auprès de tous ceux qui voulaient bien l'écouter, en affirmant qu'il avait eu raison sur la trajectoire éventuelle de l'ouragan et les victimes qu'il aurait pu faire. Sa fureur ne tarda pas à se déverser en public. Il exhiba dans le Bureau ovale un ancien panneau affichant la trajectoire de la tempête, où une ligne tracée au feutre noir était destinée à faire croire que les prévisions météo exposaient toujours l'Alabama à la dévastation. Cela lui valut encore plus de moqueries, ce qui le rendit encore plus furieux. Pendant ce temps, les Américains qui, ailleurs qu'en Alabama, se trouvaient bel et bien sur le trajet de l'ouragan se demandaient ce que fabriquait leur président. Pour ma part, je n'en croyais ni mes yeux ni mes oreilles.

Au lieu de lui enjoindre de rendre public un bref correctif, on vit une nuée de collaborateurs de l'aile Ouest s'empresser de l'aider à pérenniser ce mensonge. Il passa des coups de fil pour obtenir les réponses qu'il voulait. Ils satisfirent son exigence. Il leur ordonna de diffuser des communiqués contestant la réalité. Ils s'exécutèrent. Il réclama des éléments susceptibles de donner l'impression qu'il avait eu raison. Ils s'y plièrent. À la fin, cela ressemblait à une partie de Twister qui aurait déraillé ; la vérité était si embrouillée que personne ne comprenait plus de quoi on parlait. Confrontés pour la première fois à l'une de ces opérations de blanchiment de fausses informations propres à l'exécutif, désormais aussi fréquentes qu'effrayantes, les pauvres employés des agences de la météo nationale en furent profondément démoralisés.

Si cela n'était pas aussi grave, un voyageur temporel conservateur débarquant tout droit de 2016 trouverait ce cirque assez amusant. « Vous n'aviez pas entendu les sirènes d'alerte, bande de sots ? pourrait-il(elle) demander. Les Républicains l'avaient pourtant prévu. Nous avions prédit que ce serait exactement à cela que ressemblerait une administration Trump ! » Et ils avaient raison, évidemment. Les dirigeants du Grand Old Party avaient vu juste dans leur description du personnage et fait œuvre prophétique en anticipant les conséquences de cette présidence. Rien n'avait changé la validité de leur propos. C'était leur état d'esprit qui avait changé.

Tirs croisés

Donald Trump amena avec lui à la Maison-Blanche toute une faune de parasites. Au fil des années, il avait accumulé toutes sortes d'assistants, aggloméré autour de lui une vaste chapelle de sectateurs désaxés. Au cours de la campagne, il en avait rameuté encore plus. Son officine de candidat était un aimant pour les talents de troisième zone, qui attirait l'équivalent en politique du *day trader* amateur, ce petit spéculateur boursier qui ne joue que sur le très court terme, le genre d'individu qui adore flirter avec la frontière très mince entre la prise de risque et le délit d'initié. Ils essayèrent tous d'entrer à la Maison-Blanche avec le nouvel élu, mais heureusement, quelques voix plus mûres s'interposèrent pour écarter le plus possible ces laquais. Pendant un temps, cela fonctionna. Hélas, dans le monde trumpien, la déchéance des meilleurs est une règle aussi absolue que la loi de la pesanteur. L'ascension de l'État stable ne fut que le prélude à sa chute inévitable.

Aujourd'hui, nous assistons à l'ascension d'une troisième catégorie de conseillers : les Apologistes.

Le glissement est survenu à la fin de l'an deux. Avec l'effondrement de l'État stable, le directeur du Budget à la Maison-Blanche, Mick Mulvaney, fut pressenti pour devenir directeur de cabinet par intérim, une évolution pour le moins remarquable pour le détracteur véhément qu'il avait été, devenu ainsi proche conseiller du commandant en chef. Il eut beau répéter à ses collègues que le poste ne l'intéressait pas, il intrigua des mois pour l'obtenir. Mulvaney est un survivant. Il entrevit une ouverture quand l'étoile de John Kelly pâlit. Peu après avoir pris ses fonctions, le directeur de cabinet par intérim confia à des amis qu'il ne comprenait pas l'aversion de Kelly pour ce poste. Les avantages qu'offrait le titre n'étaient pas négligeables (il finit par apprécier tout spécialement d'être reçu à Camp David, la résidence d'été des présidents) et il pouvait être au cœur de l'action quand il en avait envie, ou se retirer quand bon lui semblait.

Dans l'aile Ouest, il introduisit un tout nouveau mode de gestion. Il ne gérait rien. Son principe directeur était le suivant : *Laisser Trump faire du Trump*. Cette conception – ne jamais contrer les pulsions présidentielles, se borner à les rendre viables – tranchait nettement avec celle de son prédécesseur. Plus aucun responsable ne s'essaierait à recadrer les idées épouvantables du locataire de la Maison-Blanche. Au lieu de quoi, nous étions priés de nous consacrer à rendre les mauvaises idées plus comestibles, à arrondir les angles. Cela faisait plaisir au président et cela évitait à son directeur de cabinet adjoint de se retrouver dans sa ligne de mire. Le seul inconvénient de cette méthode, c'est que Trump n'avait pas changé d'un iota depuis l'époque où Mulvaney fustigeait « un être humain épouvantable ». Aussi, dans les faits, la raison d'être du même Mulvaney consiste désormais à aider cet « être humain épouvantable » à devenir un peu moins épouvantable, si tant est qu'il puisse le fléchir. S'il n'y arrive pas, cela lui va tout aussi bien.

Tout garde-fou étant levé, on aurait pu annoncer l'« année trois » de l'administration Trump comme la « saison trois ». De vieilles controverses qu'on avait réussi à s'éviter jusqu'alors furent ravivées de plus belle, et les acteurs au générique devenaient de plus en plus glauques. Outre l'affaire du retrait de Syrie, le président renoua avec son mantra de la fermeture partielle des services gouvernementaux (le *shutdown*). Avec de moins en moins de conseillers techniques pour l'en dissuader, et un directeur de cabinet plus que désireux de le caresser dans le sens du poil, il décida de fermer les services et exigea plus d'argent pour financer son mur à la frontière mexicaine. Rares furent les membres de son administration ou les élus du Congrès qui soutinrent ce plan. Cette décision était insensée, pour diverses raisons, et notamment parce que le président ne possédait apparemment pas le poids qu'il croyait avoir.

Le résultat fut un désastre entièrement prévisible. Personne à la Maison-Blanche n'avait de plan pour sortir de l'impasse, et personne ne voulait endosser la responsabilité d'en trouver un. « C'est un tel bordel ici », se plaignit un haut responsable de l'équipe ponctuellement chargée de piloter cette fermeture des services, après quelques semaines d'impasse, alors que nous en étions tous les spectateurs impuissants. « Il n'y a littéralement personne aux commandes. » Signe évident que nous étions dans une maison de fous, le vice-président Pence devait conduire les négociations de la Maison-Blanche en vue de parvenir à un accord. Au lieu d'une rencontre avec les élus du Congrès, qui auraient pu s'employer à trouver une issue praticable, une réunion fut organisée entre Pence et des membres des cabinets de la présidence et de la vice-présidence. Les assemblées n'étant alors pas en session, les parlementaires étaient absents de Washington. Ce fut une séance affligeante que Pence dut endurer avec le sourire. Malheureusement, il avait l'habitude.

La pression montait : il fallait convaincre le président de jeter l'éponge. Des agents de l'État ne touchaient pas leur traitement, et même des employés subalternes de la Maison-Blanche redoutaient de ne plus parvenir à joindre les deux bouts. Nombre d'entre nous considéraient ce calvaire comme une perte de temps et s'inquiétaient des effets cumulés dans toutes les strates de l'État. Ensuite, les médias annoncèrent que des aéroports américains seraient bientôt touchés, entravant les déplacements d'un bout à l'autre du pays. La messe était dite. Le président s'inclina et rouvrit les services, sans avoir tiré grand-chose de cette débâcle. Il n'avait pas obtenu les « milliards » de dollars qu'il exigeait pour son mur et sortait de cette débandade avec un œil politique au beurre noir avant l'entrée en session du nouveau Congrès, après les élections de mi-mandat, un début d'année exécrable qu'il aurait entièrement pu s'éviter.

Nous avons continué sur notre lancée en terrain fangeux, en enchaînant les fautes directes. Des décisions qui faisaient précédemment l'objet d'une préparation soignée, comme le futur de la présence américaine en Afghanistan, étaient désormais prises en dépit du bon sens. Donald Trump était si impatient de se retirer de ce pays qu'il a failli convoquer les chefs des talibans à Camp David pour un sommet afin d'aboutir à un accord à la veille de l'anniversaire du 11-Septembre, provoquant la colère des membres du gouvernement qui en furent informés. Nous parlons ici, ne l'oublions pas, des mêmes groupes d'individus qui avaient abrité en leur sein le groupe terroriste ayant assassiné près de trois mille Américains et qui sont responsables d'avoir tué ou blessé des centaines de nos soldats. Ils ne méritent pas d'entrer sur le sol américain et encore moins d'être reçus par le président des États-Unis dans une retraite officielle où il accueille nos alliés. Pourtant, il reste de moins en moins de gens pour rejeter la folie de telles idées, et ceux qui subsistent sont écartés par le président, qui les juge déloyaux.

Le décès de l'État stable signifie aussi que la culture de l'exécutif a régressé, refoulée dans l'obscurité. Les luttes intestines, qui éclatèrent dès les premiers mois de cette administration mais finirent par s'apaiser, resurgissaient littéralement au centuple. Vous pouviez vous imaginer avoir un allié avant de découvrir que cette même personne avait discuté avec le président de votre éventuel congédiement. À mesure qu'un nombre croissant de gens sont visés par des purges ou fuient les lieux, des conseillers de cabinet ambitieux se disputent certains postes. Chaque vacance devient synonyme de promotion potentielle, créant pour les arrivistes trop zélés des incitations à affaiblir la position de leurs collègues afin de mieux se mettre en valeur. Certains jouaient violemment des coudes pour se frayer un accès au bureau de Mulvaney, et dans des hauts lieux stratégiques comme le Pentagone, des conseillers politiques de niveau intermédiaire, nommés par la présidence, se disputaient des postes pour graviter à proximité du successeur du général James Mattis, le secrétaire à la Défense par intérim Pat Shanahan, et plus tard du remplaçant de son successeur, Mark Esper, qui prit sa place après que Shanahan eut été mis à la porte par Trump sans cérémonie.

Les nouveaux venus font preuve de naïveté face aux péripéties auxquelles ils sont confrontés. Je me souviens de l'un d'eux, fraîchement nommé par le président, qui tenta d'affirmer son indépendance par rapport à une décision politique sujette à caution de la Maison-Blanche en divulguant le contenu de délibérations internes à la presse, afin de s'en distancier. Il scella ainsi le sort d'un conseiller politique impitoyable, plus chevronné que lui. « C'était une mauvaise idée. Il s'est ramené à un duel au pistolet armé d'un couteau, grinça un conseiller à la communication après avoir lu l'article. Demain matin, cet enfoiré sera mort. » Si l'administration Trump a une compétence, c'est celle de savoir dévorer les siens.

Cette culture cannibale dissuade les bons éléments de monter à bord. Mick Mulvaney a eu du mal à trouver des candidats extérieurs qualifiés pour des postes essentiels qui, voici encore quelques années, auraient attiré de grands noms du monde politique venus de tout le pays. Circonstance aggravante, Trump préfère choisir les nouveaux entrants à l'instinct. Il est trop impatient pour valider les candidats afin de s'assurer qu'ils soient taillés pour le poste.

En conséquence, les impétrants choisis par le président au détour d'un tweet s'atrophient à la lumière, et s'ils paraissent aussitôt peu qualifiés, c'est qu'ils ne le sont pas. Il suffira de mentionner ici l'annonce par le président de la nomination d'un parlementaire texan, John Ratcliffe, à la direction du Renseignement national. Ce dernier ne possédait aucune formation en ce domaine. Il n'avait qu'une seule qualification, celle d'être un fervent défenseur du président sur les plateaux de télévision. Dès qu'il devint clair que le Sénat à majorité républicaine ne partageait pas l'enthousiasme trumpien, Ratcliffe se retira.

Le mandat de quatre ans du président entrant dans sa dernière ligne droite, les duels et les rivalités déciment le troupeau. De ce fait, l'administration a perdu ses vrais chefs, et des personnages peu fréquentables se ruent aux premiers rangs. L'opinion publique ne connaît pas encore souvent leurs noms, mais elle finira bien par les identifier. Vous les verrez cités à comparaître et vous les entendrez témoigner sous serment. L'Histoire retiendra l'ascension des Apologistes et, un jour peut-être pas trop lointain, tiendra la chronique de leur chute.

Pourquoi la lie occupe-t-elle les sommets, ou la sélection par en bas

Au milieu de la Seconde Guerre mondiale, l'économiste et philosophe autrichien Friedrich Hayek, naturalisé anglais après l'Anschluss en 1938, publia *La Route de la servitude*, où il décrivait de quelle manière les sociétés libres sombraient dans le totalitarisme. Dans le dixième chapitre, « La sélection par en bas », il expliquait pourquoi « les hommes sans scrupules auront, par conséquent, le plus de succès dans une société qui évolue vers le totalitarisme » (p. 100)*.

Il n'est pas exact de dire que Donald Trump serait un dictateur. Les commentateurs qui avancent cette thèse ne doivent pas être pris au sérieux. Toutefois, il est juste de dire qu'il présente de nettes tendances autoritaires, comme peu de présidents avant lui. Sa manière de vouloir imiter les

* *La Route de la servitude*, PUF, 1985. (*N.d.T.*)

hommes forts qu'il admire nous a certainement conduits à franchir quelques étapes sur la route qu'évoque Hayek.

Le penseur autrichien citait trois raisons qui, avec le temps, risquent de pousser la personnalité autoritaire à s'entourer non pas des meilleurs éléments de la société mais des pires (p. 101). Le cercle rapproché du président Trump correspond de plus en plus à ces critères.

Tout d'abord, expliquait Hayek, un autocrate a besoin d'un groupe à la morale douteuse. Cette clique aura aussi tendance à être sous-éduquée. « Nous pouvons affirmer que plus nous recherchons l'uniformité, le parallélisme parfait des vues personnelles, plus il nous faut descendre vers les régions d'un climat moral et intellectuel primitif, où les instincts et les goûts "ordinaires" dominent. » (p. 101) Exact.

Ensuite, l'autocrate a besoin d'élargir la taille du groupe des individus serviles. Il « obtiendra l'adhésion des gens dociles et faciles à duper qui n'ont pas de convictions personnelles bien définies et acceptent tout système de valeurs à condition qu'on leur répète des slogans appropriés assez fort et avec suffisamment d'insistance » (p. 102). Exact.

Enfin, écrivait-il, les individus autoritaires ont besoin de souder le groupe en misant sur ses faiblesses humaines élémentaires. « Des gens tombent plus facilement d'accord sur un programme négatif – la haine de l'ennemi, l'envie des plus favorisés – que sur des buts positifs [...]. L'élément essentiel de tout credo politique, capable de sceller solidement l'union d'un groupe, est l'opposition entre “nous” et “eux” […]. La formule est toujours employée […] pour obtenir l’obéissance totale des grandes masses. » (p. 102) Exact.

Le résultat final, c’est que le noyau se montrera fidèle en appliquant les politiques du chef. « Pour collaborer d’une façon efficace à l’administration de l’État totalitaire, il ne suffit pas d’accepter les justifications spécieuses des actes criminels, mais il faut être prêt soi-même à violer toutes les règles morales chaque fois que les fins poursuivies l’exigent. » (p. 110) Il doit être prêt à les exécuter. « Comme c’est le chef suprême qui détermine les fins, ses instruments ne peuvent pas avoir de convictions morales personnelles. Ils doivent être attachés sans réserve à la personne du chef […]. » (p. 110) En fin de compte, leur volonté d’agir tout en sachant qu’ils agissent mal devient « un titre à l’avancement ».

Cette définition de Hayek ne s’applique pas à tous ceux qui servent dans l’administration Trump, pourtant on trouve des échos de son analyse dans ce qui est arrivé à notre équipe. Des adeptes inconditionnels se sont hissés au sommet, soudés par l’hostilité du président envers les « autres » – les criminels, les immigrants, ses ennemis dans les médias, les voleurs d’emplois, etc. La coalition interne sur laquelle il s’appuie reste unie à cause de ce contre quoi (et non pas pour quoi) elle se bat. Quand il parle de soutenir les vétérans américains en leur offrant un meilleur système de soins, ils applaudissent poliment. En revanche, ils hurlent de rire et clament leur approbation quand il s’attaque à une parlementaire de New York élue pour son premier mandat, une prétendue gauchiste maléfique qui tenterait de faire renaître le socialisme en Amérique.

La vraie question est de savoir ce qui pousse les Apologistes de Trump à lui conserver leur soutien même quand il se conduit mal. Pourquoi ses admirateurs se répandent-ils sur les ondes en se prêtant à toutes sortes d'acrobaties verbales pour défendre ses déclarations ou ses comportements immoraux ? Certains d'entre eux sont les mêmes qui se plantaient au milieu des rails, les mains en l'air, pour tenter d'arrêter le train Trump avant qu'il n'investisse la présidence. *Dès lors, qu'est-ce qui a pu les transformer en boucliers humains du même Trump ?* Les propos de Hayek cités plus haut fournissent une explication partielle, mais je voudrais les étoffer un peu plus. Dans le cadre de mes fonctions au sein de l'administration Trump, j'ai été témoin des trois motivations principales de ce qu'un observateur extérieur appellerait du lavage de cerveau. Le pouvoir, l'allégeance tribale et la peur.

Les Apologistes de Trump voient en lui un moyen d'exercer une influence personnelle et d'obtenir de l'avancement. Ils veulent être près du pouvoir. Ils sont avides d'un statut qu'ils n'obtiendraient pas autrement et sont volontiers disposés à excuser tous les actes de leur patron pour y parvenir. Même les critiques les plus cinglants du candidat Trump, comme le gouverneur du Texas Rick Perry, étaient prêts à mettre de côté leurs mises en garde existentielles sur l'avenir du pays pour décrocher une position confortable dans son gouvernement. Perry est un véritable conservateur qui exerça le plus long mandat de gouverneur de l'histoire de son État. Il ne consacre plus aujourd'hui beaucoup de temps à vanter les valeurs du conservatisme : il s'efforce surtout d'éviter d'attirer l'attention du président ou l'ire de son administration. D'autres prétendent n'avoir jamais vu l'intérêt d'intégrer son gouvernement, mais regrettent secrètement de n'avoir pas été retenus à des postes similaires.

Pour certains de ces affidés, le « pouvoir » qu'ils désirent est financier. Des collaborateurs discutent des avantages de tel ou tel poste politique qui se traduira en dollars sonnants et trébuchants après leur passage au gouvernement. Certains croient qu'un lien durable avec le Monde selon Trump leur offrira la possibilité de récolter une petite manne dans une seconde vie, après la politique. Ils pourront travailler pour son groupe, ou alors Jared et Ivanka en embaucheront certains dans le secteur privé, et ils pourront créer quelque chose en profitant de la surface médiatique du couple. Ce ne sont pas les motivations que le peuple américain attend des serviteurs de l'État. D'autres, à leur sortie de l'administration, se laissent souvent acheter par la campagne Trump ou par un Super PAC, où on sait les appâter avec un haut salaire*. Jusqu'à présent, ce dispositif fonctionne assez bien et devient une pratique courante pour le président Trump, qui agite les propositions futures

* Créés en 2010, les Super PAC (Comités d'action politique) sont réputés indépendants des partis et bénéficient de plafonds de dépense illimités. (*N.d.T.*)

devant ses lieutenants désillusionnés afin qu'ils gardent le silence. Omarosa Manigault, qui affirma s'être vu offrir un salaire à six chiffres pour rester dans l'équipe, fut une exception, l'une des rares à donner de la voix*.

Pour beaucoup d'élus républicains, renoncer à leurs scrupules et soutenir le président leur a procuré un pouvoir d'influence. Ils peuvent l'appeler au téléphone quand ils ont besoin de quelques minutes pour lui parler d'un projet qui leur tient à cœur, voler avec lui à bord d'Air Force One pour se faire photographier lors d'un événement important ou voir leur nom cité dans un tweet trumpien qui récolte cent mille « likes ». Sur le plan électoral, cela les aidera à cimenter leur base et à s'éviter d'éventuelles candidatures rivales lors de primaires. Il est en effet plus facile de gagner quand le poids lourd de la Maison-Blanche est dans votre camp.

Le dévouement aveugle est un autre facteur. Le président exige une indéfectible loyauté de ses subordonnés, même si c'est contradictoire avec leur définition de poste. « J'ai besoin de loyauté, j'attends de la loyauté », confia-il à James Comey, l'ancien directeur du FBI. Il a les mêmes attentes concernant de nombreuses autres fonctions censées être semi-indépendantes du poids politique de la Maison-Blanche, qu'il s'agisse d'une direction

* Omarosa Manigault Newman participa à plusieurs émissions de téléréalité, dont *The Apprentice*, avant des fonctions de communicante dans la campagne Trump et à la Maison-Blanche. En 2018, elle a publié une violente critique de Trump, *Unhinged*. (*N.d.T.*)

d'agence d'espionnage ou de la présidence de la Réserve fédérale. C'est non sans raison que ces fonctions doivent bénéficier d'une certaine autonomie, raisons que l'esprit de Donald Trump ignore. Il veut voir des signes de soumission personnelle, et soit il les obtient, soit la personne se retrouve en ligne de mire.

Au tout début, nous avons tous été atterrés par un des premiers conseils des ministres, quand les membres du gouvernement se lancèrent l'un après l'autre dans un éloge extravagant du commandant en chef, en direct sur les chaînes de télévision nationales. Un personnage au caractère plus trempé aurait coupé court à ces compliments mielleux – « Nous vous remercions de l'occasion qui nous est offerte et des bienfaits que vous nous avez apportés », s'épancha Reince Priebus, alors directeur de cabinet. Trump, lui, s'en délecta tel un potentat qui accepte les offrandes de ses paysans reconnaissants. Si vous visionnez ces vidéos, vous remarquerez que quelques rares ministres se refusèrent à cet hommage au chef, préférant féliciter les personnels de leurs services. Ils s'abstinrent de flatter Trump, mais aujourd'hui ils ne sont plus là.

Une excellente étude politique de la Brigham Young University constatait que « la loyauté de groupe constitue une plus forte motivation de l'opinion que n'importe quel principe idéologique ». Beaucoup de gens autour du président ou au Parti républicain le soutiennent parce qu'il est à la barre, non pour ce à quoi il croit. En fait, ils le soutiennent en dépit de ce à quoi il croit. Il a créé un vrai culte de la personnalité. Qu'il ait tort ou raison, la tribu doit le protéger, même si cela lui impose de brader ses principes.

Enfin, certains sont motivés par la peur – peur des critiques, des représailles, de perdre leur emploi. Une culture de la peur, c'est en effet à cela qu'il faut s'attendre autour d'un chef aux tendances autoritaires. De son propre aveu, Trump adhère à la peur comme outil de gestion des ressources humaines. Il aime laisser ses collaborateurs dans l'incertitude en les plongeant dans des intrigues dignes de *Game of Thrones* sur leur possible congédiement, ou en menaçant des alliés de graves répercussions s'ils rompent avec lui. Les Républicains ont pu voir les conséquences quand quelqu'un s'en prend au Goliath du parti. Il ne fait pas de quartier.

Les défecteurs potentiels ont ainsi vu ce qui s'est passé quand il a décidé de précipiter la perte de son ancien haut conseiller Steve Bannon après que ce dernier eut diffusé dans un livre des informations peu flatteuses sur son compte. Des collaborateurs eurent interdiction de lui adresser la parole et reçurent ordre d'aller sur les plateaux de télévision le discréditer. Trump chercha à le priver de son créneau sur le site Breitbart News, à lui retirer le soutien des donateurs républicains et à le couper de ceux de ses amis qui cherchaient à faire des affaires avec l'administration. Il s'en prendra aussi à la famille de ceux qui retournent leur veste, comme il l'a fait avec celles de Michael Cohen et Anthony Scaramucci.

Grâce à ces méthodes, les caractères faibles de l'administration et du GOP sont devenus plus dociles.

Comment identifier les Apologistes de Trump ? Ils ont souvent un réflexe qui en dit long : ils sourient et opinent du chef (au mauvais moment).

Installez-les dans une pièce avec le président. Écoutez-le enchaîner des phrases sans rapport entre elles, voyez son ton changer, son visage se contracter. Il annonce qu'il va prendre une très, très bonne décision (mais les gens raisonnables savent que cette décision ne sera pas si bonne, et sera peut-être même funeste). Observez ses gestes des deux mains en direction des personnes présentes dans la pièce, une manière de les associer en bloc à ce qu'il va dire (qu'ils comptent le soutenir ou non). Ensuite, balayez la pièce du regard. Les hochements de tête et les sourires forcés vous permettent d'identifier les Apologistes. Et tout le monde peut les voir à la télévision parce que le président invite les médias à couvrir ces réunions, un moyen pour lui d'afficher sa domination totale sur ceux qui l'entourent.

Il y a deux types d'affidés du trumpisme, différents et tout aussi repoussants. Ils appartiennent tous les deux au même *genre*, l'Apologiste, et se définissent par leur volonté commune d'excuser l'inexcusable. Mais chacun des deux constitue une *espèce* à part, avec ses traits distinctifs. La première espèce est celle du Courtisan. La seconde est celle du Complice tacite. Et ce sont les motivations entremêlées des deux espèces – pouvoir, tribalisme et peur – qui les poussent à marquer leur accord en opinant du chef.

Le Courtisan est un vrai croyant. Il ou elle a tout de suite été conquis(e) par le message du président et admire Trump, à un point tel que cela confine littéralement à ce qu'on appelle en marketing publicitaire la fidélité de marque. Ils achèteraient des steaks ou de la vodka Trump s'ils le pouvaient (mais ces produits de la Trump Organization ne sont aujourd'hui plus en vente). Quoi qu'il vende, les Courtisans achèteront. Aujourd'hui, ils sont plutôt clients du Trump International Hotel, sur la même avenue que la Maison-Blanche (Pennsylvania Avenue), où ils avalent leur cocktail aussi goulûment que les éléments de langage du président. Quand Trump se moque de gens moins puissants que lui, ils s'esclaffent ; quand il lance une insulte diffamatoire contre un adversaire, ils le trouvent « brillants », car il sait conquérir les masses comme personne. Les motivations du Courtisan sont une combinaison de « pouvoir » et de « tribalisme », et c'est pourquoi ils ne cillent pas quand le président leur demande de commettre un acte aberrant. Leur éthique se calque sur la sienne.

Vous voyez souvent ces individus à la télévision. Tous, à un moment ou à un autre, sont sommés de se rendre sur les plateaux au nom de leur chef. La plupart de ceux qui acceptent sont des Courtisans, mais pas tous. Ils vont volontiers s'acquitter de ses basses besognes, indifférents aux ravages que subira leur réputation pour avoir défendu des fausses vérités et en avoir inventé de nouvelles. Chez les meilleurs d'entre eux, cette obéissance peut naître d'un désir de réagir à une couverture de presse qu'ils jugent injuste et de promouvoir les politiques les plus défendables du président. Cela devient vite une manière d'exister. On franchit un Rubicon moral pour servir les envies médiatiques trumpiennes. Je n'en ai jamais vu aucun revenir en arrière.

Le Complice tacite est une forme d'Apologiste plus sordide que le Courtisan prosélyte. Au moins, en dépit de ses illusions, ce dernier croit-il agir de façon vertueuse en se montrant à la hauteur des valeurs du trumpisme. Les Complices tacites reconnaissent la toxicité de la situation. Ils ont conscience qu'un personnage impétueux préside la branche exécutive. Ils le voient retourner sa veste aussi vite qu'il zappe de chaîne en chaîne, ou révéler dès qu'elles lui viennent en tête des décisions douteuses en quelques frappes de clavier, MAJUSCULES VERROUILLÉES, avec une volée de points d'exclamation pour enfoncer le clou. Et ils ne protestent pas. Leurs motivations sont un mélange de « pouvoir » et de « peur », et ils feront tout ce que veut le président Trump parce qu'ils ont subordonné leurs convictions à leurs propres intérêts à court terme. Dans l'administration Trump, le Complice tacite est une espèce qui prolifère.

S'il est en effet troublant d'avoir élevé un individu aussi ignorant que Trump à la fonction suprême, il est d'autant plus déprimant de voir tant de gens autour de lui et au Parti républicain garder le silence, alors que leurs voix devraient se faire entendre pour marquer la différence entre de médiocres politiques et un gouvernement sain. Ils n'ont pas nécessairement à s'exprimer publiquement pour exercer une influence. Il leur suffit de prendre la parole en sa présence lors des réunions décisives, ou devant leurs collègues de l'administration. Les Complices tacites devraient se rendre compte qu'il est dans leur intérêt d'intervenir car s'ils n'en font rien, ils seront les prochains à devoir aller s'asseoir devant un micro pour défendre une décision inique.

Les Apologistes de Trump seront les premiers à dénoncer le livre que vous tenez entre vos mains. Le président leur donnera instruction de s'inscrire en faux contre les portraits ou les épisodes qu'il contient. Ils ont l'habitude, puisqu'ils nient depuis plusieurs années des histoires qu'ils savent vraies. Je me demande toutefois si ces mêmes individus maintiendraient leurs dénégations relatives aux actes officiels insensés et politiquement lourds de conséquences commis par le président s'ils devaient se prononcer sous serment ? J'imagine que c'est là une autre question à confier au Congrès.

Les membres de notre groupement officieux de l'État stable ne sont pas exempts de toute culpabilité. Nous regrettons tous de ne pas en avoir fait davantage pour nous opposer d'emblée à des décisions ineptes. En certaines circonstances, nous aurions pu agir et nous nous sommes abstenus. Pourtant, plusieurs membres de ce collectif informel ont trouvé des moyens d'empêcher l'inexcusable. Cela pouvait supposer de prendre son courage à deux mains et d'engager une conversation tendue avec Trump ou l'un de ses proches soutiens. Cela pouvait exiger d'alerter d'autres interlocuteurs sur ce qui se profilait, ou de contrer publiquement le président sur tel ou tel sujet.

Ceux qui restent la tête basse le regretteront toute leur vie. Les exemples édifiants ne manquent pas. Il suffit de regarder du côté des responsables de la sécurité intérieure qui, dans un étalage écœurant d'erreurs de jugement, se plièrent à une politique qui arracha des centaines d'enfants à leurs parents, à la frontière américano-mexicaine. Cela laissera une tache sur leur réputation, sur leur ministère et sur le pays. Ce fut un moment cardinal des excès du trumpisme, et pour d'autres du moins ce fut aussi une leçon. Le caractère de l'individu Trump déteint sur des individus qui intègrent pourtant le gouvernement avec l'intention de bien agir. Hélas, ils sont vite tenus de soutenir et de défendre des politiques qu'ils n'auraient jamais songé à endosser.

Je connais un certain nombre de gens qui se fixent des « lignes rouges » tant qu'ils feront partie de cette administration, des limites qu'ils refuseraient de franchir ou un comportement qu'ils ne toléreraient pas de leur commandant en chef. S'ils étaient confrontés à de telles circonstances, ils démissionneraient, assuraient-ils à leurs amis. Ensuite, j'ai vu les mêmes personnes enjamber allègrement ces lignes rouges, en rationalisant leur docilité de honteuse manière pour se justifier au passage.

Les électeurs seraient bien inspirés de s'inquiéter de cette ascension des Apologistes à l'intérieur de l'administration Trump. Ces gens sont ses clones, ils affichent plusieurs traits de caractère trumpien qui ont fini par nous faire horreur et ils appliquent ses ordres de marche dans tous les secteurs du gouvernement. Ils valident ses postures alors qu'ils devraient le mettre au défi d'avoir une once de pensée critique. Les électeurs auraient intérêt à mesurer l'ampleur des décisions politiques capitales que prendra le président, avec l'aide de ces Apologistes, s'il est réélu, ainsi que les attitudes cyniques et les préjugés que ces collaborateurs ne cesseront de renforcer et qui font partie intégrante de son mode d'être. Ceux qui préfèrent s'aveugler se joignent *de facto* à la marche funèbre de ses disciples décervelés, ils avancent en souriant et en opinant du chef.

Les cigales du Capitole

Si vous avez déjà flâné autour du Capitole par une soirée d'été, vous savez que c'est l'un des plus beaux sites d'Amérique. Les allées sont bordées de parterres et ponctuées de centaines d'arbres venus de tous les États-Unis. Selon l'architecte de l'ensemble, cet agencement paysager a été délibérément conçu pour « masquer la vue du Capitole sauf depuis quelques emplacements privilégiés, afin de mettre en valeur l'architecture du bâtiment sous certains angles précis d'où il sera le plus à son avantage et paraîtra le plus majestueux ». C'est ce que l'on ressent en effet, et même plus encore. Dans la journée, les lieux sont en proie à la frénésie, enveloppés du tumulte des débats de la nation, mais le soir, c'est le silence. Venu admirer la coupole blanche brillamment éclairée, telle une citadelle dressée au-dessus de la forêt qui l'entoure, on n'entend guère que les cigales.

Le Congrès est le lieu où la présidence vient se soumettre à un âpre examen et à d'ardents débats. Quel que soit leur parti, les parlementaires ont une obligation de contrôle de la branche exécutive. Ils doivent le faire dans l'impartialité et le respect, mais il est essentiel qu'ils le fassent. Malheureusement, dans l'un des deux camps en présence, cela ressemble au Capitole la nuit. On n'entend que les cigales. Les Républicains répugnent à émettre la moindre critique contre le président lorsqu'il le mérite, et dans les cas où ils ne peuvent vraiment pas applaudir ses actes, ils se bornent à garder le silence.

Il importe que des voix s'élèvent au Capitole et dans le Parti républicain pour s'exprimer sur la conduite du président, plus encore que parmi ses conseillers actuels ou passés. Ces gens continueront de diriger le pays longtemps après son départ du pouvoir. Ils devraient être les arbitres de la branche exécutive, juger ses décisions et ses actes tels qu'ils se présentent à eux. Pourtant, le Congrès est lui aussi infesté par ces deux espèces envahissantes, les Courtisans et les Complices tacites.

Tous les responsables du Parti républicain que j'ai cités en ouverture de ce chapitre ont depuis lors évolué, pour se transformer de détracteurs en Apologistes.

Par exemple, le sénateur Ted Cruz, qui déclara jadis Trump immoral et indigne de la présidence, explique maintenant à son auditoire dans les meetings que les décisions de l'intéressé sont « audacieuses » et « courageuses », et qu'il est fier « d'avoir travaillé main dans la main avec le président Trump ». Élu de la Chambre des représentants, Jim Jordan, qui déplorait initialement le contexte ayant permis l'ascension de Trump dans le parti, est devenu l'un de ses chiens de garde au Capitole, écumant les plateaux de télévision pour défendre l'action du chef de l'État. Trump lui retourne volontiers le compliment. « Quel grand défenseur il a été », dit-il de Jordan, en qualifiant le parlementaire de « dur à cuire, un type courageux ».

Le sénateur Lindsey Graham, après avoir annoncé que jamais il ne voterait Trump, et après avoir résumé sa candidature d'un trait – une « idée dangereuse » qui s'était muée en « force du mal » –, déclarait aux intervieweurs quelques mois après son investiture : « Je suis maintenant le plus heureux des Américains. » Il ajoutait que le président et son équipe sont ce qu'il « avait rêvé pendant huit ans » [de présidence Obama]. Le sénateur était surtout franchement enchanté de la politique étrangère de Trump : « Je suis totalement pour. Continue, Donald. Je suis sûr que tu m'écoutes. »

Je serais incapable de compter le nombre de ces hauts responsables touchés par cette même transformation. Ils ont oublié le serment qu'ils ont prêté à la Constitution des États-Unis, et non à un homme ou à une clientèle politique. De ce fait, le Bureau ovale est devenu le sanctuaire des membres du Congrès qui ont accepté de prononcer les mots magiques : « Oui, Monsieur le président. » Ceux qui lui résistent, certes peu nombreux, n'y sont plus invités. Ces attitudes serviles sont un danger pour la présidence, pour le Congrès en tant que branche indépendante du pouvoir et pour notre démocratie.

Songez à cet épisode qui vit le président dénigrer plusieurs nations pauvres, des « pays de merde », lors d'une réunion à huis clos avec des ministres, des conseillers et des élus du Congrès. Trump avait déclaré entre autres ceci : « Pourquoi on aurait besoin de plus d'Haïtiens, jetez-les dehors », ajoutant que nous n'avions plus besoin d'immigrants de « tous ces pays de merde » de certaines régions d'Afrique, et qu'il aimait mieux des endroits comme la Norvège. L'outrage public face à ces propos inspira un démenti rapide de Trump en personne. « Ce ne sont pas les termes que j'ai employés », tweeta-t-il. Il exigea de ses collaborateurs et alliés qu'ils le soutiennent dans cette affaire, ce qu'ils firent. Son ancienne secrétaire à la Sécurité intérieure, Kirstjen Nielsen, déclara à la presse qu'elle ne l'avait pas « entendu » employer ces mots-là, et les sénateurs Tom Cotton et David Perdue allèrent devant les caméras de télévision nier froidement qu'il ait parlé de « pays de merde », en désignant principalement des nations d'Afrique noire. Ils attaquèrent d'abord les Démocrates pour avoir fait une présentation fallacieuse de cette réunion, puis indiquèrent que, selon eux, Trump aurait parlé de « cabanons de merde » et non de « pays de merde », ce qui leur permettait de plus ou moins démentir en jouant sur les mots.

Naturellement, tout le monde dans la pièce savait que Trump avait déjà utilisé des termes grossiers pour évoquer ces pays-là. Nous l'avions entendu faire ce type de commentaires à maintes reprises, et depuis lors il était d'ailleurs revenu sur la formule « pays de merde » en privé. Alors pourquoi ces gens sont-ils allés prétendre le contraire ? Pour plaire à leur patron. Ironie du sort, après avoir forcé certains à confirmer le démenti du président, la Maison-Blanche finit par admettre qu'il lui arrivait d'user d'un langage vulgaire en parlant de pays pauvres aux populations non-blanches. Sarah Sanders, alors attachée de presse de la Maison-Blanche, fit cette réponse aux journalistes : « Personne ici ne veut prétendre que le président est toujours politiquement correct. »

L'histoire a montré ce qu'engendre une atmosphère où des responsables s'attachent plus à conforter le « grand chef » qu'à respecter leurs principes essentiels. Étudiant à Londres au milieu du XVIIIe siècle, l'un des futurs Pères fondateurs de l'Amérique, John Dickinson, découvrit avec stupeur la mentalité grégaire qui infestait la capitale politique de la Grande-Bretagne qu'il avait naguère tant admirée. « La fatuité de ces grands hommes qui quêtent les sourires de leur prince, écrivait-il des serviteurs de l'État de Sa Majesté, est telle qu'ils assouviront tous leurs désirs d'ambition et de pouvoir aux dépens de la vérité, de la raison et de leur pays. » Ce climat engendrait une corruption omniprésente, provoquait des élections litigieuses, et mit en fin de compte la nation en guerre contre elle-même. Donald Trump est lui-même le prince des sourires de l'Amérique.

Le groupuscule de ses détracteurs républicains se

réduit désormais comme peau de chagrin. Ceux qui s'y risquent méritent notre considération, que leur témoignent rarement les électeurs de Trump. Au Sénat, Mitt Romney publia dans le *Washington Post* une libre opinion cinglante pour le président et se promit de critiquer ainsi régulièrement la conduite de Trump, en écrivant : « Un président doit faire preuve de deux qualités essentielles, l'honnêteté et l'intégrité, et il doit élever le débat national en veillant à la courtoisie et au respect mutuel. [...] Or c'est dans ce registre que les carences du président en exercice sont les plus criantes. » À la Chambre des représentants, le député Justin Amash s'est montré un critique intraitable de Trump en appelant les Républicains à s'unir dans « le rejet de l'inféodation et des discours partisans qui nous divisent et nous déshumanisent ». Ses attaques l'ont isolé de ses pairs du Parti républicain, avant qu'il n'annonce en fin de compte son départ.

Quelques chefs de file républicains ont tenté de se racheter après avoir longtemps apporté leur soutien public à Trump. L'ancien *speaker* de la Chambre Paul Ryan, qui avait dit un jour qu'il ne le défendrait jamais, s'était finalement senti obligé de le faire toutes les semaines, en sa qualité de chef de la majorité républicaine. Désormais démis de ses fonctions après sa défaite des élections de mi-mandat, il a décrit avec plus de franchise son attitude envers le président au journaliste Tim Alberta, de *Politico* :

> Je me suis dit que je devais entretenir une relation avec ce type pour l'aider à clarifier sa pensée. Parce que, je peux vous l'affirmer, il ne connaissait strictement rien au gouvernement. [...] J'avais sans arrêt envie de le morigéner. Certains d'entre nous dans son entourage l'ont vraiment empêché de prendre de très mauvaises décisions. Tout le temps. Nous l'avons aidé à s'orienter vers de bien meilleurs choix, qui allaient à l'encontre de ses réactions épidermiques.

Ryan est l'un des rares anciens hauts responsables à oser s'exprimer. En dehors du gouvernement, ils sont trop nombreux à être restés silencieux, alors que leur expérience corrobore exactement celle de l'ancien *speaker*. Ils partagent les inquiétudes que j'évoque à grands traits dans ce livre. Ils en auraient bien davantage à ajouter, s'ils en avaient le courage. Pourtant, même ceux qui ont osé dire quelque chose sentent au fond d'eux-mêmes que cela ne suffit pas. Parce qu'en effet, cela ne suffit pas. Personne n'est immunisé. Quiconque soutient l'administration Trump est ou a été l'un de ses Apologistes. Tous autant qu'ils sont, ils ont attendu trop longtemps pour se faire entendre et n'ont pas parlé avec assez de fermeté. Moi compris.

8

Nous, l'Électorat

> « Qui gouvernera les gouvernants ? Il n'existe qu'une seule force dans la nation sur laquelle on puisse compter pour préserver la pureté du gouvernement et l'honnêteté des gouvernants, et c'est le peuple lui-même. »
>
> Thomas JEFFERSON

Le verdict est tombé. Malgré quelques succès, il est évident que Donald Trump se comporte de manière immorale, affaiblit le parti qu'il prétend conduire, sape les institutions démocratiques, déserte des alliances cruciales pour l'Amérique, enhardit nos adversaires, divise l'Amérique avec son discours de haine et sa malhonnêteté chronique et s'entoure de gens qui ne font qu'accentuer ses défauts. Jusque récemment, la solution de facilité consistait à rejeter toute une série de témoignages émanant de gens du sérail sur la gravité de la situation. Toutefois, cela forme désormais une montagne et ces témoignages dépeignent un dirigeant qui manie les affaires du pays en persistant dans l'incurie. Donald Trump mérite d'être congédié.

Certes, de hauts responsables ont plusieurs fois écrasé la pédale de frein pour empêcher quelques décisions présidentielles désastreuses, mais comme je l'ai observé au début de ce livre, ma thèse originelle, dans ma tribune du *New York Times*, était erronée. Les Américains ne doivent pas attendre des collaborateurs du président qu'ils remédient à cette situation. Nous, ses conseillers, en sommes incapables. Toute la question est de savoir quoi faire ensuite. Il y a de bonnes ou de mauvaises manières de traiter ces carences historiques de notre gouvernement qui toutes émanent de l'exécutif présidentiel. À cet égard, il nous faut d'abord aborder la seconde catégorie.

Congédier un président

Un phénomène psychologique affecte une grande partie du pays. Certains l'appellent le « syndrome de trumpophobie primaire » (STP). S'il s'agissait d'un diagnostic clinique, ce syndrome se caractériserait par un trouble de la fonction cognitive provoquant une animosité irrationnelle envers le président des États-Unis. Disons-le autrement : des gens qui détestent tellement Trump qu'ils sont incapables d'avoir les idées claires. Il ne fait aucun doute que ce président campe à demeure dans nos crânes. Il occupe plus de place dans l'esprit, dans les discussions et dans les préoccupations de l'Américain moyen que tous les chefs de l'exécutif précédents, mais cet état de stupeur fébrile qu'il suscite ne doit pas pour autant nous pousser automatiquement vers des mesures drastiques.

Ceux qui souffrent de STP nourrissent depuis des années de noires pensées sur les moyens d'abréger son mandat. Ils l'ont imaginé contraint de démissionner après avoir commis un acte si terrible qu'il choquera la conscience de la nation. Ils ont prié pour que son gouvernement l'évince en invoquant les articles de la Constitution relatifs aux situations d'urgence. Ils meurent d'envie qu'il soit destitué et démis de ses fonctions par le Congrès. Ils ont même eu d'autres pensées inavouables qui ne méritent pas d'être débattues ici, mais qui appelleraient le cas échéant une visite du Secret Service, chargé de sa protection.

À cet égard, je veux m'adresser aux adversaires politiques de Trump et à ses plus farouches détracteurs, ceux qui veulent le dépouiller de ses fonctions à tout prix. Je comprends votre frustration. J'ai moi aussi fini par avoir des avis très tranchés sur l'action de ce président et sur cette question : mérite-t-il de continuer de diriger notre grande nation ? Pourtant, en nous livrant à d'imprudentes spéculations sur son éviction, nous nous faisons les chantres d'un comportement antidémocratique du même niveau que la conduite que nous critiquons chez lui. Il est temps de rappeler une évidence. Bien que Donald Trump ait sans aucun doute une propension à des comportements indignes, nous ne devons pas pour autant souhaiter à notre nation de traverser cette crise d'un renvoi prématuré du président. L'histoire se terminera peut-être ainsi, mais nous devons nous garder d'évincer un président par des voies non électorales et n'envisager cette solution qu'en absolu dernier recours.

Tout d'abord, commençons par d'éventuels méfaits rédhibitoires. Certains espèrent que le président commettra un acte si épouvantable qu'une vague de mécontentement populaire le contraindra aussitôt à démissionner. Quelques membres éminents de son équipe dirigeante ont imaginé cette possibilité. Comme le disait l'un de ses conseillers, le personnage a des penchants si destructeurs que nous devrions peut-être « lui tendre la corde » à laquelle il viendra pendre sa présidence. Ce ne serait pas difficile. Il est à lui seul une usine qui débite à la chaîne un flux ininterrompu d'idées susceptibles de déliter une présidence. En l'occurrence, ce conseiller suggérait de le laisser révoquer le procureur spécial Mueller et la haute hiérarchie du département de la Justice. Trump paraissait lui-même assez désireux d'aller dans ce sens. Si ses collaborateurs l'incitaient à obéir à ses pulsions, estimaient-ils, cela le conduirait à sa chute.

Je trouve cette proposition choquante. Le président s'est sans conteste livré à des actes qui nuisent au pays, mais nous ne devrions jamais encourager son inconduite à la seule fin de parvenir à la sanctionner. C'est d'ailleurs pour cette raison qu'à ma connaissance, hormis quelques propos irréfléchis ici ou là, personne n'a envisagé de pousser à une telle issue. Les partisans de l'État stable, ou ce qu'il en reste, se sentent tenus de maintenir la présidence sur ses rails et de dissuader Trump de se lancer dans des actes autodestructeurs. Ne fût-ce que pour le bien du pays. Autoriser une mauvaise action, ou l'encourager, c'est s'en rendre complice. Pour la santé de notre république, jamais nous ne devrions souhaiter que notre président agisse de manière répréhensible au point d'inciter les masses, des deux côtés de l'échiquier politique, à exiger sa démission.

Ensuite, il y a le Vingt-Cinquième Amendement. Bien que ce soit une notion effroyable, l'idée a bien été évoquée de façon informelle lors de conversations dans les allées du pouvoir, à Washington. Au cours des semaines qui suivirent le limogeage de James Comey du FBI et la nomination du procureur spécial Mueller, le comportement de Trump devint si erratique qu'un certain nombre de hauts responsables de l'administration s'inquiétèrent de son état mental. Le procureur général adjoint Rod Rosenstein aurait envisagé de se rendre à leurs entrevues dans l'aile Ouest équipé d'un micro afin d'attester de la folie qui s'était emparée de ce président et de la Maison-Blanche. Quelques jours après les premières demandes de Trump que l'on « vire Mueller », d'autres dans l'administration eurent ces mêmes conversations discrètes. Ils s'interrogeaient : le président est-il encore capable d'exercer sa fonction ?

Le Vingt-Cinquième Amendement est une disposition constitutionnelle qui traite de la succession du président en cas de démission, d'éviction, d'incapacité ou de décès. En l'occurrence, ces hauts responsables se concentrèrent sur la section 4 :

> Si le vice-président, ainsi qu'une majorité des principaux fonctionnaires des départements exécutifs ou de tel autre organisme désigné par une loi promulguée par le Congrès, font parvenir au président pro tempore du Sénat et au président de la Chambre des représentants une déclaration écrite les avisant que le président est dans l'incapacité d'exercer les pouvoirs et de remplir les devoirs de sa charge, le vice-président assumera immédiatement ces fonctions en qualité de président par intérim.

En bref, si le vice-président Pence et une majorité du gouvernement estimaient que Trump n'était plus en état de remplir ses fonctions, ils avaient le droit de l'en démettre.

Pour être clair, jamais le gouvernement ne s'organisa réellement pour prendre (ou pour préparer) une telle initiative. Toutefois, le désarroi était si profond – et l'inquiétude sur le tempérament du président si omniprésente – que ses lieutenants parlaient de ce qui se passerait si cela empirait. Il y eut notamment des échanges de vues sur ce que serait le point de non-retour. Quel degré d'instabilité requerrait l'éviction du président ? Quelle incapacité cognitive débilitante ? Serait-ce un ordre insensé qui mettrait le peuple américain en danger ? Il n'existe pas de manuel pour de telles situations.

On établit une « feuille de présence » portant un décompte approximatif des hauts fonctionnaires et membres de l'exécutif les plus inquiets de la dégradation de la situation. On dressa mentalement une liste de noms de membres du gouvernement. Il y avait des gens qui, dans le pire des scénarios, seraient disposés à se réunir secrètement pour évaluer cette dégradation. Toutes ces discussions autour du Vingt-Cinquième Amendement restaient discrètes et vagues, parce que tout le monde jugeait irresponsable de spéculer sur une telle éventualité.

Quand j'entendis pour la première fois quelqu'un suggérer que nous entrerions dans « le domaine du Vingt-Cinquième Amendement », je me figeai. C'étaient là des propos assez effrayants, songeai-je. Chez moi ce soir-là, j'imaginai le déroulement de ce scénario hypothétique. La majorité du gouvernement se réunirait probablement en secret, loin de la Maison-Blanche. Ils rédigeraient un projet de lettre aux dirigeants du Congrès certifiant que le président était « dans l'incapacité d'exercer les pouvoirs et de remplir les devoirs de sa charge ». Ceux qui s'étaient assis autour de la table respireraient un bon coup et se passeraient le stylo en silence, chacun signant ce document en sachant que ce serait l'un des plus lourds de conséquences de l'histoire des États-Unis.

Une fois que la majorité du gouvernement aurait signé, quelqu'un transmettrait le message au vice-président. Il attendrait ailleurs jusqu'à être certain de recevoir un soutien suffisant. Ensuite il ferait son choix.

Mike Pence ne révèle jamais rien de ses opinions au sujet de Trump, mais si une majorité du gouvernement était prête à le destituer et à lui confier sa place – si la situation d'urgence était d'une telle gravité –, sa décision ne soulève aucun doute. Il apposerait son nom au bas de ce document. Tout le monde, au fond de ses entrailles, ressentirait la gravité de l'instant. Des véhicules blindés fonceraient à travers la ville vers le Capitole et un coursier sous bonne escorte irait remettre cette sentence signée entre les mains des dirigeants du Parlement.

Alors que je m'imaginais ce scénario, un visiteur d'ordinaire très peu en grâce dans l'administration Trump imposa ensuite sa voix : la raison.

Je me dis… et ensuite, quoi ? Le président Trump sortirait à pas lents de la Maison-Blanche, saluerait et monterait à bord d'un hélicoptère pour rentrer chez lui ? Peu vraisemblable. Si cette histoire n'était pas déjà digne d'un mauvais film de série B, à ce moment-là, elle se changerait en film d'horreur. L'éviction du président par son propre gouvernement serait perçue comme un coup de force. Il en résulterait une situation de troubles gagnant tous les États-Unis comme nous n'en avions plus vu depuis la guerre de Sécession. Des millions de nos concitoyens n'accepteraient pas cette issue, y compris peut-être le président en personne, et une foule d'entre eux, dans les deux camps, descendraient dans la rue. La violence serait presque inévitable. La lutte qui s'ensuivrait nous diviserait durant des années. C'est l'une des raisons valables pour lesquelles cette option ne fut pas sérieusement envisagée. Les conversations chuchotées autour du « Vingt-Cinquième » cessèrent, mais les inquiétudes sur le tempérament du président subsistèrent.

Les détracteurs de Trump seraient eux aussi bien inspirés de renoncer à cette idée. Ils feraient mieux de garder de tels fantasmes pour eux, par crainte d'instiller davantage de poison dans des débats nationaux déjà délétères. En démocratie, nous ne renversons pas nos dirigeants dès qu'ils ne sont pas à la hauteur. C'est réservé aux républiques bananières de troisième ordre et aux États policiers. Le Vingt-Cinquième Amendement doit s'appliquer à des scénarios où le commandant en chef est véritablement incapable de remplir les devoirs de sa charge, pas quand nous sommes insatisfaits de sa prestation.

Troisième point : l'*impeachment*. Au moment où j'écris ces lignes, nous vivons dans cette perspective. Rien ne devrait nous inciter à nous en réjouir. Ainsi que le démontre l'Histoire, les procédures d'*impeachment* sont pénibles pour le pays et pour notre système politique. Nous devons nous garder de politiser le processus et ne pas laisser l'exaspération provoquée par Trump obscurcir notre jugement sur les faits. Pour une bonne part, les preuves de ses exactions sont troublantes, qu'il s'agisse de ses démarches insistantes auprès de l'Ukraine pour que Kiev enquête sur l'un de ses adversaires politiques ou des efforts qu'il déploya pour influencer indûment l'enquête sur l'ingérence russe. C'est la mission du Congrès de décider si ces actes relèvent des « crimes et délits majeurs » (Art. II, section 4 de la Constitution) et s'ils justifient que Trump soit démis de ses fonctions.

Il est anti-américain d'espérer que notre président soit coupable de « crimes ». Souhaiter qu'il soit stigmatisé comme un criminel et prématurément chassé de son poste revient à vouloir exposer les États-Unis à de plus graves divisions. Nous ne pouvons guère nous autoriser davantage de désunion. C'est pourquoi il nous faut mettre les passions de côté et permettre à la procédure de suivre son cours. Nous devrions exiger que nos représentants abordent ces délibérations avec gravité, sans aucune volonté politique de nuire. Un *impeachment* motivé moins par la vérité que par la colère de l'opinion créerait un précédent bien plus dommageable que l'inconduite à laquelle il viserait à remédier. Les Démocrates du Congrès ne doivent pas porter de jugement précipité et ils ont l'obligation de procéder en toute équité, dans le cadre de la Chambre. Dans le même ordre d'idées, si des éléments de preuve confirment la culpabilité, les Républicains ne doivent pas résister à la justice car ce serait fâcheux au plan politique. Ils doivent se laisser conduire par les faits.

Je ne puis, au-delà de ce qui figure dans le dossier public, aborder les éléments de contexte spécifiques entourant les allégations formulées à l'encontre du président concernant l'Ukraine. Toutefois, admettons plus généralement que si Donald Trump a commis des actes incompatibles avec sa fonction, et le cas échéant passibles de destitution, personne ne devrait en être surpris. Il a toujours agi impulsivement afin de servir ses intérêts avant ceux des États-Unis. Comme je l'ai déjà remarqué, il a plusieurs fois manigancé dans le but d'enfreindre la loi pourvu que cela lui procure ce qu'il voulait. D'autres affaires seront évoquées et révélées dans les mois et les années à venir. Ses idées rencontrent souvent une certaine résistance, mais elles attestent de son mépris des règles qui interdisent aux présidents d'abuser de leur pouvoir pour leur avantage personnel. Dès qu'on le met en garde sur l'absence de rectitude ou la légalité douteuse de ses intentions, il s'agite – au point qu'il a déjà mis à la porte nombre de hauts responsables qui tentaient de l'en protéger. Il lui reste peu de garde-fous. Plus inquiétant, sa réélection le convaincrait qu'il serait plus libre que jamais de faire passer son intérêt personnel avant l'intérêt national.

Le bilan de Donald Trump est troublant. À ce stade, certains aspects de son action suffiraient à montrer qu'il a violé les clauses de sa prestation de serment. À condition et en attendant que cela se produise, tous les voies et moyens évoqués plus haut pour chasser un président n'en sont pas moins à proscrire. Une option, la seule, se détache des autres comme le moyen ultime de le rendre comptable de ses actes.

Le peuple lui-même

Dans un article anonyme destiné à rallier des soutiens à l'ébauche d'une Constitution des États-Unis, Alexander Hamilton écrivit : « ... pour assurer la continuité de sa fonction, l'Exécutif devra être indépendant de tous sauf du peuple lui-même ». Aucune autre force politique ne devrait pouvoir décider si le chef de l'exécutif peut rester ou s'il est tenu de s'en aller, sauf circonstances exceptionnelles. Il n'existe qu'un seul moyen adéquat, prescrit par les architectes de cette nation, de rendre nos dirigeants comptables de leurs actes. Ce moyen est aussi élégant que brutal. C'est le mode de transmission propre à tout pouvoir dans notre système politique, qui détermine qui gagne, qui conserve et qui perd son autorité. C'est l'élection.

Face à notre dilemme politique actuel, le peuple est le meilleur recours, et le plus légitime. Le processus démocratiquc existe justement à cette fin : nous misons sur un débat public transparent et sur la volonté populaire pour imposer une forme de contrôle à nos dirigeants. C'est aux électeurs qu'il revient d'examiner la conduite du président et de décider s'il est digne de sa fonction, s'il incarne l'esprit américain et si nous laisserons le comportement d'un seul homme définir ce que nous sommes tous.

Cette responsabilité solennelle appartient à chacun de nous. Par définition, un électorat constitue la somme des individus d'une nation en capacité de voter. Aux États-Unis, approximativement 75 pour cent de la population est « en âge de voter », mais la participation électorale tend à être plus proche de 50 pour cent. Cela signifie que pour l'élection présidentielle à venir, qui sera très disputée, la moitié du pays prendra une décision capitale pour l'autre moitié. Une moitié de l'électorat définira ce que nous allons tous devenir.

Il faut nous rappeler que nous sommes ceux que nous élisons. « Si tel est l'homme, tel est l'État, écrivit Platon voici deux millénaires. Il y a nécessairement autant d'espèces de caractères qu'il y a de régimes politiques. Les États sont faits des caractères humains qui les composent. » Le gouvernement des États-Unis sera tout ce que sera son peuple. Ce n'est pas à la nature humaine d'un individu, le président, qu'il appartient de façonner les attributs collectifs d'une nation. C'est l'inverse. Nos points de vue, nos aspirations et notre moralité définissent la république et sont censés se refléter chez les personnages que nous élisons.

Le jour de l'élection, nous aurons eu quatre ans pour arrêter notre opinion sur Donald Trump. Au moment d'entrer dans l'isoloir, avant de se décider à le réélire à la présidence, il y aura quantité de facteurs à soupeser. Est-il plus qualifié que d'autres ? Propose-t-il un programme plus convaincant ? Peut-il faire état de certains succès ? Quand nous lirons les noms inscrits sur nos bulletins de vote, la question la plus importante sera celle-ci : *Reflète-t-il ce que nous sommes ?*

Il y a plusieurs manières de répondre à cette question. La première réponse est celle-ci : « Oui, il reflète ce que nous sommes. » Donald Trump reflète notre nation, et dès lors le choix s'imposera d'évidence. Il est l'homme de la situation. L'électeur cherchera donc à le réélire. Et voici la deuxième réponse : « Non, il ne reflète pas ce que nous sommes. » Si au cours de son premier mandat, Trump n'a pas été à la hauteur de nos exigences et n'a pas fidèlement reflété nos valeurs, c'est là notre chance de rectifier le tir. Le processus électoral ne prononce pas de sentence définitive ; il offre une occasion de réparer certaines erreurs. L'électeur choisira alors quelqu'un d'autre.

Il existe pourtant une troisième réponse : « Oui, il reflète ce que nous sommes, mais ce n'est pas acceptable. » L'électeur pourrait en conclure que la présidence en montagnes russes de Donald Trump constitue une représentation fidèle de ce qui est à l'œuvre dans notre société. Il comprendra alors que l'élection présidentielle de 2016 a entraîné l'élévation d'un homme qui incarnait les luttes intestines de notre pays. Le degré de sagesse, de justice, de courage et de tempérance qu'il manifeste est une indication forte que nous partageons ces mêmes traits de caractère. Pourtant cela ne signifie pas que nous ayons à subir pareil malaise. Rien ne nous interdit de considérer qu'en 2016 nous avons hérité du président que nous méritions, mais que cette fois-ci, nos exigences sont supérieures.

Une seule élection ne changera pas ce que nous sommes, mais elle peut signaler notre intention de prendre un nouveau cap. Ce n'est que la première étape. Dans la conclusion de ce livre, nous parlerons des réparations les plus urgentes auxquelles procéder sous le capot de notre république. Pour l'heure, toute restauration de la souveraineté de « Nous, le Peuple » peut commencer par l'affirmation d'une volonté de changement émanant de « Nous, l'Électorat ».

Curieusement, ce qu'il adviendra si Trump est démis de ses fonctions – par la voie de l'*impeachment* ou celle d'une courte défaite dans les urnes – et s'il refuse de partir risque de faire naître des inquiétudes encore plus grandes pour notre république. Aux premiers temps de son administration, je sentais bien que cet homme était encore médusé de se retrouver simplement assis dans le Bureau ovale, et qu'il avait le plus grand mal à jouer son rôle de président. Dans toutes ses conversations et interventions, l'élection de 2016 restait omniprésente, tout comme, de son point de vue, le fait qu'on avait failli la lui « voler ». Au fond de lui, il était tenaillé par un sentiment d'insécurité, la crainte de ne pas être à sa place. C'était l'une des raisons pour lesquelles rares furent ceux qui osèrent aborder l'incontestable ingérence russe dont il avait bénéficié lors de l'élection. Pourtant, il s'habitua vite aux attributs du pouvoir, à la faculté d'appeler des serviteurs ou de commander des Coca Light en appuyant sur un bouton, d'étaler toute la majesté du Bureau ovale devant ses visiteurs, de crier des ordres et de s'attendre à ce qu'ils soient exécutés. Il savoure le cocon qu'il s'est construit. Il n'y renoncera ni tranquillement, ni facilement. C'est pourquoi il a laissé entendre à maintes reprises qu'un « coup de force » se prépare et qu'une « guerre civile » est en vue. Il fait déjà germer cette version de l'histoire dans la tête de ses partisans – une version qui pourrait s'achever tragiquement.

*

Il nous faut ouvrir ce débat sans attendre. À la veille de l'élection, nous aurons perdu tout espoir d'engager un réel dialogue en nous-mêmes et avec nos concitoyens. À ce stade-là, toute rationalité nous sera inaccessible et notre capacité de jugement sera brouillée par l'émotion. Dans notre système, il en a toujours été ainsi. Si nous prenons le temps de réfléchir à ce qui définit le caractère de notre nation et celui de notre président en exercice – en amont du scrutin –, cela nous éclairera sur notre réaction au moment de l'élection. Cela tempérerait l'emprise des factions rivales au cours de la campagne. Avec un peu d'espoir, dans l'isoloir, cela nous évitera de nous laisser tenter par des choix autodestructeurs.

Toutefois, ce débat s'avère chaque jour de plus en plus difficile. Le président s'efforce déjà d'intimider les électeurs en recourant au cynisme et à la peur. Avec le sens du sarcasme qui le caractérise, il se plaît à affubler ses adversaires de surnoms railleurs, une méthode pour rebuter les électeurs indépendants. Il veut aussi que les Américains modérés aient peur de s'engager dans une nouvelle direction. « Si vous ne me soutenez pas, vous finirez carrément pauvres », tonna-t-il dans un meeting de campagne, laissant entendre que sans lui ce serait la ruine de l'économie. C'est devenu un refrain. « Vous n'avez pas d'autre choix que de voter pour moi, déclara-t-il à un autre groupe de ses soutiens, parce que votre retraite par capitalisation et tout le reste va partir en sucette. Alors que vous m'aimiez ou que vous me haïssiez, vous êtes obligés de voter pour moi. »

Nous ne pouvons nous plier à cette logique trumpienne sommaire qui voudrait que nous n'ayons « pas le choix », si ce n'est de voter pour lui. Il faut le mettre à la porte. Et il est temps d'inventorier les solutions de remplacement.

Le démon dont nous ignorons tout

Je ne saurais trop insister sur les conséquences d'une réélection de Donald Trump. J'ai pu mesurer de près, de manière on ne peut plus personnelle, l'impact de sa manière de gouverner l'État et le pays. L'administration Trump est une catastrophe pure et simple, et la responsabilité lui en incombe entièrement : dès lors que nous avions confié les clefs de l'État à un homme à la moralité douteuse, c'était une issue prévisible. Ce qui est plus regrettable, c'est que ses défauts amplifient les nôtres. Je crois fermement que les quelques avantages que nous avons pu tirer de quelques-unes de ses politiques ne pèsent guère face aux dégâts incalculables qu'il a infligés à la trame de notre république. Je ne peux encore dire qui permettra au navire de prendre un autre cap, mais quatre années supplémentaires de Trump risqueraient fort de le couler.

Concernant les quatre prochaines années, il nous faut prendre un autre aspect en considération : la chance que nous avons eue depuis 2016 de n'être confrontés à aucune crise internationale de première grandeur. Nous n'avons essuyé aucune attaque de grande ampleur, nous n'avons pas été forcés d'entrer en guerre, mais soyons lucides : la chance nous quittera, et ce n'est qu'une question de temps. Ceux d'entre vous qui seront tentés de le réélire malgré les scandales et les preuves tangibles de ses forfaits auraient intérêt à réfléchir à ce qui pourrait se produire le jour où une telle crise surviendra. Voulons-nous laisser notre arsenal nucléaire et notre armée sous la conduite d'un homme qui se désintéresse des réunions d'information de ses services de renseignement, qui lors de nos interventions sur la scène internationale place son intérêt personnel avant les besoins du pays, préfère fréquenter les potentats étrangers, que nos ennemis tiennent pour un imbécile manipulable à leur guise, qui évite nos amis, dont la crédibilité est en miettes et auquel les directeurs de nos services de sécurité nationale ne se fient plus ? Réfléchissez bien.

Heureusement, il existe déjà dans cette campagne des candidats d'une plus grande honorabilité que l'actuel président, assez solides pour supporter le poids de la fonction. Avec de la chance, le champ s'élargira à d'autres personnalités de premier plan qui sauront séduire les deux camps de notre électorat divisé. Je ne soutiendrai aucun d'eux en particulier. Chaque électeur doit se décider en conscience. Nous ne savons pas de quoi aura l'air la liste finale des candidats, ce qui influera sur les réflexions de chaque citoyen et de chaque citoyenne d'Amérique, mais le point essentiel, c'est que nous ne pouvons plus nous permettre de craindre le changement.

Il n'empêche que, pour mes amis républicains, le choix ne sera pas facile. La présidence se jouera sans doute entre deux concurrents. Les Républicains seront face à un dilemme : « Choisir le démon que je connais, Donald Trump, dont les positions correspondent davantage aux miennes, mais à l'évidente compromission morale. Ou choisir un démon dont j'ignore tout, un Démocrate qui défendra des politiques avec lesquelles je suis en désaccord mais qui est sans doute un individu plus honorable. » En 2016, l'idéologie a pesé plus lourd dans la balance que le tempérament. Un Trump à moitié républicain valait mieux qu'une Démocrate pure et dure, Hillary Clinton : telle était la logique. Cette fois, les électeurs républicains auraient intérêt à revoir leurs calculs.

Je ne prétends pas qu'il soit plaisant pour notre parti de perdre la Maison-Blanche. La plupart des Républicains ne soutiendront pas l'alternative démocrate à Trump, mais si l'autre camp finit par l'emporter, ils ne doivent pas craindre de redevenir « parti d'opposition ». Il est plus facile de réparer les erreurs nées de mauvaises politiques que celles engendrées par de mauvais dirigeants. En règle générale, les conservateurs respectaient l'ancien président Obama, un homme dévoué, mais ils exécraient son programme. En fin de compte, un certain nombre de ses politiques furent démontées aussi aisément que les ordres exécutifs qu'il avait dû signer pour les mettre en œuvre. En revanche, Trump a causé bien plus de dégâts en raison de sa nature profonde. Ses défauts fonciers constituent la face sombre de ce qu'il va nous léguer. Ils ont corrodé l'essence de nos institutions politiques et de notre vie civique. Les effets seront nocifs et durables. En tant que parti, nous aurions davantage intérêt à nous opposer de l'extérieur à un président faible que d'avoir à sans cesse excuser de l'intérieur les actes du « nôtre ». En outre, la dernière fois que les Républicains étaient dans l'opposition, le Grand Old Party en a tiré le plus grand bénéfice.

En revanche, l'argument inverse conserverait toute sa force si le Parti démocrate investissait un candidat profondément coupé des réalités de notre pays. En ce cas, tout serait différent. Si les Démocrates optaient pour un de leurs candidats prônant le « socialisme », la stratégie trumpienne de la peur conserverait toute sa force de persuasion. Les Républicains affirmeront qu'élu président, le candidat d'en face s'attaquerait aux principes de l'économie de marché, nous ferait entrer en récession sous le poids d'une fiscalité alourdie, défendrait une culture du politiquement correct digne de la police de la pensée, attiserait les flammes des politiques identitaires et ferait s'immiscer l'État dans les vies de chacun comme jamais auparavant. Ce serait la répétition de 2016. Comparé à un Parti démocrate en pleine dérive gauchiste, Trump semblera plus favorable aux idéaux conservateurs. Le débat sur les compétences cédera la place à l'émotion et à la peur, et les risques de sa réélection seront encore plus grands.

Vous, Démocrates qui lirez ce livre, vous savez combien les enjeux sont importants. Si vous voulez qu'une majorité de notre nation rejette Donald Trump, je vous implore de faire preuve de sagesse et de modération dans le choix du candidat qu'investira votre parti. Résistez à la tentation de vous écarter des courants dominants. Croyez-moi. Lors de l'élection de 2016, le Parti républicain a flirté avec les extrêmes, et voyez où cela nous a menés. Si les Démocrates nous imitent, cela rapprochera d'autant plus Trump d'un second mandat, et il sera mieux armé pour convaincre les Américains de le suivre. En revanche, si vous investissez un candidat qui fait campagne autour de l'unité et non sur la pureté idéologique, vous rallierez un nombre appréciable de Républicains et d'indépendants prêts à faire cause commune.

Trump ou un Démocrate encore inconnu ne sont pas nos seules options. Si nous avions du courage, le Parti républicain devrait sérieusement envisager de remplacer le président Trump en tête du *ticket*. Je sais de source sûre que si un candidat solide voulait se proposer, de hauts responsables de notre parti aimeraient pouvoir se défaire du président. Ils en parlent à huis clos. Même s'ils rendent hommage dans leurs déclarations publiques à l'actuel occupant de la Maison-Blanche, beaucoup de sénateurs et de représentants républicains auraient une forte envie de retenir un autre candidat. Certains anciens élus républicains ont annoncé leur volonté de le défier lors des primaires. D'ici à la parution de ce livre, d'autres pourraient se lancer dans la course. Ces candidats souffrent de lacunes évidentes, mais les Républicains doivent s'interroger : ces lacunes sont-elles vraiment plus nombreuses que celles déjà étalées par notre commandant en chef ? Loin s'en faut, et c'est pourquoi les alternatives à Trump méritent d'être prises au sérieux.

En fin de compte, si le Parti républicain refuse de résister au président, et si le Parti démocrate est incapable d'investir un candidat qui sache séduire les deux camps de notre société divisée, nous aurions alors un besoin criant d'un dirigeant assez audacieux pour rompre avec le système des deux partis. Il y a là une ouverture pour un candidat indépendant prêt à placer le pays au-dessus du parti. Ce dirigeant (ou cette dirigeante) devrait adopter une plate-forme qui rassemble l'Amérique, au lieu de s'appuyer sur l'un ou l'autre clan de la politique américaine. Un candidat d'une tierce partie crédible recevrait le soutien des Républicains silencieux qui souhaitent emprunter une autre voie, des Démocrates peu inspirés par leurs candidats et des indépendants qui tiendraient à tout prix à sortir de ce gâchis.

*

Le jour du scrutin, les Américains inquiets d'un second mandat de Donald Trump auront un autre choix que je n'ai pas encore mentionné. Il y a une dernière option pour l'empêcher de semer la dévastation quatre ans de plus s'il est réélu. C'est une sorte de police d'assurance, et elle s'affichera sous les yeux de chaque électeur dans l'isoloir. Que chacun lise bien toutes les rubriques. Le second moyen de sauvegarder la démocratie figure au bas de cette liste.

Vous y verrez une offre abondante de candidats à d'autres fonctions électives, en position de rendre le gouvernement fédéral comptable de ses actes. Ne vous en tenez pas au seul choix de la plus haute fonction en jouant à la roulette avec le reste des postulants, ceux qui se présenteront au Sénat, à la Chambre des représentants, aux postes soumis à élection dans les différents États du pays et autres. Vous devrez décider lesquels sont aptes à servir. Sont-ils prêts à tenir le président et notre branche exécutive sous contrôle ? N'auront-ils aucune peur de dire la vérité ? Auront-ils l'honorabilité et l'honnêteté indispensables, ces traits de caractère qui, dans le contexte politique actuel, sont en voie de disparition ? Si nous exerçons un jugement clairvoyant dans le choix de ces autres candidats, nous réussirons à mieux protéger les institutions de notre pays et leur avenir.

Quoi qu'il arrive le mardi 3 novembre 2020, les Américains doivent procéder à un autre examen de conscience urgent. Cela compte davantage que l'élection présidentielle. Ce devoir bien particulier n'implique pas de jauger certains candidats à titre individuel, ni même aucun de ceux qui postulent à une charge publique. La tâche qui nous incombe à tous consiste à juger un protagoniste bien plus important que le commandant en chef, et qui sera sous les feux des projecteurs de la nation, que Donald Trump soit ou non réélu. Ce personnage capital, c'est chacun d'entre nous. Le moment est venu de prendre la mesure des lignes de faille civiques qui parcourent notre république. Le caractère d'un homme a creusé les gouffres de la division politique, mais si cette instabilité comporte un bienfait, ce sera de nous pousser à réexaminer, et à consolider à nouveau, le caractère de notre nation.

ÉPILOGUE

> « Nous ne sommes pas des ennemis, mais des amis. Nous ne devons pas être des ennemis. Bien que la passion ait éprouvé nos liens d'affection, elle ne doit pas les rompre. Dès que les anges du bien qui sont dans notre nature feront résonner les accords mystiques de la mémoire, ils se joindront aux chœurs de l'Union. »
>
> Abraham LINCOLN

« Alors, allons-y. » Ce furent les derniers mots de Todd Beamer avant qu'il ne repose son téléphone.

Todd était chargé de clientèle pour une société d'informatique et son déplacement professionnel, tôt ce matin-là, intervenait juste après cinq jours de vacances en Italie. Son épouse et lui étaient rentrés la veille au soir. Au lieu de décoller dans la foulée pour le compte de son entreprise, il avait passé la nuit chez lui, auprès de sa femme et de leurs deux enfants.

À présent, Todd était dans le ciel entre Newark et San Francisco, et son avion venait d'être détourné.

Après quarante-cinq minutes de vol, quatre hommes avaient investi le cockpit, tranché la gorge des pilotes et pris le contrôle de l'appareil. L'un d'eux avait fait une annonce dans l'intercom, en mauvais anglais : « Mesdames et messieurs : ici votre commandant. Asseyez-vous je vous prie, restez encore assis. Nous avons une bombe à bord. Alors assis. »

Les trois autres refoulèrent les passagers vers l'arrière de la cabine et le Boeing 757 vira sur l'aile pour repartir en direction de la côte Est.

Todd essaya d'utiliser son téléphone et fut mis en relation avec Lisa Jefferson, une employée d'un centre d'appels de l'opérateur qui gérait les communications en vol. Il lui décrivit calmement la scène pour qu'elle retransmette l'information aux autorités. Les hommes avaient sorti des couteaux. L'un d'eux avait apparemment une bombe fixée sur le torse. Les pilotes gisaient sans vie sur le plancher. Un autre passager avait été tué.

Les voisins de sièges de Todd avaient été informés par des appels de leurs proches que le World Trade Center et le Pentagone avaient été frappés par d'autres appareils détournés. Les passagers et l'équipage tinrent un bref et discret conciliabule pour discuter de la situation. Ils refusaient d'être les passagers du prochain appareil que les terroristes précipiteraient sur leur objectif, ils votèrent et décidèrent de tenter de reprendre le cockpit.

Todd informa Lisa toujours en ligne qu'ils projetaient

d'arracher les commandes de l'avion aux pirates de l'air. Il lui demanda de lui rendre un service. S'il ne survivait pas, il voulait qu'elle appelle sa femme avec ce message : « Dites-lui que je les aime, elle et les garçons. » Elle promit de le faire, mais ce que Todd ne saurait jamais, c'était que sa femme était aussi enceinte d'une petite fille. Il récita le Notre Père et le Psaume 23.

« Vous êtes prêts ? demanda-t-il à ses camarades d'infortune. OK. Alors, allons-y. »

Ils se ruèrent vers l'avant de l'avion. Après quelques minutes de lutte acharnée dans le cockpit, le vol 93 d'United Airlines s'écrasait dans un champ du comté de Somerset, en Pennsylvanie, à une vingtaine de minutes de vol de Washington. Toutes les personnes à bord périrent.

*

Durant les journées douloureuses qui suivirent les attaques du 11 septembre 2001, l'histoire du vol 93 emplit les Américains d'une fierté empreinte de solennité. Face à la terreur, les passagers avaient fait preuve d'un courage bouleversant. Ces héros ordinaires avaient sans nul doute sauvé de nombreuses vies humaines, en déviant l'avion de sa course avant qu'il ne puisse se transformer en un missile, sans doute avec le Capitole pour cible. Ils avaient fait montre du véritable esprit américain, éclipsant ainsi la lâcheté qui s'était brièvement emparée des cieux en cette matinée fatidique.

Au lendemain de ce drame, les propos de Todd Beamer devinrent le cri de ralliement d'un pays plus uni.

La plupart d'entre nous se souviennent de l'après 11-Septembre comme d'une période de renouveau patriotique des États-Unis. Nous avons planté des bannières étoilées devant nos maisons. Nous nous sommes rapprochés de nos familles. Nous avons ressenti comme jamais auparavant une proximité inédite avec des inconnus – simplement parce qu'ils étaient nos semblables, nos concitoyens. Cette soudaine démonstration d'unité, au-delà des divisions, n'avait rien d'inéluctable, puisque moins d'un an plus tôt la nation s'était scindée en deux au terme d'une des élections présidentielles les plus âprement disputées de notre histoire. Pourtant, après ces attaques, nous avons sciemment mis de côté nos divergences, mouvement collectif en partie facilité par le discours unificateur d'un président. Lors d'une allocution devant le Congrès le 20 septembre 2001, le président Bush raviva les braises du lien qui nous unissait, en déclarant aux Américains que nous allions faire cause commune contre la menace et la violence des terroristes. « Nous ne fléchirons pas, nous n'hésiterons pas et nous n'échouerons pas. »

À présent, inventons un autre scénario. Supposons qu'au lieu de montrer toute sa résolution après le 11-Septembre, Bush ait exprimé son scepticisme. Imaginons, alors que des volutes de fumée s'échappaient des Twin Towers, qu'il ait remis en cause l'idée qu'al-Qaïda ait orchestré ces attaques ; qu'il ait rejeté les conclusions

« ridicules » des services de renseignement ; qu'il ait laissé entendre que les pirates de l'avion à bord duquel se trouvait Todd Beamer auraient pu appartenir « à toutes sortes d'autres groupes » ; qu'il ait attisé les flammes des théories du complot en qualifiant ces drames d'« intox » et de « piège » ; face à des preuves de plus en plus irréfutables de l'implication de ce groupement terroriste, il aurait déclaré en conférence de presse : « Oussama ben Laden m'a affirmé que ce n'était pas al-Qaïda. Je ne vois pas pourquoi ce serait eux » ; et imaginez qu'il ait insisté devant les Américains pour soutenir que ce serait une erreur de s'en prendre à al-Qaïda, car les États-Unis avaient la possibilité d'entretenir des « relations formidables » avec ben Laden. Si Bush avait fait cela, l'onde de choc politique aurait réduit l'Amérique en charpie.

C'est exactement ce qui s'est passé quand les États-Unis ont été attaqués en 2016. Cette fois, les pirates étaient des hackers, et le président, Donald Trump. Après l'assaut délibéré et coordonné de la Russie contre des élections démocratiques aux États-Unis, rappelons que le principal intéressé minimisa l'opération et rejeta les conclusions des services de renseignement ; il remit en cause l'idée que Moscou ait perpétré cet acte d'ingérence ; il émit l'hypothèse que d'autres auraient pu être derrière cette histoire ; il avança des théories du complot et laissa entendre que ce serait une erreur pour les États-Unis de gâcher la possibilité d'entretenir de bonnes relations avec le Kremlin à cause de cette affaire. La réaction collective de la nation ne fut pas le patriotisme, l'unité et la détermination dont nous avons fait preuve comme après le 11-Septembre. Ce fut le déchirement à l'intérieur du pays. Pendant ce temps, les Russes se frottaient les mains.

Ces deux attaques sont très révélatrices de nos choix. Dans les deux cas, nos ennemis comptaient semer la discorde au sein de notre démocratie. Dans les deux cas, nous avions la latitude de les laisser faire ou non. Dans le premier, j'aurais aimé que les passagers du vol 93 aient pu sentir l'influence de leur exemple sur le pays – et qu'ils voient leur courage, le matin du 11 septembre, se muer en métaphore de la détermination américaine. Ils auraient été fiers de nous voir faire le choix de l'union plutôt que de laisser le terrorisme nous déchirer. Je crois aussi qu'ils auraient été désemparés de constater notre égale capacité à nous diviser, moins de vingt ans après leur noble sacrifice.

Après l'ingérence russe, on pourrait accuser Trump d'avoir semé partout le ressentiment au lieu de la cohésion. Relisez le paragraphe qui précède. On reste encore atterré devant la réaction de notre président. En fin de compte, pourtant, il nous appartenait de décider ou non de le suivre dans cette voie. C'est nous qui avons décidé de nous livrer à ces spéculations irrationnelles. C'est nous qui avons décidé de nous engager dans la guerre des réseaux sociaux. C'est nous qui avons décidé de nous aliéner nos voisins selon qu'ils étaient ou non d'accord avec Trump. Notre réaction à cette attaque nous a conduits à des sommets d'incivilité.

Cet accident nous montre pourquoi il nous faut élargir le débat national au-delà de la politique électorale. L'élection de 2020 est importante et pèsera sans aucun doute lourdement sur notre futur, d'une manière ou d'une autre, mais si nous voulons surmonter nos dissensions politiques à long terme, cela n'adviendra pas en une seule élection. Le problème est bien plus vaste, et la solution ne se situe pas à Washington.

Donald Trump a été élu sur l'idée que notre capitale détraquée avait besoin d'un démiurge subversif. « Je vais de Nouveau rendre notre Gouvernement Honnête. Croyez-moi. Mais d'abord, je vais devoir #Assainir-Le-Marais de Washington », tweeta-t-il le 18 octobre 2016, première fois qu'il lançait cette formule, qu'il répéterait comme l'un de ses mantras. De Ronald Reagan à Nancy Pelosi, des politiciens ont promis d'« assainir le marais », une métaphore des remèdes à apporter aux travers de notre capitale afin de purger la politique de toute corruption. Cette formule est trompeuse à deux titres. D'abord, c'est une illusion très populaire de croire que Washington aurait été construite sur des marais (ce n'est pas le cas). Ensuite, cette métaphore présuppose que nos difficultés politiques aient la capitale pour épicentre.

Le lamento d'un Washington « détraqué » est presque aussi ancien que la capitale elle-même. Un peu plus de dix ans après la ratification de la Constitution des États-Unis, la ville était en proie à des luttes politiques intestines inexpiables. Les observateurs déploraient le « spectacle d'un combat perpétuel » entre les deux partis, qui nourrit le climat empoisonné de l'élection de 1800. « On ne peut espérer ni raison ni justice de l'un ou l'autre camp », écrivit un commentateur, soulignant que dans le cœur politique de l'Amérique les griefs personnels étaient endémiques.

À l'inverse de nos batailles rangées, symboles de la politique actuelle, l'acrimonie était si vive qu'elle conduisit parfois à de véritables duels. En 1804, le vice-président Aaron Burr affronta Alexander Hamilton et le tua d'une balle. Ce fut l'une des séquelles de la colère qui couvait depuis l'élection précédente, quatre ans plus tôt, si vivement contestée. Comme si cela ne suffisait pas à envenimer le dégoût de l'opinion vis-à-vis des politiciens de Washington, Aaron Burr fut ensuite arrêté et condamné pour trahison après avoir conspiré avec d'autres politiques, des officiers de l'armée et des dirigeants de puissances étrangères dans le but de créer une république dissidente dans le centre de l'Amérique du Nord. Il est difficile d'envisager situation plus révoltante que Mike Pence ou Joe Biden fomentant en secret une campagne de sécession en vue de créer leur propre nation.

La présidence de James Monroe, de 1817 à 1825, semble avoir été la seule exception à cette vague de mécontentement contre Washington. Ces années-là sont restées dans les mémoires comme une « ère de bons sentiments », en partie parce que le système des deux partis était au bord de l'abolition, et la politique dans la capitale menée par un parti de gouvernement unique, celui des Démocrates-Républicains. Les Américains étaient contents de leurs dirigeants élus, à telle enseigne que le président Monroe se présenta à sa réélection sans avoir d'opposant, ce qui ne s'est plus jamais reproduit. Mais ces « bons sentiments » furent éphémères : les maux de l'esclavage et les difficultés de l'expansion territoriale ne tardèrent pas à diviser Washington avant que ce dernier ne quitte ses fonctions.

Aujourd'hui, cette notion de capitale détraquée est acceptée par tous comme une réalité. Les Américains estiment que leurs élus consacrent trop de temps à leurs dissensions et trop peu à gouverner. Ils déplorent le venin des campagnes politiques, les effets d'estrade permanents, les renvois d'ascenseur entre les agences gouvernementales et le monde du privé, et la volonté de compromis devenue une relique du passé. Vous avez entendu cette phrase un million de fois et vous l'avez déjà dite vous-même : « Ils sont incapables de faire avancer les choses. »

La confiance de l'opinion dans le gouvernement est au plus bas. Selon un sondage, un maigre total de 17 pour cent d'Américains croient pouvoir compter sur les politiciens de Washington pour « à peu près toujours » ou « la plupart du temps » agir comme il faut. Une vaste majorité (75 pour cent) désapprouvent le travail qu'accomplit le Congrès. Non sans humour, les sondeurs ont montré que le corps législatif était moins apprécié que le traitement du canal dentaire, les cafards et les vendeurs de voitures d'occasion – dans cet ordre. De ce fait, les appels à « assainir le marais » reçoivent un large écho. Pour l'heure, la seule branche du gouvernement qu'une majorité approuvent encore est celle qui a de hauts fonctionnaires non élus à sa tête : la Cour suprême des États-Unis.

Les Américains n'ont pas besoin de chercher à tâtons dans le noir le croque-mitaine qui hante notre vie civique. Il leur suffit de se regarder dans le miroir. Nos élus ne sont pas la source des problèmes de Washington. Ce sont nous qui les élisons. Si l'on peut créditer les Pères fondateurs d'une chose, c'est bien que le système démocratique qu'ils ont instauré reflète le climat de l'opinion. Si nous avons envie de compromis, nos représentants ont la même envie. Si nous sommes en colère et inflexibles, partisans et rapaces, ils afficheront les mêmes travers.

Par conséquent, nous héritons de la présidence et du Congrès que nous méritons. N'est-il pas évident que nos dirigeants élus se règlent sur notre comportement ? Leurs attaques corrosives et leurs piques sur Twitter ressemblent à s'y méprendre aux SMS que nous envoyons, aux commentaires que nous tapons au bas des articles sur les sites Internet et aux mèmes condescendants que nous postons sur Facebook. Il est tellement plus commode de tirer à vue derrière un mur digital que de régler les problèmes face à face. Il n'est pas étonnant que les gens croient Washington détraquée. Détraqués, nous le sommes tous.

Lors de son voyage en Amérique dans les années

1830, Alexis de Tocqueville observait dans *De la démocratie en Amérique* : « En Amérique, le président exerce une assez grande influence sur les affaires de l'État, mais il ne les conduit point ; le pouvoir prépondérant réside dans la représentation nationale tout entière. C'est donc la masse du peuple qu'il faut changer, et non pas seulement le président, pour que les maximes de la politique varient » (« De l'élection du président », p. 209). Nous pouvons assainir le marais si nous le voulons en congédiant Donald Trump et en élisant un nouveau Congrès. Je crois fermement que ce geste fera toute la différence. Toutefois, un changement plus durable requerra une introspection plus profonde, à l'échelle nationale. Il exigera que nous sachions changer d'attitude – réfléchir à ce que nous étions, à ce que nous sommes et à ce que nous voulons être.

Tocqueville remarqua durant sa visite aux États-Unis que le peuple qu'il avait rencontré savait réellement ce que cela signifiait d'être un citoyen. Interrogez n'importe quel Américain sur son pays, écrivait-il, et cette personne vous instruira sur ses droits, ses devoirs et la loi. Il s'émerveillait de constater que nous ne tirions pas notre savoir des livres mais de notre expérience pratique. « C'est en participant à la législation que l'Américain apprend à connaître les lois ; c'est en gouvernant qu'il s'instruit des formes du gouvernement. Le grand œuvre de la société s'accomplit chaque jour sous ses yeux, et, pour ainsi dire, dans ses mains » (« Des causes principales qui tendent à maintenir la république démocratique aux

États-Unis », p. 241). Aujourd'hui, un observateur aurait du mal à en dire autant.

Les États-Unis sont une nation d'exception, mais ils pourraient bientôt courir le risque d'une faillite civique et morale, parce qu'ils ont perdu l'Histoire de vue. La majorité des Américains seraient recalés à un examen d'instruction civique élémentaire et en savent bien trop peu sur notre passé et notre système de gouvernement. La plupart de mes compatriotes sont incapables de nommer leur sénateur ou leur représentant à la Chambre, et encore moins d'expliquer des principes comme l'habeas corpus ou la souveraineté populaire. Nous avons oublié le monde que nous avons construit hier. Et maintenant, notre avenir est entamé par le doute.

Nous avons deux options. Nous pouvons nous enfouir la tête dans le sable en espérant que cela s'arrange tout seul. Ou, plutôt que de laisser les troubles politiques précipiter notre perte, nous pouvons prendre la mesure de la situation et nous engager dans une restauration. Il est temps de se mettre en quête de repères qui régénéreront notre vie publique. Il nous faut une « renaissance civique » pour notre temps. C'est ainsi que nous redresserons le navire. Cela requiert de dépoussiérer les leçons de nos ancêtres – de les mettre à jour pour notre monde moderne – et de relancer notre participation active à la vie civique. Le sujet mériterait en soi un livre entier.

Pour commencer, il nous faut restaurer un climat de vérité en purifiant l'atmosphère de toute désinformation et en changeant notre manière de diffuser, de consommer et de partager l'information, afin de ne plus vivre dans des réalités divergentes. Nous devons aussi réapprendre l'art d'« accepter nos désaccords » avec les gens dont nous ne partageons pas les idées politiques, au lieu de les fuir. Si nous réussissons à ne plus penser en vase clos, cela facilitera la coopération sur toutes sortes de sujets, essentiels ou secondaires. Il n'est pas moins important de nous impliquer à nouveau dans le tissu associatif. Notre envie de prendre part à toutes sortes d'organisations bénévoles a longtemps été l'un des traits distinctifs de la société américaine, et ce n'est pas sans raison qu'on nous a qualifiés de « nation sociable », un atout qui nous a permis de développer une culture démocratique sans pareille. Malheureusement, nos vies de plus en plus interconnectées nous déconnectent les uns des autres, et nous devons trouver de nouveaux moyens de créer du lien.

Enfin, il est temps de rapprocher la politique du terrain. Nos problèmes ne se résoudront pas avec des solutions uniques venues d'en haut. Washington est lente et lourde, et il n'est pas sain d'attendre que la capitale ait tranché pour agir. Nous avons les moyens d'exercer un impact plus rapide et plus profond sur les problèmes qui nous importent – la santé, le crime ou la toxicomanie – en agissant dès aujourd'hui, dans le cadre de nos communautés de vie. En même temps, il nous incombe de nous consacrer à éduquer la nouvelle génération à la démocratie.

Je n'oublierai jamais l'un de mes premiers cours

d'Histoire des États-Unis. Mon professeur était un ancien combattant qui avait fait la guerre, comme le prouvaient ses cicatrices, et qui savait tenir sa classe. Un jour, je me fis mal voir en coupant la parole à un autre élève. « Nom de nom, s'exclama mon professeur en faisant taire la classe. Demandez-lui pardon… tout de suite. » J'ai demandé pardon à mon camarade, mais le professeur a insisté : je devais aussi des excuses à Thomas Paine, le révolutionnaire américain dont nous étudiions les écrits. « Et vous ne lui devez pas que cela, ajouta-t-il.
— Euh, qu'est-ce que je lui dois d'autre, monsieur ? » ajoutai-je, provoquant sans doute quelques gloussements de mes camarades. Il me regarda droit dans les yeux et me répondit ces deux mots que je n'oublierai jamais : « Votre vie. »

Notre travail de citoyens est double. Nous devons préserver la république, pour nous-mêmes, et nous préparer à la transmettre. Elle ne sera pas éternellement sous notre garde. Je connais un sénateur à Washington qui aime bien répéter cette image : « Quand vous avancez dans un chemin, si vous voyez une tortue perchée sur une palissade, il y a des chances pour qu'elle n'y soit pas arrivée toute seule. » Notre pays a été sauvé à maintes reprises par les générations de nos aînés, qui ont ramassé les tortues que nous étions tous, avant de nous faire écraser. C'est maintenant notre tour d'en faire autant pour la prochaine génération. Nous devons sérieusement préparer nos enfants à exercer le métier le plus important qu'ils exerceront jamais : celui de citoyen. Il n'est pas exagéré d'affirmer, comme le fit jadis mon professeur, que nos vies mêmes en dépendent.

*

Le passé de l'Amérique est son étoile polaire. Toutes les leçons dont nous avons besoin pour assurer le renouveau de notre pays sont là, en attente d'être redécouvertes. Les valeurs communes autour desquelles il a été fondé sont les vrais principes directeurs qui ont unifié les États, avec lesquels nous devons renouer afin de préserver l'avenir. La survie de notre démocratie n'a rien d'immanquable. Martin Luther King eut ces propos qui ont marqué les esprits : « L'arc de l'univers moral est long, mais il tend vers la justice. » Il avait peut-être raison, mais cet arc ne se bandera pas tout seul. L'histoire ne nous façonne pas. Nous façonnons l'histoire. C'est le peuple en personne qui, en s'aidant de ses valeurs comme d'un sextant, négocie les dilemmes moraux du quotidien et en modifie le cours. Les choix que nous effectuons définissent la direction que nous prenons et ce que nous sommes. Pour l'heure, nous sommes confrontés à deux dilemmes cruciaux. Le premier : un homme est-il apte ou inapte à être président ? Et le deuxième : sommes-nous dignes ou indignes des bienfaits de la liberté ? Le premier dilemme se tranchera dans les urnes, et le second par nos modes de comportement dans les semaines, les mois et les années à venir. J'espère qu'au-delà de ces pages vous aurez la volonté de débattre des réponses à y apporter.

Si nous lisons en nous-mêmes et si nous nous attelons à la tâche ardue de ce redressement moral, l'Amérique parviendra à renouer avec l'essence de son système politique. Nous serons de nouveau capables d'éclairer le chemin pour que d'autres accèdent aux libres assemblées si précieuses d'une société ouverte. En revanche, si nous nous dérobons à cette tâche, nos noms resteront dans l'Histoire comme ceux d'individus qui n'auront pas su passer le flambeau et qui auront laissé la flamme s'éteindre. C'est l'alerte que je lance. Toutes les générations d'Américains qui nous ont précédés ont été confrontées à cette épreuve et l'ont surmontée. Nous avons la charge de suivre leur exemple, de prouver que les États-Unis peuvent entreprendre ce que d'autres civilisations n'ont pas pu réaliser – survivre aux siècles – et bander l'arc de l'univers moral vers la valeur qui est le vrai nerf de la vie civique : la liberté.

Alors, allons-y.

TABLE

Cet ouvrage a été imprimé par
CPI Brodard et Taupin à la Flèche
pour le compte des Éditions Grasset
en janvier 2020

Composition et mise en pages
Nord Compo à Villeneuve-d'Ascq

PAPIER À BASE DE
FIBRES CERTIFIÉES

Grasset s'engage pour
l'environnement en réduisant
l'empreinte carbone de ses livres.
Celle de cet exemplaire est de :
1 kg éq. CO_2
Rendez-vous sur
www.grasset-durable.fr

N° d'édition : 21392 – N° d'impression : 3036883
Dépôt légal : février 2019
Imprimé en France